The Jean Nicod Lectures Selection—3
Rationality in Action
John R. Searle

ジョン・R・サール

行為と合理性

塩野直之——訳

ジャン・ニコ講義セレクション——3

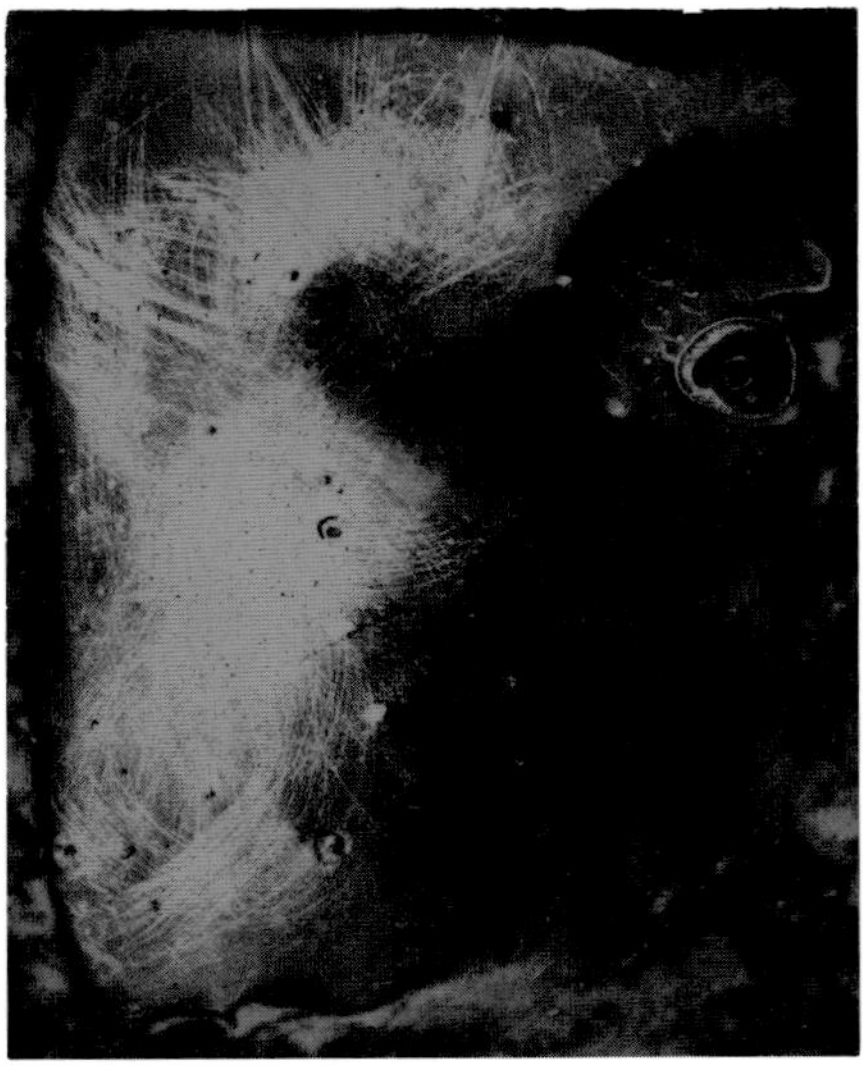

keiso shobo

RATIONALITY IN ACTION
by John R. Searle

This translation published by arrangement with The MIT Press
through The English Agency (Japan) Ltd.

謝辞

ポール・ヴァレリーは言う、詩は完成することがない、絶望のあまり打ち捨てられるにすぎない、と。哲学の著作にも、同じことの言えるものがある。本を書き終えてとうとう出版社に送ってから、私はたびたびつぎのような思いに取りつかれたものだ。「もう一度、最初から書き直すことができたなら、こんどこそ、どう書いたらよいかわかっているのに」。この本に関して言えば、私は本当に最初から書き直した。何年か前に原稿が完成し、出版の承諾がなされたのだが、その後、すべて書き直すことに決めたのである。いくつかの章を完全に取り除き、いくつかを付け加え、残すことにしたもののいくつかを書き直した。しかし、ようやく出版社へ送るところまで来て、私はまたもや同じ思いに取りつかれる。「もう一度、最初から書き直すことができたなら……」。

ひとつにはこのような長い来歴のゆえに、本書には通常以上に多くの有益な助言が寄せられた。学生や他の評者にも、ふだんにもまして多くを負っている。バークレーでのセミナーをはじめ、北アメリカやヨーロッパ、南アメリカやアジアでの多くの講演において、本書の内容となるものが主題として扱われた。オーストリアのキルヒベルクで行われた、二〇〇〇年ウィトゲンシュタイン学会におけるシンポジウムでも、これが主題として用いられた。パリでのニコ講演と、韓国のソウルで行われたタサン記念講演では、本書の四つの章が発表された。初期の原稿で、最初の七つの章の大部分からなるものが、スペインのホベリャノス国際賞を受賞し、二〇〇〇年にノベル社からスペイン語訳で出版された。スペイン語版の訳者ルイ・ヴァルデスには、たいへん感謝している。本書に関連する研究を始めたのは、一五年以上も前、マイケル・ブラットマンに招かれて実践理性に関する学会で講演を行ったときである。ブラットマンや、その他の参加者から寄せられた批判には、多くを負っている。索引を作ってくれたクリス・コウェルや、原稿の諸部分を読んで助言をくれた多くの人に感謝したい。特に言及すべきは、ロバート・アウディ、グイド・バッツィアガルッピ、ベリト・ブロガード＝ペーダーセン、ウィンストン・チョン、アラン・コード、ブーデウィン・デ・ブリュイン、ジェニファー・ヒューディン、クリスティーン・コースガード、ジョゼフ・ムラール、トマス・ネーゲル、ジェシカ・サミュエルス、バリー・スミス、マリアム・ターロス、バーナード・ウィリアムズ、レオ・ザイバートである。そしてとりわけ、この本を捧げる我が妻、ダグマ・サールである。

序

この本は、実践理性の理論を与えるものである。ただし、それにはいくらかの留保がある。おもな留保は、その主題はたいへん広範囲に及ぶ複雑なものであるため、この本の射程からして、私に扱えるのはいくつかの中心的な問題にかぎられるという点である。

私には、自分が提示する見解をそれに対立する見解と対比させると、うまくゆくことが多い。哲学はよく、論争を通じて先へ進むものである。今回、対立する見解となるものは、合理性についてのある見方であり、それは私がその中で育てられ、私の見るところではわれわれの知的文化の支配的な見方となっているものである。私はその見解を、この呼び名が不当なものでなければよいのだが、「古典モデル」と呼ぶことにする。

古典モデルの批判を通じて、私は西洋哲学のたいへん強力な伝統を批判することになる。私はこの本で、その限界のいくつかを指摘し、それらの克服を試みたい。しかし、さまざまな点で正しく、しかも意思決定や生活全般における合理性と知性の役割を強調するような合理性のモデルを攻撃することは、批判的に過ぎると思われるかもしれない。だいたい、この時代、合理性の観念そのものに対する体系的な攻撃は少なくないのである。「ポストモダニズム」と呼ばれるものを含むさまざまな形式の相対主義が、合理性の観念自体を攻撃してきた。合理性は本質的に抑圧的で、支配主義的で、文化相対的だというのである。このように合理性自体が攻撃にさらされているというときに、私はなぜ、合理性のかなりよい理論を批判しなければならないのだろうか。実際、私は他の誰にも負けないほど、これらの攻撃には不快感を覚える。ただ私には、それらの攻撃は理解可能にすらならない程度の粗末なものとしか思えず、それゆえわざわざ応答する気にもならないのである。たとえば、「あなたの合理性擁護の論証は何なのか」という挑戦をしばしば受けたものだが、これもばかげた話である。なぜならば、「論証」の概念は合理性の基準を前提とするものだからである。この本は、合理性の擁護を行うものではない。というのも、「擁護」の観念が論証や理由などの形式をとるとき、それは合理性の制約を前提しており、ゆえにそのような擁護を求めることはそもそも無意味であろう。合理性の制約は普遍的であり、心と言語の構造、とりわけ志向性と言語行為の構造に組み込まれているのである。まさに私がこの本で試みるように、それらの制約のはたらきを記述することならばできる。また、これも私が行うように、他の記述を批判することもできよう。だが、合理性それ自体は正当化を必要とするものではないし、それを許容するものですらない。すべての思考と言語、それゆえすべての論証が、合理性を前提とするからである。合理性の理論に関して争うことは有意味であっても、合理性を争うことは意味をなさない。

この本は、合理性についての哲学的論述の伝統に即して議論を行うものである。そして、その伝統において主流となっている見解の改善が試みられる。

これらの事柄に関して公の場で講演を行ったときの反応から、合理性の理論に期待すべきことについて、知的な人々が二つの誤りを犯し続けていることに私は気づいた。私はここで最初に、それらの誤解を払拭しておきたい。まず、合理性の理論は合理的な意思決定のアルゴリズムを与えるべきだという考えを、多くの人が持っている。それらの人は、配偶者と離婚すべきか否か、株式市場でいかなる投資をすべきか、つぎの選挙でどの候補者に投票すべきかといったことに関して、具体的な意思決定の方法を与えてくれるのでないかぎり、合理性についての本など買っても損だと考えるのである。私の与える分析から暗に示される理由によって、正しい意思決定のアルゴリズムを与えてくれるような合理性の理論は存在しない。合理性の理論の目標は、困難な問題に対する意思決定の仕方を教えることではなく、合理的な意思決定の持つある特定の構造的特徴を説明することなのである。合理性の理論が最も合理的な意思決定のアルゴリズムを与えてくれるのでないことは、真理の理論が真なる命題を発見するアルゴリズムを与えてくれるのでないことと同じである。

合理性に関して人々が犯す第二の誤りは、もし合理性の基準が普遍的なものであり、しかもわれわれがみな完全に合理的な行為者であったならば、意見の不一致などなくなるだろうと考えることである。こう考えた結果、人々は、知識もあり合理的でもあると思われる行為者のあいだに意見の不一致が存在し続けることは、合理性が何らかの仕方で文化や個人に相対的であることを示すものだと考えてしまう。しかし、このような考えは全くの誤りである。真理の基準と同じく、合理性の基準は個人や文化を越えてたしかに普遍的に妥当する。しかしながら、合理性の普遍的な基準と、行為者による合理的な熟慮があっても、広範囲にわたる意見の不一致は必ずしも消滅せず、それどころか不可避である。普遍的に妥当し受容されている合理性の基準があったとしよう。さらに、完全に合理的な行為者が完全な情報を手にしていたとしよう。それでもまだ、意見の合理的な不一致は生じるであろう。なぜならば、たとえば、合理的な行為者たちの持つ価値評価や関心が、それぞれは合理的に受容可能なものでありながら、互いに異なり両立不可能な場合があろうからである。解決不可能な対立の存在は、いずれかの側が不合理な行動をとっていることを示すものだという考えや、あるいはそれどころか合理性そのものが疑問に付されるべきことを示すものだという考えは、われわれの社会の背景にみられる最も誤った想定のひとつである。

この本で論じられる問題の多くは、大学の「倫理理論」のコースで扱われるたぐいの問題だという意味で、伝統的には哲学的倫理学の一部分とみなされているものである。倫理学そのものに関して、ないしは私の見解の倫理理論への含意関係に関して、私はほとんど言うべきことを持たない。「倫理理論」と呼ばれるきちんと定義された哲学の一分野があるのかどうか、私には確信がないが、そのようなものがあるとしたら、意思決定と行為における合理性についての論説は、その必然的な前提になるだろう。行為とは何であり、理由とは何であるか、まずわかっているのでないかぎり、たとえば行為への倫理的な理由について知的な議論を行うことなどできない。それゆえこの本は、倫理学そのものに関する本ではないとしても、いかなる倫理理論にとっても根本的な問題となるものの多くを扱っているのである。

この探究は、私がかつて取り組んだ、心や言語、社会的実在の問題に関する諸著作の延長線上にある。それらの著作はいずれも、単独で意味をなすべきではあるものの、それよりもはるかに大きな哲学的構想の全体像の一部分なのである。この本が単独で意味をなすように、私は第二章で、私の以前の著作の主要な論点のうち、この本の理解の手助けになると思われるものを要約しておいた。

行為と合理性

目次

第一章　合理性の古典モデルとその欠点

1　合理性の問題

　第一次世界大戦中、テネリフェ島で研究を行っていた著名な動物心理学者ヴォルフガング・ケーラーは、サルが合理的な意思決定をなしうることを証明した。その典型的な実験で、サルは、箱と棒があり、手の届かない高さにバナナのひと束がぶら下がっている場所に置かれる。しばらくすると、サルはどうすればバナナを手に入れられるかを発見する。箱をバナナの下に動かし、棒を手にして箱に乗り、伸び上がって棒でバナナを落とすのである。(1)ケーラーが関心を抱いていたのは、合理性よりはむしろゲシュタルト心理学であったが、彼のサルは合理性のひとつの形式を例示しており、それはまさにさまざまな理論において範例となってきたものである。つまりそこには、合理的な意思決定とは、目的の達成を可能にするような手段の選択の問題だという考えがある。目的とはもっぱら、われわれの欲求するもののことである。そして意思決定の状況に、われわれは欲求された目的の目録をあらかじめ手に携えて直面し、合理性とはただ、目的のために手段を見出すことだというのである。

このサルが人間の合理的な意思決定のひとつの形を体現していることに、疑問の余地はない。しかし合理的な意思決定にはこのほかにも、サルが従事していたのではないような、そしておそらくサルには従事できないような、数多くのさまざまな形がある。サルは、どうすれば、いまバナナを手に入れられるかを見出そうとすることはできるが、どうすれば、来週バナナを手に入れられるかを見出そうとすることはできない。人間の意思決定の多くは、サルと違って、いまそのときよりも先にある時間をいかに使うかに関わるものである。しかもサルには、自らの死に至るまでの長い時間を考えることもできない。他方、人間の意思決定、とりわけ重要な意思決定のほとんどは、死に至るまでの時間の配分に関係している。たとえば、どこに住むか、どんな経歴を積むか、どんな家族を持つか、誰と結婚するかなどである。死とは、いわば人間の合理性の地平を画するものである。これに対して、死に関する思考や、死を念頭に置いて計画を立てる能力は、サルの持つ概念的道具立てには手の届かないものであろう。人間の合理性とサルの場合とで異なる第二の点は、人間は概して、相互に対立する相容れない目的のあいだで選択を行うことを余儀なくされる点である。たしかに、動物の意思決定にもそのようなことがないわけではない。ビュリダンのロバは想定上の有名な事例である。しかしケーラーのサルにとっては、箱と棒とバナナを取るか、何もなしかのいずれかだったのである。サルの限界の第三のものは、行為への理由でありながら欲求に依存しないものを考えることができない点である。すなわち、椅子と棒で何かをしようというサルの欲求は、バナナを食べたいというそれに先立つ欲求によってのみ動機づけられうるだろう。しかし人間の場合には、欲求ではないような理由が数多く存在する。欲求に依存しないそれらの理由は、欲求の根拠となることはできるものの、それらが理由となるにあたって、欲求に基づいている必要はない。このことは、興味深くしかも議論の余地のある論点であるから、後の諸章でさらに詳しく述べることにしたい。われわれとサルの相違の第四は、自分自身を自我として認識すること、すなわち、意思決定を行い、現在の意思決定に対して将来責任を負ったり、過去の意思決定に対して現在責任を負ったりしうる合理的な行為者として自らを認識することが、サルにはもしあったとしてもごくかぎられているだろうという点である。そして、第四の点とも関連する第五の相違点は、人間と違ってチンパンジーは、自らの意思決定を、自分自身のみならず他の自我にも同等に当てはまるような一般原理の現れとして、あるいはそのような一般原理に従うことへの確約を負うものとして、認識することがないという点である。

こうした議論で、サルに欠けているのは言語だと言われることがよくある。その考えによるとどうやら、もしサルに言語的意思疎通の初歩を教えてやることさえできるなら、サルは人間の持つ合理的な意思決定の道具立てと責任を、完全に備えることになるのである。こうした考えに、私はとうてい賛成することができない。たんに記号化する能力だけでは、合理的な思考過程の全般を支えるには不十分である。記号を言語的に用いることをチンパンジーに教える試みは、これまでのところせいぜい、どちらとも言えない結果をもたらすにとどまっている。だが私の考えでは、もしそのような試みが成功したとしても、ワシューやラナやその他の有名な実験上のチンパンジーに教え込まれたとされるたぐいの記号の使用法では、人間の言語能力のある固有な特徴とともにもたらされる人間の合理的能力の領域を扱うには不十分である。重要なことは、たんなる記号化の能力が、それだけで人間の合理性の全領域をもたらすことはないという点である。これから述べるように、そのためにはある特定の種類の言語的表象を用いる能力が必要であり、私の見るところ、その種類の表象に関しては、表記法によって表現される知的能力と、表記法の使用それ自体とを明確に区別することができない。そこでは、動物は欺くことはできても、嘘をつくことはできないという点が鍵となる。嘘をつく能力は、ある特定の種類の確約を負うという、人間の備えたさらに深遠な能力からの帰結であり、その確約においては、動物としての人間が、充足条件に充足条件を意図的に課すのである。尤もこの点は、今後の諸章で説明することであるから、いまわからなくても心配するには及ばない。

　合理性の問題などの頑迷な哲学上の問題は、特徴的な論理構造を有している。すなわち、ｑであることは確かなように思われ、しかもｑであったならばｐであることは不可能と思われるのに、どうしてｐであることができようか、というものである。このパターンを示すものの典型例はもちろん、自由意志の問題である。すべての出来事には原因があり、因果的決定は自由な行為を不可能にするというのに、どうしてわれわれは自由な行為を遂行しうるのだろうか。同じ論理構造は他の多くの問題に浸透している。われわれは意識を持たない物質の断片を寄せ集めたものにすぎないのに、どうしてわれわれは意識を持ちうるのだろうか。同じ問題が志向性に関しても生じる。われわれは志向性を欠いた物質の断片を集めたものにすぎないのに、どうしてわれわれは志向的状態を、すなわち、それ自体を越えて世界の中の対象や事態に向けられた状態を持ちうるのだろうか。類似の問題は懐疑論においても生じる。われわれは決して、自分が夢を見ていたり、幻覚に捕われていたり、邪悪な悪霊に欺かれていたりするのではないと確信を抱くことなどできないのに、どうしてわれわれは何かを知りうるのだろうか。倫理においてはこうである。世界は価値中立的な事実のみから成り立っているのに、世界にはどうして価値が存在しうるのだろうか。同じ問いを少し変えると、こうなる。あらゆる知識はものごとが実際にどうであるかに関するものであり、ものごとが実際にどうであるかについての言明のいかなる集合からも、ものごとがどうあるべきかについての言明を導出することはできないのに、どうしてわれわれはものごとがどうあるべきかを知りうるのだろうか。合理性の問題も、これら頑迷な諸問題の一形態であり、つぎのように提示することができる。すなわち、世界で生じることはすべて、やみくもで盲目な自然の因果の力の結果生じているのに、合理的な意思決定がどうして存在しうるのだろうか。

2　合理性の古典モデル

サルの合理性を議論した際、私は、われわれの知的文化の中に、合理性ならびに実践理性すなわち行為における合理性を論じるきわめて特有の伝統があると言った。その伝統は、熟慮とはつねに手段に関するものであり、決して目的に関するものではないというアリストテレスの主張にさかのぼる[2]。そしてそれは、「理性は情念の奴隷であり、そうあるべきだ」とのヒュームの有名な主張や、「目的を意志する者は手段を意志する」とのカントの主張に引き継がれている。その最も洗練された定式化は、現代の数学的意思決定理論にみられる。この伝統は決して統一されたものではなく、それゆえ私は、アリストテレスとヒュームとカントが合理性の同じ見方を分かち持っていたと示唆するつもりはない。むしろ、彼らのあいだには著しい相違が存在する。にもかかわらず、そこには共通した一本の糸が通っており、私の考えでは、古典的哲学者のうちとりわけヒュームによって、私が「古典モデル」と呼ぶものの最も明晰な言明が与えられている。長いあいだ、私はこの伝統に疑念を抱き続けてきた。そこで私は、この第一章の大半を用いて、古典モデルの骨子をある程度明らかにするとともに、私の疑念のいくつかを予備的に述べることにしたい。古典モデルを記述するひとつの仕方は、それによると、人間の合理性はサルの合理性を複雑にしたものとして示されることになるというものである。

オックスフォード大学での学部生のころ、数学的意思決定理論を初めて学んだとき、それには明らかにおかしな点があると私には思われた。問題はこうである。私が自分の命に価値を認め、二五セントにも価値を認めるならば（二五セントとは端金だが、歩道のわきに拾いに行くくらいの値打ちはある）、勝てば二五セントもらえるが負ければ命を差し出すという賭けに乗ってもよいような勝算の高さが必ずあるということが、公理からの厳密な帰結として成り立つであろう。これについてよくよく考えて、私は、二五セントのために自分の命を賭けてもよいような勝算の高さなど、絶対にありはしないと結論を下した。もし仮にあったとしても、とにかく二五セントのために私の子供の命を賭けはするまい。そこで、何年にもわたって、私はこの問題を何人かの有名な意思決定理論の専門家と論じてきた。アナーバーのジミー・サヴェジをはじめ、ニューヨークのアイザック・リーヴァイなどである。たいていの場合、三〇分ほど議論すると、彼らは「君はたんに全く不合理なんだよ」との結論にたどりついた。さて、本当にそうだろうか。彼らの合理性の理論の方に問題があるということは、ないのだろうか。何年か後、私は合理性のこの見方の限界を身にしみて感じることになった（そしてそのことには、若干の実際的な重要さがある）。それはベトナム戦争中のことで、私は国防省の高官となっている友人に会うためにペンタゴンへ行ったのである。私は彼に、合衆国がとっている戦争政策、とりわけ北ベトナムの空爆という政策の誤りを指摘しようと試みた。彼は数理経済学で博士号を持っている男で、黒板に行っておなじみのミクロ経済分析の曲線を描き、こう言った。「これら二本の曲線が交わるところで、抗戦することの限界効用と空爆を受けることの限界負効用が等しくなる。そこまで行ったら、やつらはあきらめざるをえない。われわれが前提しているのは、やつらが合理的であることだけだ。われわれが前提しているのは、敵が合理的であることだけなんだよ」。

ここに至って、たんに合理性の理論においてのみならず、その実践への適用においても深刻な問題が生じていることが私にはよくわかった。ホー・チ・ミンと彼の同志たちが直面している決断が、練り歯磨きを買うときの決断と同じく、期待効用を最大化することに尽きると想定するのは、どう考えてもおかしい。しかし、ではその想定のどこが誤っているかを正確に述べることは容易ではなく、私はこの本を通じて、そのどこが誤っているかを正確に述べることを試みたいと思う。予備的な直観的定式化として、つぎのように言うことはできよう。すなわち、サルの合理性とは違って、人間の合理性の場合には、行為への理由の中に、何らかの欲求を満たすことに尽きるようなものと、欲求に依存することのないものとを区別しなければならない。つまり、行為への理由の異なる種類のあいだに認められるべき基本的な区別とは、どうすることを欲するか、あるいは欲するものを手に入れるためには何をしなければならないかに関わるような理由と、何を欲するかとは関係なしに、何をしなければならないかに関わるような理由とのあいだの区別である。

古典モデルの背後にある六つの想定

私はこの章で、私が「合理性の古典モデル」と呼んできたものの主たる構成要件となっている、六つの想定を提示して論じることにしたい。尤もそれらは、そのいずれかひとつの命題を受け入れたならば残りもすべて引き受けねばならないというものではなく、それゆえ私は古典モデルがそのような意味で統合されていると示唆するつもりはない。実際、その一部分を受け入れて他の部分を拒否する論者もいる。しかし私は、このモデルがひとつの整合的な全体をなしており、それが現代の著述においてときに暗黙に、ときに明示的に影響力をふるっていると主張したい。さらにこのモデルは、オックスフォードの経済学および道徳哲学の学生として、私がまさにその中で育まれた合理性の見方を表現するものである。私は当時、その見方に満足することができなかったし、現在もそれに満足することができない。

1. 行為が合理的であるとき、それは信念と欲求によって引き起こされる。

信念と欲求は、行為に対して原因および理由の両方としてはたらく。合理性とはおもに、信念と欲求を調整して、それらが行為を「正しい仕方で」引き起こすようにすることである。

ここで用いられる「原因」という言葉の意味は、一般的なアリストテレスの「作用因」のことであり、それゆえ出来事の原因とはそれを生じさせるもののことだという点は、強調しておくべきであろう。そのような原因は、ある特定の文脈のもとで、ある出来事が生じるための十分条件をなす。ある特定の信念と欲求がある特定の行為を引き起こしたと言うことは、地震が建物の倒壊を引き起こしたと言うのと同じようなものである。

2．合理性とは規則に従うことであり、その規則は、思考や行動のうちに合理的なものと不合理なものを区別する特別な規則である。

理論家としてのわれわれの課題は、多くの合理的な人々が幸い無意識のうちに従うことのできる合理性の暗黙の規則を、明示的にするよう試みることである。文法の規則を知らなくても英語を話すことができたり、あるいは有名なジュールダン氏の例のように、散文で語っていることを知らなくても散文で語ることができるのと同様、人は合理性を定める規則を知らなくても合理的に行動することができるし、それらの規則に従っていると気づく必要すらない。しかし、理論家であるわれわれは、それらの規則を発見し定式化することを自らの目標としなければならない。

3．合理性は独立した認知能力である。

アリストテレスおよび彼の創始した優れた伝統によると、合理性の所有は、人間としてのわれわれの定義的特徴である。つまり、人間とは合理的動物なのである。近年、能力に関する流行語として「モジュール」ということが言われる。この一般的な考えによると、人間はさまざまな特化した認知能力を備えており、そのひとつが視覚、別のひとつが言語といったぐあいであるが、合理性もそうした特化した能力のひとつであり、おそらくこれが人間の能力の最も顕著なものだろうというのである。最近の本の中には、この能力を持つことの進化上の優位性について憶測を述べたものすらある。(3)

4. 一見したところ意志の弱さの事例と思われるもの、すなわちギリシア人がアクラシアと呼んだものは、行為の心理的先行者に何らかの異常があった場合にのみ生じうる。

合理的な行為は信念と欲求に引き起こされ、信念と欲求は通常まず意図を形成することによって行為を引き起こす。それゆえ、一見意志の弱さの事例と思われるものは、特別な説明を必要とする。行為者が適切な信念と欲求を持ち、適切な種類の意図を形成しておきながら、行為を遂行しないということはそもそもいかにして可能であろうか。標準的な説によると、一見アクラシアの事例と思われるものはすべて、行為の先行者として適切な種類のものを行為者が持たなかった場合にほかならない。信念と欲求、およびそこから派生する意図は原因なのであるから、それらを合理的に積み重ねれば、行為が引き起こされるのは因果的に必然的である。すると、行為が引き起こされないような事例では、原因の方に何らかの異常があったのでなければならない。

意志の弱さは古典モデルを悩ませ続けてきた問題であり、それに関しては多数の文献がある。(4) いずれにせよ、意志の弱さはつねに、何かきわめて奇妙なもの、説明しがたいもの、変わった特異な状況のもとでのみ生じうるものと理解されている。後に説明する私自身の見解では、合理的な存在にアクラシアがみられることは、フランスにワインがあるのと同じくらいありふれたことである。禁煙をしよう、減量をしよう、盛大なパーティーで飲み過ぎないようにしようと試みたことのある者ならば誰であれ、私の言っていることはわかるであろう。

5．実践理性は、行為者の根本的な目的の目録が存在する地点から始まらねばならない。その目録には、行為者の目標や根源的な欲求などが含まれる。それらの目的自体は、合理性の制約に服するものではない。

実践的推論の活動を営むにあたって、行為者にはまず、自分が欲するものや価値を認めるもののひとそろいがなければならない。そして実践的推論とは、それらの欲求や価値評価を満たすにはどうするのが最もよいかを見出すことである。換言すれば、実践的推論を行う対象領域が存在するためには、行為者は根本的な欲求をすでに与えられた状態から始めねばならない。この欲求とは広い意味に解されるもので、行為者の道徳的、美的その他の評価が欲求のうちに含まれる。ともあれ、開始の時点でそのような欲求がなければ、理性をはたらかせる余地はない。なぜならば理性とは、すでに何らかの欲求があるときに、それ以外にどのような欲求を持つべきかを見出すためのものだからである。そしてそれらの根本的な欲求自体は、合理性の制約に服するものではない。

実践理性のこのモデルは、おおむねつぎのようなものである。あなたはパリへ行きたいとしよう。そして、どうやって行くのが最もよいかを推論するとしよう。船に乗ってもよいし、カヤックで行くこともできれば飛行機で行くこともできる。実践理性を行使した後、あなたは最終的に、飛行機で行くことに決めたとする。さて、もしこのように「目的」に合わせて「手段」を見出すことが実践理性のはたらく唯一の仕方であるとしたら、二つのことが帰結する。第一に、広義の欲求から生じるのでないような、行為への理由は存在しえない。すなわち、行為への理由で欲求に依存しないものはありえない。第二に、それら出発点となる根本的な欲求それ自体は、合理的に評価されえない。つまり、合理性はつねに手段に関わるものとなり、目的に関わることはできない。

行為への理由で欲求に依存しないものはありえないというこの主張は、古典モデルの核心に位置するものである。ヒュームの「理性は情念の奴隷であり、そうあるべきだ」との言葉は、まさにこの主張を行うものとして通常理解されている。近年の多くの論者も、同じことを主張している。たとえばハーバート・サイモンは、「理性は徹頭徹尾道具的である。それはどこを目指すべきかを教えてはくれず、せいぜい、どうすればそこへ行き着けるかを教えてくれるだけだ。それはわれわれの持つどのような目標にも役立つ便利な借り物であり、目標の良し悪しは関係がない」と書いている(5)。バートランド・ラッセルはさらに簡潔に、「理性はきわめて明晰で簡明な意味を持っている。それはあなたが達成したいと望む目的への、正しい手段の選択を示してくれる。目的の選択には、それは一切関わらない」と述べている(6)。

6. 合理性の体系の全体は、根本的な欲求のひとそろいが整合的であるときにのみ、うまくはたらく。

この見解の典型的な表明が、ヤン・エルスターのつぎの言葉にみられる。すなわち、「信念と欲求は、整合的でないかぎり、行為への理由にはとうていなりえない。論理的、概念的、実際的な矛盾は、含まれていてはならない(7)」。これがなぜもっともらしく聞こえるかは容易にわかる。合理性が、論理的に推論を行うことにあるとしたら、公理に不整合や矛盾が存在するわけにはいかない。矛盾からはあらゆるものが帰結するのだから、出発点となる欲求のあいだに矛盾があったならば、あらゆるものが帰結してしまうことになるだろう。

古典モデルへの疑念

上のリストをさらに続けてゆくことは可能だし、この本の中で、古典モデルの特徴づけを豊かなものにしてゆく機会はあるだろう。しかし、上の短いリストだけでもこの概念の一般的な特色はつかめただろうから、私はそれらの主張のいずれもがなぜ誤りだと考えるかの理由を示すことで、論証を開始することにしたい。私の考えでは、それらはせいぜい特殊な事例の記述にすぎず、思考と行為における合理性の役割の一般的な理論を与えるものではないのである。

1．合理的な行為は信念と欲求によって引き起こされるのではない。一般に、不合理な行為や非合理的な行為のみが、信念と欲求に引き起こされる。

手始めに、合理的な行為とは信念と欲求に引き起こされたものだという考えを検討してみよう。ここで、「原因」あるいは「引き起こす」といった言葉は、爆発が建物の倒壊を引き起こしたとか、地震が高速道路の破壊を引き起こしたという場合と同じく、通常の「作用因」の意味で用いられていることは強調しておかねばならない。私は、行為において、先行する信念や欲求が本当に因果的に十分であるような事例は、合理性の模範であるどころか、むしろ異様で概して不合理な事例にほかならないと主張したい。そのような事例では、行為者はたとえば強迫観念や中毒作用に捕われており、欲求に従って行為する以外のことができないのである。しかし、合理的な意思決定の典型であるような事例、たとえばどの候補者に投票するかを決めようとしている場合には、私には選択の余地があり、私は可能な選択肢の中から選ぶためにさまざまな理由を考察する。だが、このような営みを行いうるのは、私の信念と欲求だけでは私の行為を因果的に決定するに十分ではないという想定のある場合にかぎられる。合理性のはたらきは、それに基づいて私が意思決定を行う志向的状態と、実際に行われる意思決定とのあいだに飛躍のあることを前提とする。すなわち、そのような飛躍の存在を前提しなければ、私は合理的な意思決定の過程を開始することができないのである。この点を理解するには、飛躍が存在せず、信念と欲求が本当に因果的に十分である事例を考えてみればよいだろう。たとえば、薬物中毒者がヘロインを摂取することへの抗しがたい衝動に駆られており、これがヘロインだと信じている場合が、それにあたる。この人はむろん、なすすべもなくヘロインを摂取するだろう。このとき、薬物中毒者はどうすることもできなかったのだから、信念と欲求は行為を決定するに十分である。しかしこれは、合理性の模範とはとうてい言えず、むしろ合理性の領域の全く外に置かれるような事例であろう。

合理的な行為の通常の事例では、先行する信念と欲求が行為の決定にあたって因果的に十分ではないという前提が必要である。このことは、熟慮の過程の前提となるものであり、合理性の適用において決して欠くことのできないものである。すなわち、信念や欲求という形をとる行為の「原因」と、行為という形をとる「結果」とのあいだには飛躍が前提される。この飛躍には伝統的な呼び名があり、それは「意志の自由」である。合理的な意思決定を営むには、自由意志が前提されねばならない。実際、後に見るように、いかなる合理的活動に際しても自由意志は前提されねばならないのである。合理的な意思決定を営まないという拒絶の選択すら、それが拒絶として理解されうるには自由の行使とみなされねばならないから、この前提を逃れることは決してできない。具体例を通じて考えてみよう。あなたはレストランに行き、ウェイターがメニューを持って来る。あなたには、仔牛かスパゲティかの選択があるとしよう。さてあなたは、「まあ、私は決定論者ですからね、なるようになりますよ。待っていれば、何を注文するかはわかります。私の信念と欲求が何を引き起こすか、もうしばらく待ってみましょう」と言うわけにはいかない。自由を行使しないという拒絶自体が、自由の行使としてのみ理解されうるのである。このことを、カントははるか以前につぎのように指摘した。すなわち、自発的行為の過程において、自らの自由を考慮の外に置くことはできない。なぜならば、熟慮の過程そのものが、自由の前提のもとでのみ進展しうる、つまり、信念や欲求やその他の理由という形をとる原因と、実際になされる意思決定とのあいだに、飛躍が存在するという前提のもとでのみ進展しうるものだからである。

このことを正確に語ろうとすれば、飛躍は（少なくとも）三つあると言わねばならない。第一に、自分が何をするか決心しようとするときの、合理的な意思決定の飛躍がある。これは、決心のための理由と、実際の意思決定とのあいだに存在する飛躍である。第二に、意思決定と行為のあいだの飛躍がある。意思決定の理由が意思決定をもたらすにあたって因果的に十分ではないのとちょうど同じように、意思決定は行為をもたらすにあたって因果的に十分ではない。決心の後、いよいよそれを実際に行わねばならないときが来る。理由が意思決定を引き起こすのを傍観しているわけにはいかなかったのと同様、このときも、意思決定が行為を引き起こすのを傍観しているわけにはいかない。たとえば、あなたはジョーンズ候補に投票することに決めたとしよう。あなたはこの決意を堅固に保持して投票箱に赴く。しかしやはり、あなたは実際に投票を行わねばならない。そしてときには、この第二の飛躍ゆえにあなたがそれを行わないこともある。さまざまな理由により、あるいは何の理由もなく、いったん決めたことを行わない場合があってよいのである。

時間的な延長を持つ行為や活動には第三の飛躍があり、それは行為の開始と、それが完了するまでの継続とのあいだに存在する飛躍である。たとえばあなたが、ポルトガル語を習うとか、英仏海峡を泳いで渡るとか、合理性についての本を書くといった決断を下したとしよう。第一の飛躍は、意思決定の理由と意思決定のあいだにあり、第二の飛躍は意思決定と行為の開始のあいだにある。そして第三の飛躍が、仕事に取りかかることとそれを完了まで継続することとのあいだにある。仮にあなたが仕事に取りかかったとしても、あとは原因が自動的にはたらいてくれるにまかせるというわけにはいかない。その行為や活動を完了まで継続させるために、あなたは自発的な努力を続けねばならない。

ここで、私は二つの点を強調したい。ひとつは飛躍の存在であり、いまひとつは合理性の問題における飛躍の重要性である。

飛躍の存在には、いかなる論証があるだろうか。第三章で、私は論証をさらに詳しく展開することにするが、現在の目的にとっては、先に挙げた論証こそが最も簡明なものだと言える。合理的な意思決定や行為の何らかの状況を考えてみれば、選択肢となる可能性が開かれている感覚があること、そして選択肢となる可能性が前提されなければ行為や熟慮が意味をなさないことは、すぐにわかるだろう。これを、そのような可能性の感覚がない状況と対比させてみるがよい。抗しがたい怒りに捕われて、いわば自制心が全く失われている状況では、ほかのことができるという感覚など存在しないであろう。

飛躍の存在を認めるためのもうひとつの方法として、つぎの点に着目することができる。すなわち、意思決定の状況においては、あるひとつの行為を遂行すべき複数の異なる理由があっても、そのうちいずれかひとつだけをふまえて行為がなされ、しかも、どの理由をふまえて行為したかが自分には観察によらずにわかる場合がある。これは注目すべきことで、われわれはそれを記述するためにわざわざ、かくかくの理由をふまえて行為するという言い回しを用いるものである。たとえばあなたには、大統領選挙でクリントンに投票するかどうか、そうすべきだという理由もそうすべきでないという理由もたくさんあるとしよう。あなたは、クリントンが大統領になるのは経済の面ではよいが、外交政策の面ではだめだと思う。自分と同じ学寮を出た点ではクリントンが気に入っているが、彼の人柄は気に入らない。結局あなたは、同じ学寮を出たということのゆえに彼に投票したとしよう。このような場合、理由があなたにはたらきかけたのではない。むしろ、あなたがひとつの理由を選び取り、それをふまえて行為したのである。そして、その理由をふまえて行為することによって、その理由を効力あるものとしたのである。

ついでながら、行為の説明と行為の正当化が必ずしも同じでないのは、このためである。なぜクリントンに投票したのか、正当化することを求められたとしよう。あなたは、経済手腕に優れている点を挙げることによって正当化するかもしれない。しかし、行為にあたってあなたが実際にふまえた理由は、彼がオックスフォードであなたと同じ学寮を出ており、「学寮忠誠心に勝るものはない」と思ったことであったかもしれない。この現象に関して注目すべきは、通常の場合、当の理由を効力あるものとしたのはあなた自身であるため、どの理由に効力があったかをあなたは観察によらずに知っている点である。すなわち、行為への理由が効力ある理由となるのは、あなたがそれを効力あるものたらしめるときだけなのである。

飛躍のあるところでのみ、合理性ははたらきうるのだから、合理性の問題にはこの飛躍の理解が欠かせない。自由の概念と合理性の概念は全く異なるにもかかわらず、合理性の外延は自由の外延とぴたりと一致する。この点を明らかにする最も簡明な論証は、合理性が可能なのは不合理性が可能なときにかぎられ、この要求から、さまざまな合理的ならびに不合理な選択肢の中から選び取ることの可能性が帰結するというものである。この選択の余地こそが、当の飛躍にほかならない。飛躍のあるところでのみ合理性ははたらきうるという主張は、実践理性のみならず理論理性にも同様に当てはまる。ただし、これは理論理性に関してはさらに微妙な点となるので、それはあとまわしにしてここでは実践理性に焦点を絞ることにしよう。

この飛躍についてこの本で言うべきことはまだ多くあり、この本はある意味で、飛躍に関する本である。というのも、合理性の問題とは飛躍の問題だからである。ここではさらに二つの点を挙げるにとどめよう。

第一に、この飛躍を埋めるものは何か。そのようなものはない。飛躍は埋まらないのである。あなたは、何かをしようと決意する場合もあれば、何も考えずにただやることをやる場合もある。すでに行った意思決定を実行に移すこともある。開始した計画を続行することもあれば、続行しないこともあるだろう。

第二に、われわれはこれらすべてのことを経験するとはいえ、それがみな幻想にすぎないことはありえないのだろうか。それはありうる。飛躍の経験はその存在を確証するものではない。私が述べてきたことに基づいてなお、自由意志は壮大な幻想でありうる。飛躍の心理的な実在性は、対応する神経生物学的な実在性を保証しないのである。この問題は第九章で探究することにしよう。

2．合理性とは、合理性の規則に従うことに尽きるのではないし、そうすることにおおむね存するのですらない。

古典モデルの第二の主張、すなわち合理性とは規則の問題であり、われわれがそれらの規則に従って考えたり行為したりする程度に応じてのみ、われわれの思考や行動は合理的なのだという考えに移ろう。この主張を正当化せよと求められたなら、伝統的な論者の多くは、おそらく論理学の規則に訴えるであろう。古典モデルの擁護者が示しそうな事例のうち、最もわかりやすいものは、たとえば単純な肯定式の論証である。

もし今夜雨が降るならば、地面が濡れる。
今夜雨が降る。
ゆえに、地面が濡れる。

この推論の正当化を求められたなら、肯定式の規則に訴えたくなるだろう。それはすなわち、pと、pならばqは、qを含意するというものである。

(p & (p→q)) →q

しかし、これは致命的な誤りである。こう言ったら最後、ルイス・キャロルのパラドクスから逃れることはできない。(8) パラドクスを復習しよう。アキレスと亀が論争をしており、アキレスはこう言う(この例はルイス・キャロルのものとは異なるが、論点は同じである)。「もし今夜雨が降るならば、地面が濡れる。今夜雨が降る。ゆえに、地面が濡れる」。それに答えて、亀が言う。「よかろう、それを書いてくれ。ぜんぶ書いてくれ」。アキレスがそうすると、亀は言う。「『ゆえに』の前にあるものから、その後にあるものにどうやったら行かれるのか、わからんね。その移行は何によって強制されるのだ。そもそもその移行は正当化されるのかね」。アキレスは答えて言う。「この移行は肯定式の規則によるのだよ。つまり、pと、pならばqは、qを含意するという規則だ」。「よかろう」と亀は言う。「では、それも書いてくれ。何もかもぜんぶ書いてくれ」。アキレスがそうすると、亀は言う。「ぜんぶ書いてもらったが、地面が濡れるという結論にどうしてたどりつくのか、まだわからんね」。アキレスは言う。「どうしてわからないんだ。pと、pならばqと、pとpならばqからはqを推論してよいという肯定式の規則からは、qを推論できるじゃないか」。「よかろう」と亀は言う。「では、それもぜんぶ書いてくれ」。この先、どうなるかはおわかりであろう。われわれは無限後退に陥るほかないのである。

無限後退に陥らない方法は、推論の妥当性にとって肯定式の規則はいかなる役割も果たさないと考えることで、最初の致命的な誤りを回避することである。導出の妥当性は、肯定式の規則から得られるのではない。ほかのものの助力なしに、推論はそのままで完全に妥当である。より正確に言えば、それ自体で妥当な無数の推論にみられるパターンを描くことによって、肯定式の規則の方が妥当性を付与されるのである。実際の論証は、外部のものから妥当性を与えられることはない。論証が妥当なとき、それは前提から結論が帰結するからにほかならない。語の意味自体が推論の妥当性を保証するに十分であればこそ、そのような無数の推論を記述するパターンを定式化することも可能となる。しかし、推論がそのパターンから妥当性を得るのではない。いわゆる肯定式の規則とは、それ自体で妥当な無数の推論にみられるパターンを述べたものにすぎないのである。つぎのことを忘れてはならない。pと、pならばqから、qを推論するにあたって、規則が必要だと考えるならば、pからpを推論するにあたっても規則が必要となるであろう。

この論証に関して言えることは、妥当な演繹的論証のいかなるものに関しても言える。論理的妥当性は論理学の規則に由来するのではないのである。

この点を正確に理解することは大切である。肯定式を規則としてではなく、もうひとつの前提として扱ってしまった点で、アキレスは誤ったのだと言われることがよくある。そうではない。アキレスがそれを前提としてではなく規則として書いたとしても、やはり無限後退は生じたであろう。導出の妥当性は前提および推論の規則に由来すると言うことも、同じように誤りである（まさに同じ過ちを犯している[9]。そうではなく、妥当な推論の妥当性において、論理学の規則は何の役割も果たさないと言うのが正しい。論証が妥当なとき、それはそのままで妥当でなければならないのである。

われわれは、高度な知識を持ってしまったせいで、実はかえってこの点を理解しにくくなっている。というのも、証明論があまりに華々しい成功をおさめ、コンピュータ科学などの分野に重要な成果をもたらしたことから、われわれは、構文論において肯定式の役割を果たすものが、論理学の「規則」と本当に同じものだと思ってしまうのである。しかし、それらは全く別である。ここで、

$$p$$

という形の記号が

$$p \to q$$

という形の記号の前に置かれているのをあなたが見たとき、あるいはコンピュータがそれを「見た」とき、あなたあるいはコンピュータは

$$q$$

という形の記号を書く、という規則が与えられたとしよう。このとき、あなたはひとつの規則を手にしており、あなたはそれに従うことができるし、それを機械にプログラムして、機械のはたらきを因果的に決めることもできる。これは証明論において、肯定式の規則の役割を果たすものである。そして証明論では、この規則はたんなる意味のない記号に対してはたらくものであるがゆえに、本当に実質的なものである。その規則は、それ以外の点では解釈されることのない形式的要素に対してはたらくのである。

現実の推論では、肯定式の規則はいかなる正当化の役割も演じないのに、われわれはこうして、その事実に気づかなくなってしまう。証明論や構文論のモデルをつくり、現実の人間が行う実質や内容のある推論過程を、そのモデルが正確に写し取るようにすることはたしかにできる。そしてもちろん、誰もが知っているように、モデルを用いてできるさまざまなことがある。構文論が正しければ、最初に意味論を入れてやると、あとは勝手にことが進み、最後に正しい意味論が出てくる。構文論的変換が正しいからである。

名高いゲーデルの定理をはじめ、よく知られた問題がいくつかあるが、それには関わらないことにすると、機械の推論モデルによるシミュレーションが高度になったおかげで、われわれは意味論的内容を忘れてしまうのである。しかし現実の推論では、推論の妥当性を保証するのは意味論的内容であって、構文論的規則ではない。

ルイス・キャロルのパラドクスに関連して、哲学的に重要な事柄が二つある。第一はこれまで検討してきたもので、推論の妥当性において規則は何の役割も果たさないということである。第二の点は飛躍に関わる。われわれは、論理的関係としての帰結関係や妥当性と、人間の自発的な活動としての推論とを区別しなければならない。われわれの考察した事例では、前提から結論が帰結し、ゆえに推論は妥当である。しかしこのことは決して、現実の人間がこの推論を行うことを強制するものではない。推論という人間の活動には、他のあらゆる自発的な活動と同じく、飛躍がある。仮にわれわれが、この推論はそのままで妥当であり、肯定式の規則は推論の妥当性に全く寄与しないという点を、アキレスと亀に納得させることができたとしても、推論を行うことを拒否するという不合理さを亀が発揮することはありうる。飛躍は、論理的推論にも当てはまるのである。

私は、合理的な意思決定を手伝ってくれる規則など、ありえないと言っているのではない。それどころか、そのような規則には有名なものがたくさんあり、格言になっているものすらある。たとえば、「きょうの一針あすの十針」、「転ばぬ先の杖」、「最後に笑う者が最もよく笑う」、そして私のお気に入り、「心には、理性ではわからぬ理屈がある」などである。私が言っているのは、合理性は規則のひとそろいによって成り立っているのではなく、思考においても行為においても、合理性はそのようなものでは定義できないということである。志向的状態の構造と、言語行為の構成規則は、合理性の制約をすでに含んでいるのである。

3. 合理性は独立した能力ではない。

合理性の能力が、言語や思考、知覚、その他の志向性の諸形式といった能力と別個に存在することはありえない。この点は、これまで述べてきたことによって暗に示されている。なぜならば、合理性の制約は、志向性一般ならびにとりわけ言語の構造にすでに組み込まれ、それに内在的に含まれているからである。志向的状態を持つならば、信念や欲求、希望や怖れを抱くならば、そしてとりわけ言語を持つならば、合理性の制約はすでに手に入っている。すなわち、ここにある動物がいて、それは知覚に基づいて信念を形成することができ、信念に加えて欲求を形成することもでき、しかもそれらすべてを言語的に表現することもできたとすると、その動物は、合理性の制約をそれらの構造に組み込まれたものとしてすでに持っている。この点を具体例によって明らかにしよう。あなたは、何らかの言明をなしておきながら、「それは真か偽か」「自分の言ったほかのことと、それは整合するかしないか」といった問いへの確約を負わないわけにはいかない。したがって、合理性の制約は、志向性や言語に加えて持ちうる別個の能力ではないのである。志向性と言語を手にするならば、あなたは、合理性の制約を内在的かつ構成的に持つような現象をすでに手にしているのである。

つぎのように考えるのがよいだろう。合理性の制約は、いわば副詞的に考えられるべきである。それは、われわれが志向性を調整する際の、つまり、信念や欲求、希望や怖れ、知覚やその他の志向的現象のあいだにみられる関係を調整する際の、仕方の問題なのである。

この調整は、飛躍の存在を前提とする。すなわちそれは、ある時点での現象が、問題に対する合理的な解決を決めるにあたって因果的に十分ではないことを前提とする。そしていまやわれわれには、同じことが実践理性のみならず理論理性にもはたらくのはなぜか、わかるのではないだろうか。私が手を上げて顔の前に持って来れば、私は飛躍なしに手を見ることになる。なぜならば、光が十分にあって私の視力がよければ、私は顔の前にある手を見ないわけにいかないからである。この場合、どうなるかは私次第ではない。だから、そのような知覚が合理的か不合理かということも、問題にならない。しかしここで、手を見ないわけにいかない状況において、顔の前に手があることを私は信じないことにしたとしよう。私はとにかく、それを認めることを拒んだとしよう。「手があると言うが、私はなにがなんでも、そんなことは認めない」。ここでは合理性の問題が生じ、このような状況では、私は不合理とみなされるであろう。

先に述べた点をもう一度強調しておきたい。合理性が存在しうるのは、不合理性が可能なときにかぎられる。たんなる純粋な知覚の場合には、合理性もなければ不合理性もない。合理性や不合理性は、飛躍が存在するときにのみ、すなわち志向的現象の存在だけではその結果を引き起こすに十分でない場合にのみ、入り込んでくる。それは、何をするか、何を考えるか、あなたが自分で決めねばならないような場合である。

行動が因果的十分条件によって決まってしまうような人が、合理的な評価の埒外に置かれるのは、このためである。たとえば最近、ある委員会の席で、私が以前は尊敬していたある人が、この上なく愚かな投票行動をとった。あとで彼に、「あの問題に、いったいどうしてあんな票を入れたのですか」と問うたところ、彼は、「いや、私の政治的公正さは、不治の病のようなものでね、どうしようもないんだよ」と答えた。この主張は、この事案における彼の意思決定は合理的な評価の埒外にあると言っているようなものである。なぜならば、一見したところの不合理さは、実は彼には選択の余地がなく、原因が因果的に十分だったことに起因していたのだからである。

4. 意志の弱さは、不合理性のよくある自然な形式であり、飛躍の自然な帰結である。

意志の弱さの事例は、古典モデルによれば厳密には不可能である。行為の先行者が合理的かつ因果的であり、原因が十分条件をなしてしまえば、行為は引き起こされざるをえない。すると、あなたがしようと思ったことをしなかった場合には、行為の先行者の組み立てに何かおかしな点があったとするほかないことになる。意図が適切な種類でなかったか、さもなければあなたは、自分がなすべく確約を負ったと主張する事柄に対して、十全な道徳的確約を負わなかったのである。[11]

私は逆に、行為の先行者をどれほど完全に整えても、意志の弱さはつねに可能だと言いたい。それはつぎのようにしてである。われわれは、起きて生活しているあいだじゅう、無制限の多様な可能性に直面している。右手を上げることもできるし、左手を上げることもできる。帽子を頭に被ることもできれば、振りまわすこともできる。水を飲むことも、飲まないこともできる。さらに極端には、部屋を出てティンブクトゥに行くことも、修道院に入ることも、できることは無数にある。私は、かぎりない可能性が開かれているという感覚を持っているのである。もちろん実生活においては、私の背景によって、私の生物学上の限界や、私が育てられた文化によって、制約が課されている。背景は、どの時点においても、私の持つ開かれた可能性の感覚を制約する。たとえば実生活において、私は聖者シメオンのような行いを自分がすることなど想像できない。彼は柱の上で三五年を過ごした。ただ狭い柱頭に座っていただけだったが、すべては神の栄光のためであった。そのような選択肢は、私にとってまともに考慮できるものではない。しかしそれでも、私が選択肢とみなすことのできる本物の選択肢には、無制限の多様性がある。意志の弱さが生じるのは、どの時点においても、私には飛躍のゆえに無制限の多様なとりうる選択肢があり、それらのいくつかは、私が斥けることに決めてからでさえ、心を惹くものに見えるからである。信念や欲求、選択や意思決定、意図といった先行する志向的状態の形で、どれほど行為の原因が整えられていようとも、このことに変わりはない。自発的行為の場合、原因は十分条件をなすことがなく、それゆえ意志の弱さの余地が残るのである。

私に言わせれば、意志の弱さは実生活においてよくあることである。にもかかわらず、それがきわめて奇妙で特異なものとみなされているのは、われわれの哲学的伝統の嘆かわしい点である。この問題は、第七章の全体を使って論じるので、ここではこれ以上立ち入らないことにしよう。

5．古典モデルに反して、行為への理由には、欲求に依存しないものがある。

私が異論を唱えようと思う古典モデルの第五のテーゼは、われわれの哲学的伝統に長い歴史を持つものである。その考えによると、合理的な行為は欲求によってのみ動機づけられうる。ここで「欲求」とは、人が受け入れている道徳的価値や、人が持っているさまざまな評価を含むように、広義に解されたものである。欲求は利己的なものばかりである必要はないが、合理的な熟慮の過程は、行為者がその過程に先立って抱いている何らかの欲求を必要としており、それがなければ推論を行うことができない。欲求のひとそろいが前もって存在しないかぎり、推論のための出発点がないのである。それゆえ、目的に関する推論はありえず、手段に関する推論だけがありうる。この見解の洗練されたものが、現代ではバーナード・ウィリアムズの著作に見出される。[12] 彼の主張によれば、行為者の行為には「外在的な」理由はありえず、行為者にとっての理由となるような理由はすべて、彼の「動機集合」に「内在的な」ものに訴えるものでなければならない。この主張を私の用語法で述べると、行為への理由には、欲求に依存しないものはありえないということになる。

私は後に、この見解を詳細に批判する。ここでは、批判的論点をひとつだけ述べることにしたい。この見解からは、つぎのようなばかげた帰結が生じる。すなわち、人の人生のいかなる時点においても、その人があることを行う理由を持ちうるのは、まさにその時点において、その人の動機集合の一要因つまり広義の欲求として、それを行いたいということがある場合か、あるいはやはりある欲求が存在して、それを行うことがその「目的」のための「手段」となる、つまりその欲求を満たす手段となる場合か、このいずれかにかぎられる。そして、事実がどうであるか、その人が過去に何をしたか、自分の将来について何を知っているかは、何の関係もないことになってしまうのである。

この帰結のどこがばかげているのだろうか。実生活の例に当てはめて考えてみよう。あなたがバーで、ビールを注文したとする。ウェイターがビールを持って来て、あなたはそれを飲む。ウェイターが勘定書を持って来ると、あなたは彼に言う。「私は自分の動機集合を見てみたのだが、ビールの勘定を払う内在的な理由を見出すことができないのだよ。そんなものは、全くないんだ。ビールを注文して飲むことと、動機集合の中に何かを見出すことは別のことだ。それらは論理的に独立だからね。ビールの勘定を払うことは、私がそれ自体を欲するようなことではないし、さりとて、私の動機集合に示された目的を達成するための手段でもなければ、その目的の構成要素でもない。これについてはね、ウィリアムズ教授の書いたものを読んだし、ヒュームも読んだよ。動機集合は注意深く見たが、勘定を払う欲求は見つからない。どうしても、見つからない。だから、推論についての標準的な説のどれによっても、私にはこのビールの勘定を払ういかなる理由もないことになる。理由が十分に強くないとか、それと対立する理由がほかにあるとかいうんじゃない。全く理由がないんだ。動機集合はよく見た。目録を隅から隅までね。それでも、健全な熟慮を経てビールの勘定を払う行為に至るような欲求は、ないのだよ」。

われわれはつぎのような事情を理解しているので、上の話がばかげたものであることはすぐにわかる。すなわち、ビールを注文して飲んだなら、あなたがまともで合理的な人であるかぎり、あなたは欲求に依存しない理由を意図的に創り出したのであって、それはあなたの動機集合に関わりなく、然るべきときにあることを行うことへの理由なのである。上の話のばかげた点は、古典モデルでは、行為者が行為することとへの理由の存在が、彼の動機集合にある種の心理的要因が存在することに依存する、つまり、その時点における広義の欲求の存在に依存することになってしまう点である。そして、そうした欲求がなければ、行為者や彼の過去にまつわる他のいかなる事実にも、また彼の持ついかなる知識にも関わりなく、行為者には理由がないことになるのである。しかし、実生活においては、世界の外在的な事実、たとえば自分がビールを注文して飲んだという事実の知識だけでも、その勘定を払うことへの合理的な強制力ある理由となるに十分であろう。

行為への理由で欲求に依存しないものは、いかにしてありうるのだろうか。これは興味深い問いであり、自明なものではない。私の見るところ、これについての標準的な論述はほとんどが誤っている。この問題は、後に第六章で徹底的に議論しようと思うので、ここではこれ以上立ち入らない。

古典モデルのこの側面には、実は二つの要素がある。第一は、すべての推論は手段に関するものであって目的に関するものではなく、行為への外在的な理由は存在しないという考えである。第二は、その系となるもので、動機集合に含まれる根本的な目的は、理性の及ばないところにあるという考えである。ヒュームが、「私の小指のひっかき傷よりも全世界の破滅を選んだからといって、理性の要求に反したことにはならない」とも言っていることは、忘れてはならない。このような主張を評価するには、いつもながら、それを実生活に引き寄せてみるのがよい。アメリカの大統領がテレビに出て、「私は内閣と、議会の指導者たちに諮ったが、どうして全世界の破滅よりも私の小指のひっかき傷を選ぶべきなのか、その理由を見出せないという結論に達した」と言ったとしよう。もしそんなことが本当にあったら、われわれは彼の行いは「正気の沙汰でない」と思うだろう。ヒュームの主張する、人の根源的な目的はおよそいかなるものでもありえ、それは合理性の範囲の完全に外にあり、根本的な欲求に関するかぎりどんなものも同じ身分を持ち同じだけ恣意的なのだという一般テーゼには、どこかうさんくさいところがある。それは、この問題に対する正しい見方ではありえないのではなかろうか。

行為への理由で欲求に依存しないものはない、すなわち外在的な理由は存在しないというテーゼは、「である」から「べき」を導出することはできないというヒュームの教義と、論理的に密接な関係がある。その結びつきはこうである。「べき」の言明は、行為への理由を表現する。つまり、ある人があることをすべきだと言うことは、その人にそうする理由のあることを含意する。それゆえヒュームの主張は、行為への理由の存在を主張する言明は、ものごとがどうであるかについての言明からは導出されえないという主張に帰着する。しかし、ものごとがどうであるかは、ものごとが世界で、行為者の動機集合に依存せずにどうであるかということである。するとこの解釈のもとでは、世界の中でものごとがどうであるかから、行為者の動機集合の中に理由の存在することは帰結しえないという主張（「である」から「べき」を導出することはできない）は、行為者に依存しない世界の事実に、それ自体で行為への理由をなすものはないという主張（外在的な理由は存在しない）と、密接に関係しているのである。ヒュームは実質的に、事実から価値を得ることはできないと言っており、ウィリアムズは、外在的な事実それ自体から動機を得ることはできないと言っている。価値を受け入れることは動機を受け入れることであるから、両者は結びつく。私は、これら両者の主張をどのように解釈しようとも、それらはいずれも明白に誤りだと思う。私は後に、この問題を詳しく論じることにしたい。

6. 行為への理由の中に、互いに相容れないもののあることは、よくあるばかりでなく避けがたいことである。合理的な意思決定が、行為への欲求その他の根本的な理由の、整合的なひとそろいから出発しなければならないという合理的な必要性はない。

私が取り上げたい最後の問題は、整合性である。意志の弱さに関する論争と同様、私には、推論の出発点となる根本的な欲求のひとそろいが整合的でなければならないと主張している点において、古典モデルの誤りは深刻であり、若干間違っているという程度ではないように思われる。私の考えでは、たいていの実践的推論はもっぱら、相互に対立する相容れない欲求その他の理由を裁定することに存する。今日たったいま、私はパリにいたいとも思うしバークレーにいたいとも思っている。これは何も特異な状況ではなく、相容れない目的を持つことはむしろ日常茶飯事であろう。これに、バークレーとパリに同時にいることはできないと私は知っているという前提を追加すれば、私は相容れない欲求を持ったことになる。そして、合理性に課された課題、すなわち実践理性に課された課題は、これら相容れない目標の裁定方法の発見を試みることにほかならない。実践的推論ではよく、ある欲求を満たすために他の欲求を満たすのを断念することを考えねばならないものである。この問題に対する、諸文献における標準的な解決法は、合理性は欲求そのものではなく選好を扱うとするものであり、それによると、合理的な熟慮はきちんと順序づけられた選好表から出発せねばならないことになる。しかし、この考えには困難がある。というのも、実生活における熟慮は、主として選好の形成にあり、選好のきちんと順序づけられたひとそろいは、熟慮がうまくいった場合の結果であってその前提条件ではないからである。バークレーとパリと、私はどちらを選好するだろうか。さて、それは考えてみないとわからないだろう。

あなたが決心をして、「よろしい、ではパリへ行こう」と決めたあとにも、その決心自体が、他のさまざまな対立を引き起こす。あなたはパリへ行きたいが、空港で列に並んだり、機内食を食べたり、隣の座席の人と肘をぶつけ合ったりするのは好まない。飛行機でパリへ行くという決心を実行に移したら確実に起こるとわかっていることの中にも、あなたの望まないことはいくらでも含まれているのである。ひとつの欲求を満たせば、他の欲求はあきらめねばならない。私が強調したい点は、行為への互いに相容れない理由、たとえば相容れない義務といったものは、哲学的に見て奇妙で異常だという考えが、古典モデルに結びついた長い伝統の中にみられることである。この伝統に属する人はよく、見かけの上で相容れない義務と見えるもののいくつかは、実は本物の義務ではなく「一応の」義務にすぎないのだと言って、この不整合を避けて通ろうとする。しかし、合理的な意思決定は、主として行為への互いに対立する理由から選択を行うことにある。そして、義務の対立が本物であるためには、義務はすべて本物でなければなるまい。もちろん、行為への理由に、相互に論理的に不整合でありながら等しく妥当なものがありうるのはいかにしてかという問いや、実践理性はなぜ、妥当でありながら論理的に不整合な理由のあいだの対立に関わらねばならないのかといった問いは、深刻な問いである。私は続く諸章で、この問題をさらに詳しく取り上げてゆきたい。

この章の目標は、私がその克服を試みる伝統の構成原理のいくつかを明らかにするとともに、その伝統に対する私の反論のいくつかを予備的に述べることによって、この本の主題を紹介することであった。この章はケーラーのサルの話から始まったから、同じ話で締めくくることにしよう。古典モデルによれば、人間の合理性はチンパンジーの合理性の延長上にあり、われわれはたいへん賢い話すチンパンジーである。しかし私の考えでは、人間の合理性とチンパンジーの道具的推論のあいだには、根源的な相違がある。合理性に関して、人間を残りの動物界から分かつ最大の相違は、行為への理由で欲求に依存しないものを創り出し、認識し、それをふまえて行為する能力である。私はこの本の残りで、この点をはじめとする人間の合理性の諸特徴を探究したい。

第二章　志向性、行為および意味の基本構造

私は第一章で、実践理性に関する議論における誤りの多くは、私が「古典モデル」と呼んだ、合理性の誤った見方の受容に由来すると述べた。しかし、多くの誤謬の理由として、さらに第二の点を挙げることができる。すなわち、当の論者たちが、そもそも志向性と行為についての正しい哲学から議論を進めることがめったにないのである。合理性に関して書こうとするにあたって、心や言語、行為についての正しい一般的な見方を手にしていないのは、輸送に関して書こうとするにあたって、自動車やバス、鉄道や飛行機について知らないのと同じである。たとえば、行為に対して、信念に対する真理の関係と同じ関係に立つものは何かと問われることがよくある。つまり、信念に対する真理の関係を明らかにしうるのと同じ仕方で、行為の目的を明らかにしうるならば、実践理性という主題はいくらか明らかになるだろうと考えられているのである。しかしこれは、全く混乱した問い方である。信念に対して真理が持つのと同じ関係を、行為に対して持つものは存在しない。その理由は、私が行

為の志向的構造を説明したあかつきには、きっと余すところなく明らかになるだろう。

私はこの章で、人間の行為と意味、制度的事実の持つ志向的構造の一般理論を、そのあらましにおいて提示する。合理的な行為を理解するには、そもそも意図的行為とは何かを理解せねばならない。また、行為への理由を理解するには、人間がいかにして、確約やその他の意味ある存在を創り出し、それによって理由を創り出すことができるのかを理解しなければならない。しかしこれらの概念を理解するには、まず、志向性一般についていくらかの理解を持つ必要がある。心理様態、志向内容、充足条件、適合の向き、志向的因果、因果的自己言及、身分的機能といった基本概念がきちんとわかっていなければ、後の論証を理解することはできないだろう。私がこの章で述べることは、私の他の本の内容、とりわけ『志向性』[1]と『社会的実在の構築』[2]の内容をほとんどそのまま述べなおしたものである。この章の論点のさらに詳しい説明や、結論に至るまでの論証を見たい人は、それらの本を読むのがよいだろう。それらの本における論証をすでに知っている人は、この章はざっと読み流してよいだろう。

この章の内容を提示するにあたって、私には、番号つきの命題を『論考』風に並べる以外に、効率のよい方法が思い浮かばなかった。

1．志向性の定義——志向性とは、何かに向けられていることである。

哲学者の用いる「志向性」という語は、心的状態のある側面を指し、心的状態はその側面ゆえに、それ自体を超えて世界の中の事態に向けられたり、世界の中の事態についてのものとなったりする。

「志向性」は、日常の意味における「意図すること」、たとえば今夜映画に行こうと意図するといった場合の意図とは、特別の関連を持たない。[訳注1] 意図することはむしろ、志向性のひとつなのである。信念、怖れ、希望、欲求、意図はみな、志向的状態であり、愛や憎しみ、怖れや喜び、誇りや恥ずかしさといった感情もまたそうである。それ自身を超えて何かに向けられた状態はすべて、志向的状態である。それゆえ、たとえば視覚経験は志向的であるが、漠然とした不安はそうではない。

2. 志向的状態は、内容と心理様態からなる。内容はしばしば、ひとつの命題である。

志向的状態は通常、言語行為の構造と似た構造を持つ。私があなたに部屋を出るように命じたり、部屋を出るかどうか尋ねたり、部屋を出るだろうと予言したりできるのと同じように、私はあなたが部屋を出ることを望んだり、部屋を出るのではないかと怖れたり、部屋を出るのを欲したりすることができる。いずれの事例にも、あなたが部屋を出るという命題内容と、それがとるさまざまな言語的あるいは心理的な様態がある。言語の場合には、それはたとえば質問、予言、約束、命令といった形をとりうる。心の場合には、たとえば信念、怖れ、欲求といった形をとりうる。そこで、私は志向性の一般構造を、

S (p)

という形で表現することにする。

上の式で、「S」は心理的状態の種類を示し、「p」はその状態の命題内容を示す。同じ命題内容が異なる心理様態をとることは可能だから、両者を区別することは重要である。たとえば、私は雨が降るだろうと信じることもできれば、雨が降るようにと望むこともできる。また当然、たとえば信念というひとつの心理様態が、潜在的に無数の異なる命題内容をとることも可能である。私に信じうることは、いくらでもあるだろう。

すべての志向的状態が、ひとつの命題まるごとを志向内容とするわけではない。信念や欲求の内容は命題まるごとだが、愛や憎しみは必ずしもそうではなく、人はたんにサリーを愛したりハリーを憎んだりすることができる。それゆえ、命題まるごとを内容とする志向的状態を「命題態度」と呼ぶ哲学者もいる。しかし私の考えでは、この用語はわかりにくい。というのも、こう言うとあたかも、信念や欲求は命題に向けられた態度であるかのように聞こえるだろう。だが、実際はそうではない。私がクリントンは大統領だと信じるとき、私の態度はクリントンその人に向けられており、命題に向けられているのではない。つまり、命題は私の信念の内容であって、対象ではない。したがって、私は「命題態度」という用語は使わずに、ただ志向的状態とだけ言うことにして、志向的状態の中に、命題まるごとを内容とするものと、そうでないものを区別することにしよう。すると、クリントンは大統領だと信じることと、ハリーを憎むことのあいだの違いは、つぎのように表現される。

信念（クリントンは大統領である）

憎しみ（ハリー）

3．命題的な志向的状態はふつう、充足条件と、適合の向きを持つ。

命題内容を持つ志向的状態は、実在と合致するかしないか、どちらかである。そして、実在と合致すべき仕方が、それぞれの心理様態によって異なる。たとえば信念は、その内容が、独立に存在する実在と合致するか否かによって、真か偽かのいずれかになる。しかし欲求は、真や偽であることはない。欲求は、実在が欲求の内容に合致したり合致するようになったりするか、あるいはそうではないかによって、満たされるか満たされないかである。意図も欲求と同様、真や偽であることはなく、意図を持つ人の行動が意図の内容と合致するようになるか否かによって、実行されるか実行されないかである。これらの事実を取り扱うには、充足条件および適合の向きという概念が必要になる。信念、欲求、意図のような志向的状態は、充足条件と適合の向きを持つ。信念は、真ならば充足され、偽ならば充足されない。欲求は、満たされれば充足され、満たされなければ充足されない。意図は、実行されれば充足され、実行されなければ充足されない。

さらに、これらさまざまな充足条件は、適合の向きの相違、言い換えれば、適合にあたっての責任のありかの相違を通じて示される。たとえば信念は、その命題内容が、信念とは独立に存在する世界の中でのものごとのありようと実際に合致するか否かによって、真か偽のいずれかになる。私が雨が降っていると信じるならば、雨が降っているとき、そしてそのときにかぎり、私の信念は真であり充足される。この場合、世界に独立に存在する事態に合致する責任が、信念の側にあるのだから、信念は心から世界への適合の向きを持つと言えるだろう。つまり、独立に存在する実在を表象し、それに適合することが、心の一部分たる信念の仕事であり、心の中にある信念の内容が世界の実在に実際に適合するか否かによって、その仕事は成功にも失敗にもなるのである。他方、欲求は、信念とは逆の適合の向きを持つ。欲求は、世界の中でものごとがどうであるかを表象するのではなく、ものごとがどうであってほしいかを表象する。いわば、欲求に適合することが、世界の側の仕事なのである。欲求と意図は、信念と違って、世界から心への適合の向きを持つ。私の信念が偽ならば、私は信念を変えることで事情を正すことができる。しかし、欲求が充足されないときに欲求を変えても、同じように事情を正したことにはならない。事情を正すには、世界の方が、欲求の内容に合致するように変わらねばならない。私はこの理由で、欲求と意図は、信念と違って世界から心への適合の向きを持つと言うのである。

この相違は、われわれは日常言語で、欲求や意図について真だとか偽だとか言うことがないという事実から見て取れる。われわれはむしろ、世界が欲求や意図の内容と合致するようになるか否かに応じて、欲求が満たされるとか満たされないとか言い、意図が実行されるとか実行されないとか言うものである。ある志向的状態が心から世界への適合の向きを持つかどうかを試す最も単純で大雑把な方法は、それが真または偽であると文字どおりに言いうるかどうかを見ることである。

感情の多くをはじめ、いくつかの志向的状態は、上の意味での適合の向きを持たない。なぜならば、それらは感情の命題内容がすでに充足されていることを前提するからである。たとえば、フランスがワールドカップで優勝したことに私が大喜びするとき、フランスがワールドカップで優勝したことは疑問の余地のないこととされている。私の喜びは、フランスがワールドカップで優勝したことをその命題内容として持ち、私はその命題内容が実在と合致することを前提する。世界が実際にいかようであると私が信じているか、あるいは世界にどのようになってほしいと思っているかを表象することは、この志向的状態の眼目ではない。命題内容が実在と合致することは、むしろ前提されているのである。このような場合、私はその志向的状態はゼロの適合の向きを持つと言うことにする。すると、適合の向きには三種類あることになるだろう。心から世界への適合の向きは、信念やその他の認知的状態に特有なものであり、世界から心への適合の向きは、意図や欲求をはじめ、その他の意欲的または能動的状態に特有のものであり、そしてゼロの適合の向きは、誇りや恥ずかしさ、喜びや絶望といった感情に特有のものである。感情の多くは、それ自体としては適合の向きを持たないものの、よく欲求や信念と結びついており、その欲求や信念は適合の向きを持つ。愛や憎しみのような感情が実践理性において役割を果たしうるのは、それが欲求と結びつき、その欲求が適合の向きを持って、合理的な行為を動機づけうるからである。このことは、動機に関する議論において重要な点となるであろう。

充足条件および適合の向きという概念は、心的な存在と言語的な存在の両方に当てはまる。実際、心の本性に関して私がたどりついた結論の多くに私を導いたのは、言語行為との類似性であった。信念の場合と同様に、言明の表象する充足条件は、(心から世界へに似た) 言葉から世界への適合の向きを持つ。欲求や意図の場合と同様に、命令や約束の表象する充足条件は、(世界から心へに似た) 世界から言葉への適合の向きを持つ。

4．世界には、厳密には心や言語の一部分ではないにもかかわらず、充足条件と適合の向きを持つようなものが多く存在する。

地図は、正確だったり不正確だったりしうるから、地図から世界への適合の向きを持つ。建築予定の家の青写真は、それに従ったり従わなかったりするものだから、世界から青写真への適合の向きを持つ。建設業者は、青写真に合致するように建物を建てるべきである。必要性、義務、要求、責務もまた、厳密には言語的な存在ではないが、命題内容を持ち適合の向きを持つ。それらの適合の向きは、欲求や意図、命令や約束と同じである。たとえば私にお金を払う義務があるならば、私がお金を払ったとき、そしてそのときにかぎり、私の義務は果たされる（充足される）。義務は、義務の内容に合致するように世界が変わるとき、そしてそのときにかぎり、充足されるのである。必要性、要求、確約、責務が持つ適合の向きも、義務の場合と同様に、それらが充足されるためにはそれらに合致するように世界が変わることを要求する。

　私はたいへん単純な比喩を用いて、信念や言明や地図のような現象はあたかも世界の上に浮かんでおり、それらが表象する世界を下に向かって指し示すかのように表現したい。そこで、私は言葉から世界へ、心から世界への適合の向きを、下に向かうものと考えることにし、この適合の向きをしばしば下向きの矢印で表す。それに対応して、欲求や意図、命令や約束、義務や確約は、世界から心へ、世界から言葉への適合の向きを持つので、私はその適合の向きを上に向かうものと考えることにし、上向きの矢印で表す。冗長な言い回しを避けるために、私はそれぞれをときどきたんに「下向き」「上向き」と言ったり、たんに下向きや上向きの矢印を書いて示したりすることがあるだろう。

　以上の議論はやや無味乾燥だったかもしれないが、合理性の理解にあたってそれが持つ重要性は、強調してもしすぎることはない。行為における合理性を理解する鍵となるのは、飛躍と、上向きの適合との関係を理解することである。

5．志向的状態はしばしば、ある特別な種類の因果によって因果的にはたらく。それが志向的因果である。そして、そのうちのいくつかには、充足条件に因果が組み込まれている。それらの状態は因果的自己言及を示すのである。

因果の概念は一般的に、何かが何か別のことを引き起こすという概念である。たとえば古典的な例では、ビリヤードの球Aが球Bに衝突し、後者が動くことを引き起こす。このような因果は、アリストテレスが「作用因」と呼んだものであるが、それは因果のひとつの種類にすぎず、ほかに少なくとも三つの種類があるはずだと言われることがある。再びアリストテレスの用語を用いると、それらは形相因、目的因、質量因である。私の考えでは、この議論は全く混乱している。因果にはひとつの種類しかなく、それは作用因である。ただし作用因の中に、心的因果に関わる重要な下位項目が存在し、それは、何かが心的状態を引き起こしたり、心的状態が何か別のことを引き起こしたりすることである。そして、この心的因果という下位項目の中にさらなる下位項目があり、それが志向的因果である。志向的因果では、ある志向的状態がその充足条件を引き起こすか、ある志向的状態の充足条件が当の状態を引き起こす。若干言い方を変えると、志向的因果では、ある志向的状態が、まさにそれが表象する事態を引き起こすか、あるいは、ある志向的状態が表象する事態が、その志向的状態を引き起こすのである。たとえば、私が水を飲みたいとき、水を飲むことへの私の欲求が、私が水を飲むことを引き起こしうるのであり、ゆえにそれは志向的因果である。この欲求は、私が水を飲むことという内容を持っており、その欲求が、私が水を飲むことを引き起こす（ただし、このような自発的行為には一般に飛躍が存在することは、もちろん忘れてはならない）。また、私がマットの上に猫がいるのを見るとき、マットの上に猫がいるという事実が、ある視覚経験を引き起こし、まさにその視覚経験の充足条件の一部分が、マットの上に猫がいることなのである。志向的因果とは、志向的状態とその充足条件のあいだに成り立つ因果関係のあらゆるもののことで、志向的状態が充足条件を引き起こすのでもよいし、充足条件が志向的状態を引き起こすのでもよい。

志向性と実世界がどのように関わり合うかを理解するに際して、適合の向きの概念が欠かせなかったのと同じように、ここでは因果の向きという概念が必要となるように思われる。私が喉が渇いており、その渇きを満たすために水を飲むとき、水を飲むことへの欲求にほかならない喉の渇きは、世界から心への（上向きの）適合の向きを持っている。水を飲むことへの欲求が充足されるのは、世界の中に変化が生じて、水を飲むという欲求の内容に世界の方が合致することによるのである。ところが、私の欲求が私が水を飲むことを引き起こすのであれば、欲求と飲むことのあいだの因果関係は、心から世界へ向かうものである。すなわち、心の中の欲求が、（むろん飛躍を考慮の外に置くとして）世界の中で私が水を飲むことを引き起こす。それゆえ、世界から心へ向かう適合は、このとき、心から世界へ向かう因果を伴う。視覚による知覚の場合には、適合の向きと因果の向きがこれと逆になる。視覚経験がいわゆる正しいものであるとき、視覚経験の方が世界に合致するのだから、心から世界へ向かう適合が実を結んだことになる。だが、視覚経験が充足されて真であるときには、私が知覚している世界の中の事態がある視覚経験を引き起こし、まさにその視覚経験によって私が当の事態を知覚するのでなければならない。それゆえこの場合、心から世界へ向かう適合は、世界から心へ向かう因果を伴う。

上の例から、志向的因果の中には、当の志向的状態が因果的にはたらいてそれ自身の充足条件をもたらさねばならないことが、まさにその志向的状態が充足されるにあたっての充足条件の一部となっているような、特別なものが含まれることがわかる。たとえば、意図は欲求と違って、その意図の内容に表象された当の行為が、その意図自身によって引き起こされたのでないかぎり、実行されたことにならない。行為が別の原因によるならば、意図は実行されたことにならないのである。このようなとき、われわれは、志向的状態の充足条件が因果的自己言及を示すと言うことができるだろう[3]。因果的自己言及を示す志向的状態には、知覚経験、記憶および意図がある。以下ではそれらをひとつずつ、順に見てゆくことにしよう。知覚経験の場合、その経験が充足されるのは、知覚されたとされる事態そのものが、当の知覚経験を引き起こした場合にかぎられる。たとえば、私がマットの上に猫がいるのを見るとき、この視覚経験の志向内容はつぎのようなものになる。

視覚経験（マットの上に猫がおり、マットの上に猫がいるという事実がこの視覚経験を引き起こす）

上の式は、つぎのように読む。私はいま、ある視覚経験を有しており、その充足条件は、マットの上に猫がいることと、マットの上に猫がいるという事実がこの視覚経験を引き起こしていることである。ここで、視覚経験の完全な充足条件は、実際に見えているものとは区別されねばならない。実際に見えているものは、マットの上に猫がいるという事実だが、視覚経験の完全な充足条件は因果的自己言及の要素を含むのである。因果が実際に見えるのでないことは、強調しておかねばならない。見えるのは猫とマットであって、前者が後者の上にいるのが見える。しかしこれが見えるためには、視覚経験の完全な充足条件に因果的な要素のあることが必要であり、私が上の式で捉えようとしたのは、そのような論理的特徴にほかならないのである。

記憶もまた、因果的自己言及を示す。私が、私は昨日ピクニックに行ったと記憶しているとき、その充足条件は、私が昨日ピクニックに行ったことと、私が昨日ピクニックに行ったという事実がまさにこの記憶を引き起こすことの両方である。知覚と記憶の場合、心から世界へ向かう適合と、世界から心へ向かう因果があることに注意すべきである。知覚や記憶において、世界がどのようであるかを見たり、世界がどのようであったかを覚えていたりすることによって、心から世界へ向かう適合が成り立つとすれば、それは世界のそうしたありようが、私がこの知覚経験を有したり、この記憶を持ったりすることを引き起こすことによって、世界から心へ向かう因果を成り立たせているからにほかならない。心から世界へ向かう適合が成り立つのは、世界から心へ向かう因果が実を結んでいるおかげなのである。

意図と行為の構造にも、因果的自己言及がみられる。ごく単純な事例で考えてみよう。私は信念と欲求のひとそろいを持っており、それらの信念と欲求から推論を行って、意図を持つに至る。行為に先立って形成されるそのような意図を、事前の意図と呼ぼう。たとえば、ある会合で動議が提起され、私はそれに賛成したいとしよう。私は右手を挙げれば動議に賛成したことになると信じている。そこで私は、手を挙げる事前の意図を形成する。手を挙げる事前の意図の志向内容は、つぎのように表現できるだろう。

事前の意図（私が手を挙げ、この事前の意図が私が手を挙げることを引き起こす）

上の式は、つぎのように読む。私はある事前の意図を有しており、その充足条件は、私が手を挙げることと、まさにこの事前の意図が私が手を挙げることを引き起こすことである。

事前の意図は、私が行為内意図が私が手を挙げることを引き起こすことである。行為内意図とは、実際に行為を遂行する最中に持つ意図である。先ほどの例で言えば、採決のときが来て議長が「これを支持する者は手を挙げよ」と言ったとき、私は自分の事前の意図をふまえて行為し、ゆえにある行為内意図を持つ。そしてその行為内意図の充足条件は、まさにその行為内意図が、私の手が上がるという身体運動を引き起こすというものである。これをつぎのように表現することができる。

行為内意図（私の手が上がり、この行為内意図が私の手が上がることを引き起こす）

上の式は、つぎのように読む。私はある行為内意図を有しており、その充足条件は、私の手が上がることと、まさにこの行為内意図が私の手が上がることを引き起こすことである。

日常の言葉で、行為内意図に最も近いものは「努める」である。あなたが行為内意図は持っていたものの、その充足条件をもたらすことはできなかった場合、あなたは少なくともそう努めたのである。すると通常、手を挙げる場合のように事前の意図をふまえてなされる計画的な行為では、その全体の構造はつぎのようになる。すなわちまず、私は事前の意図を形成し（その充足条件は、それ自体が行為の全体を引き起こすことである）、つぎに私は行為の全体を遂行するのだが、行為の全体は二つの構成要素から成り立っており、それらは行為内意図と身体運動なのである（そしてその行為内意図の充足条件は、それ自体が身体運動を引き起こすことである）。

もちろん、すべての行為が計画的なわけではない。私が行うことの多くは、むしろ自然発生的である。そのような場合、行為内意図は存在しても、事前の意図は存在しない。たとえば私は、哲学の問題について考えるとき、よく立ち上がって部屋の中を歩き回る。この場合、私が部屋の中を歩き回ることに事前の意図はないものの、それは意図的である。私の身体運動は、継続中の行為内意図によって引き起こされているのだが、事前の意図はなかったのである。

6. 認知と意欲の志向的構造は、互いに鏡像関係にあり、適合の向きも因果の向きも逆である。

行為と知覚から考え始めれば、それらの対称性と非対称性がよくわかるだろう。知覚は二つの構成要素からなる。たとえば視覚の場合、知覚は意識的な視覚経験と、知覚される事態からなる。私がマットの上に猫がいるのを見るならば、私の持つ視覚経験があり、それに対応する世界の事態として、マットの上に猫がいる。さらに、視覚経験が充足されるときには、その因果的自己言及の要素も充足

	認知			意欲		
	信念	記憶	知覚	欲求	事前の意図	行為内意図
適合の向き	↓	↓	↓	↑	↑	↑
充足条件によって決められる因果の向き	なし	↑	↑	なし	↓	↓
因果的自己言及	なし	あり	あり	なし	あり	あり

表1

されねばならない。すなわち、私の知覚する世界の中の事態が、まさにその知覚の経験を引き起こすのでなければならない。人間の行為は、これと完全に並行するものでありながら、これとは逆の適合の向きと因果の向きを持つ。うまく遂行された意図的行為は、二つの構成要素からなる。そのひとつは行為内意図であり、もうひとつは典型的には身体運動である。私がひとつの人間行為の遂行として手を挙げるならば、そこには行為内意図があり、その充足条件は、私の手が上がることと、まさにその行為内意図が私の手が上がることを引き起こすことである。このように、うまく遂行された意図的行為の二つの構成要素とは、行為内意図と身体運動である。

知覚と行為の対称性と非対称性は、認知と意欲のあいだに一般的にみられるものである。上で見たように、知覚や記憶といった認知的状態は、心から世界への適合の向きと、世界から心への因果の向きを持つ。これに対して事前の意図や行為内意図は、逆の適合の向きと因果の向き、すなわち世界から心への適合の向きと、心から世界への因果の向きを持つ。これは、意図が実行されるには、世界の方が意図の表象するとおりになる必要があり、しかもそうなることを意図が引き起こさねばならないということを言い換えたにすぎない。それゆえ、意図が充足されるには、世界から心へ向かう適合と心から世界へ向かう因果が成り立たねばならないのである。意図が充足されるのは、世界から心へ向かう適合が成り立つに際して、意図自身が因果的にはたらくときだけである。このとき、上向きの適合がもたらされるのは、下向きの因果によるほかはない。計画的な行為の典型的なパターンでは、信念と欲求に基づいて事前の意図が形成される。事前の意図は行為の全体を表象し、行為の全体は二つの要素からなる。行為内意図と身体運動である。事前の意図が実行されるとき、それは行為内意図を引き起こし、こんどはそれが身体運動を引き起こす。事認知と意欲の関係の形式的構造は、表1に示されるような全体像を持つ。

行為内意図は、意識的である場合もあればそうでない場合もある。それが意識的な経験であるとき、私はそれを「行為の経験」と呼ぶことにしよう。私が行為の経験と呼ぶものは、ウィリアム・ジェイムズが「努力」の感覚と呼んだものと同じだと思う。(4)

7. 熟慮はふつう、事前の意図を経由して意図的行為に至る。

理由が信念と欲求だけであるような単純な事例では、つぎのように言うことができる。すなわち、信念と欲求は異なる適合の向きを持ち、それらを考慮すると意思決定に至る。意思決定とは事前の意図の形成であり、それは上向きの適合と下向きの因果を持つ。事前の意図は、それ自身が行為を引き起こすという充足条件を持つ。行為は二つの要素からなり、それは行為内意図と身体運動である。行為内意図の充足条件は、それ自身が身体運動を引き起こすことである。それゆえ、計画的な行為はつぎのような順序で生じる。

熟慮が事前の意図を引き起こし、それが行為内意図を引き起こし、それがこんどは身体運動を引き起こす。行為の全体は、行為内意図と身体運動からなる。矢印が因果関係を表すものとすると、このパターンはつぎのように表現される。

信念と欲求の熟慮→事前の意図→行為内意図→身体運動（行為＝行為内意図＋身体運動）

意欲の場合、因果的自己言及を示す状態はつねに、世界から心への適合の向きと、心から世界への因果の向きを持つ。認知の場合、因果的自己言及を示す状態はつねに、心から世界への適合の向きと、世界から心への因果の向きを持つ。意図は、意図自体が因果的にはたらいて適合をもたらすときにかぎり充足され、世界から心へ向かう適合が成り立つ。知覚と記憶は、世界自体がまさにそれらの知覚や記憶を引き起こすときにかぎり充足され、心から世界へ向かう適合が成り立つ。ゆえに、心から世界へ向かう適合がもたらされるのは、世界から心へ向かう因果によってのみなのである。

8. 意欲の構造には三つの飛躍がある。

適合の向きと因果の向きにおける相違を考慮した後、認知と意欲の形式的構造にみられる主要な非対称性は、意欲には飛躍があることである。われわれは通常、熟慮や自発的行為の各段階に因果的十分条件があるとか、それらがつぎの段階への因果的十分条件をなしているといった経験をすることはない。「飛躍」とは、この現象に私がつけた一般的な名称である。飛躍の経験は連続的なものであるが、この本の目的のために、われわれはそこにつぎのような境界線を引くことができるだろう。熟慮と行為の構造の中で、最初の飛躍は、熟慮とその結果生じる事前の意図のあいだにある。たとえば、私が動議に賛成するかどうか熟慮するときには、動議に賛成する理由や反対する理由と、動議に賛成するという実際の決断、すなわち事前の意図を実際に形成することのあいだに、飛躍が存在する。つぎに、事前の意図と行為内意図のあいだの飛躍がある。これは、何かを行う決断と、それを実際に行おうと努めることのあいだの飛躍である。このような飛躍は、行為内意図と身体運動のあいだには存在しない。何かを実際に行おうと努め、それがうまくいった場合、そう努めたことはそれがうまくいったことにとって因果的に十分でなければならない。第三の飛躍は、時間的な延長を持つ行為内意図の構造にみられるものである。本を書くとか英仏海峡を泳いで渡るといったような、一連の複雑な活動を営むことへの行為内意図を持った場合、最初の時点で行為内意図が始動したことは、それ自体では、活動の完了に至るまでその行為内意図が持続することを保証するに十分ではない。それゆえ、行為内意図の実行のあらゆる段階に、第三の飛躍が存在する。しかも、英仏海峡を泳いで渡るとか本を書くといった、かなり長い時間を要する行為の場合、その作業の全体を通じて、事前の意図が因果効力を持ち続ける。つまり、事前の意図の形成において、当初ある一連の行為が計画されたのだが、その行為が完了に至るまで実行されるように、努力が続けられねばならないのである。(5)

9. 複雑な行為は内的構造を備えており、行為者は、ある別のことをするという手段によって何かを行おうと意図したり、ある別のことをするという仕方でもって何かを行おうと意図したりする。こ

れらの関係は、一方は因果的であり他方は構成的である。

私はこれまで、あたかも人がある行為をひとつあっさりと遂行するかのように語ってきた。しかし、手を挙げるような単純な行為を別にすれば、人間の行為はもっと複雑であり、複雑な内的構造を備えている。ふつう人は、何かをするにあたって、ある別のことをするという仕方や手段をとる。たとえば、電気をつけるにはスイッチを押すという手段を用い、銃を撃つには引き金を引くという手段を用いる。単純な例として挙げたものでも、賛成するには手を挙げるという仕方がとられていた。ここには、手を挙げることと賛成することの二つの行為があるのではなく、手を挙げるという仕方で賛成するひとつの行為があるだけである。意思決定とはしばしば、目標を達成するために手段の関係や仕方の関係を選ぶことであるから、実践理性を論じるに際して行為の内的構造はきわめて重要である。第一章で取り上げた単純なサルの例においても、サルは棒でつつくという手段によってバナナを手に入れていた。行為の内的構造で最も重要な二つの構造的形式は、因果的な手段の関係と、構成的な仕方の関係である。私が引き金を引くという手段で銃を撃つならば、この関係は因果的であり、引き金を引くことが銃の発射を引き起こしている。他方、私が手を挙げるという仕方で賛成するならば、この関係は構成的であり、この場合、手を挙げることは賛成を構成している。手段の関係では、行為の諸要素の関係は因果的である。たとえば、スイッチを押すことは電気がつくことを引き起こす。すると、スイッチを押すという手段で電気をつけたときに私が持っていた行為内意図は、その行為内意図がスイッチを押すことを引き起こし、それがこんどは電気がつくことを引き起こすという、複雑な行為内意図だったのである。しかし、私が賛成するために手を挙げたとき、私の手が上がることは私が賛成することを引き起こしたのではない。むしろ、手が上がることは賛成を構成したのである。この場合、身体運動は当の行為を構成した、ないしは当の行為とみなされたのである。長い時間的な延長を持つ複雑な行為では、これらの関係もたいへん複雑になる。この本を書くことを考えてみよう。私は、コンピュータの前に座って考えを打ち込むことによって、その仕事に取り組む。これらの行為は本を書くことを引き起こすのではなく、その諸段階を構成している。他方、私がコンピュータのキーをたたくとき、その行為は本の文章が画面上に現れることを引き起こすのである。

私が行ってきたもうひとつの理想化は、あたかもすべての行為において、行為内意図が身体運動を引き起こすかのように語ってきたことである。しかしもちろん、頭の中で足し算をする場合のように、心的な行為というものも存在する。また、煙草を控えるといった否定的な行為もある。さらに、すでに述べたとおり、本を書くことやスキーの競技に向けて練習することのように、時間的な延長を持つ行為もある。私が思うに、事前の意図と行為内意図の区別や、内的構造における因果的な手段の関係と構成的な仕方の関係の区別を通じてなされた私の論述は、これらの事例のいかなるものをも取り扱うことができるはずである。

10. 意味とは、充足条件に充足条件を意図的に課すことである。

話者が「雨が降っている」と言い、その発話で雨が降っていることを意味するならば、彼の行為内意図の充足条件は、第一に、その行為内意図が「雨が降っている」という文の発話を引き起こすことであり、第二に、その発話自身が、雨が降っているという下向きの適合を持つ充足条件を持つことである。話者の意味の場合、話者は口から発した音や紙に記した印といった、自らが意図的に生み出したものに充足条件を意図的に課すことによって、ある形式の志向性を創り出す。彼は、ただ発話を意図的に行うだけでなく、その発話自身が充足条件を持つという意図を込めて、発話を行うのである。

人間の自然言語におけるこの段取りは、つぎの事実によって可能となっている。すなわち、言語の文に含まれる語は、ある形式の志向性を持つのだが、その志向性はそもそも、人間の行為者が内在的あるいは観察者に依存せずに持つ志向性から引き出されるのである。このことから、つぎの点へと導かれる。

11．観察者に依存しない志向性と、観察者に依存する志向性を区別する必要がある。

私はこれまで、人間の心の志向性について語ってきた。しかし、心以外のものに志向性を帰属させ、それが文字どおり真であることもある。そのような志向性は、心の持つ内在的で観察者に依存しない志向性に依存する。これが最も明らかなのは言語の場合で、語や文は意味を持つと言われ、意味は志向性の形式のひとつである。私が「私は空腹だ」と言うことと、「フランス語の文“J'ai faim”は、私は空腹だという意味だ」と言うことには違いがあり、前者は文字どおり私に志向性を帰属させているのに対して、後者は文に意味を帰属させ、それによって文にある形式の志向性を帰属させている。だが、フランス語の文の志向性はいわゆる内在的なものではなく、フランス語の話者の持つ志向性に由来する。それゆえ私は、空腹という心的状態の持つ観察者に依存しない志向性と、フランス語や日本語その他の言語の語や文の持つ観察者に依存する志向性あるいは観察者に相対的な志向性を区別すべきだと言うのである。志向性の帰属には第三の形式があり、それは観察者に依存しないのでもなければ観察者に相対的なのでもなく、実は全く文字どおりの帰属ではない。私の念頭にあるのは、コンピュータに記憶を帰属させたり、植物に欲求を帰属させたりする場合である。これらは害のない語り方で、私が「植木が水を欲しがっている」と言っても、私が文字どおりの志向性を植物に帰属させていると勘違いする者はいない。これらを私は志向性の比喩的な帰属、あるいは「あたかも」の帰属と呼ぶことにしよう。これは第三の種類の志向性を帰属させているのではなく、植物やコンピュータをはじめ、多くのものがあたかも志向性を持つかのようにふるまうというだけのことである。それゆえわれわれは、それらのものが文字どおりに志向性を持つのではなくても、比喩的な、あたかもの帰属を行うことができるのである。

12. 客観性と主観性の区別は、存在論的な区別と認識論的な区別の二つが混淆したものである。

志向性の形式にみられる、観察者に相対的なものと観察者に依存しないものとの区別を利用すると、この本の後の論証で重要になる、もうひとつの区別を示すことができる。客観性の概念と、客観性と主観性の対比は、われわれの知的文化で重要な役割を演じており、われわれは「客観的」な科学的真理を追い求めている。しかしこれらの概念には多大な混乱があり、それはきちんと整理されねばならない。われわれは、存在論的な客観性や主観性と、認識論的な客観性や主観性を区別する必要がある。この区別は例を挙げればすぐにわかるだろう。私が痛みがあると言うとき、私は自分自身に主観的な経験を帰属させている。その主観的な経験は、意識ある主体に経験されるときにのみ存在するのだから、主観的な存在論を持っている。この点で、痛みやくすぐったさ、かゆみなどは、山や分子、氷河などとは異なる。なぜならば、山などは客観的なあり方、つまり客観的な存在論を持つからである。主観性と客観性の存在論的な区別は、主観性と客観性の認識論的な区別とは全く別のものである。もし私が、「レンブラントは全生涯をオランダで過ごした」と言うならば、この言明の真偽は観察者の態度や気分に関わりなく確かめられるから、その言明は認識論的に客観的である。しかし私が、「レンブラントはこれまでアムステルダムに生きた画家の中で最も偉大な者である」と言ったとすると、さてこれは、意見の問題である。このことの真理は、レンブラントや他のアムステルダムの画家の作品を賞賛する人やその価値を認めない人が、どのような主観的な態度を示すかと独立には決まらない。ゆえに、それは認識論的に主観的である。するとこの区別に基づいて、観察者に相対的な現象にはすべて、存在論的な主観性の要素が含まれると言うことができるだろう。あるものがフランス語の文としてあることを意味するとき、このことはフランス語の話者の存在論的に主観的な態度に依存する。しかし、この点が重要なのであるが、存在論的な主観性は必ずしも認識論的な主観性を含意しない。フランス語や他の言語で文が何を意味するかについては、当の意味が存在論的に主観的なものであるにもかかわらず、認識論的に客観的な知識を持ちうる。この区別がどれほど重要かは、後に、合理的な行為を動機づける世界の諸特徴の多くが、同じように存在論的に主観的でありながら認識論的に客観的であることを見出すときにわかるだろう。

13. 共同的志向性は、制度的事実の創造を可能にする。制度的事実は、「XはCにおいてYとみなされる」という形式の構成規則に則って創り出される。

志向性は、「私は映画に行こうと意図する」といった個人的なものにかぎられず、「私たちは映画に行こうと意図する」といった共同的なものでもありうる。共同的志向性は、人の集団が共有の制度的事実を創り出すことを可能にする。たとえば貨幣や財産、結婚や政府、そしてとりわけ言語に関わる事実である。それらにおいては、制度の存在によって、個人や個人の集団がつぎのことを行いうるようになっている。すなわち、対象がその物理的な構造のみによっては遂行しえず、その対象がある所定の身分を持ち、その身分ゆえにある特有の機能を持つという共同の認識があって初めて遂行しうるような機能を、その対象に課すことができるのである。私はそうした機能を身分的機能と呼ぶことにする。それらは通常、「XはCにおいてYとみなされる」という形式をとる。たとえば、かくかくの語の並びは英語の文とみなされる、しかじかの紙切れはアメリカで一〇ドル紙幣とみなされる、かくかくの配置はチェスでチェックメイトとみなされる、しかじかの条件を満たす人はアメリカの大統領とみなされるといったぐあいである。これら身分的機能は、物理的な機能とは異なる。というのも、ねじ回しのような対象は、その物理的な構造によって物理的な機能を遂行するのに対して、英語の文やチェックメイト、貨幣や大統領がそれらの機能を遂行しうるのは、それらが所定の身分を持ち、その身分ゆえにある機能を持つという共同の認識があるときにかぎられるからである。

制度的な実在は、「XはCにおいてYとみなされる」という構成規則によって身分的機能を課されることから創り出される。これがさらに、意味を課すという特別な形式の身分的機能と組み合わされると、つぎのことが可能となる。すなわち、個々の人間が、行為への理由で欲求に依存しないもののある形式を創り出すことが可能となるのである。この現象は、第六章で詳細に探究することにしよう。ここではただ、つぎのことを強調しておきたい。われわれは先に、意味とは充足条件に充足条件を課すことであるという点を見た（第10点）。この事実が、制度的事実は制度的な体系の中で創り出され、そこにおいては行為者がある存在にある機能を課すのだが、このときその存在がその機能を遂行することは、当の機能の共同的な受容または認識なしには不可能だという事実と組み合わされる。すると、これら二つの要因からわれわれには、主張を行ったり約束をしたりといった言語行為の遂行において、話者が新しい充足条件のひとそろいを創り出すのはいかにしてか、さらにそれらの新しい充足条件が、話者が聞き手に主張を行ったとか、話者が聞き手に約束をしたといった制度的事実の創造の結果であるのはいかにしてかがわかるのである。

14. 志向性が充足条件を定めるようにはたらくのは、前志向的あるいは非志向的な背景となる能力があるときにかぎられる。

認知と意欲の志向的構造に加えて、まだ説明すべきことがある。すなわち、志向性の体系全体がはたらいて、志向的状態が充足条件を定めるのは、人間や動物の持つ能力や傾向性といった、それ自体は志向的状態に存するのではないものが、背景としてあるときにかぎられるということである。部屋を歩くとか、歯を磨くとか本を書くといった意図を形成しうるには、私は部屋を歩いたり歯を磨いたり本を書いたりできるのでなければならない。少なくとも、自分にはそうしたことができると前提しなければならない。しかしそれらの能力は、志向的状態を生じさせる力を持つものではあるものの、それ自体がさらなる志向的状態に存するわけではない。能力や傾向性は、存在論的に言えば脳のさまざまな構造と考えることができ、それらの脳の構造は、私が志向性の体系を活性化させてその体系をはたらかせることを可能にしている。しかし、脳の構造に実現された能力自体が、志向的状態に存するのではない。

この背景は、合理性の構造を理解するにあたってさまざまな点で重要であるが、それらの点について述べることはこの本の射程を超えている。一見したところ合理性の文化相対性を示すような事例はたいてい、異なる文化的な背景によるものであり、合理性自体は普遍的である。論証のこの局面で、私はただ、志向性の体系はいわば土台まですべて志向的なわけではないという事実に注意を促しておきたい。われわれは、行為者は志向性の体系に加えてひとそろいの能力を持ち、その能力自体はさらなる志向的状態に存するのではないと考えねばならない。そのような能力を、私は「背景」と名付けることにしよう。

15．志向性は内包性と区別されねばならない。[訳注2]

志向性は心の性質であり、派生的に言語の性質である。志向性によって、心の状態や言語行為は対象や事態についてのものとなる。内包性は、言明やその他の表象の性質で、内包性によってそれらは外延性の一定のテストに合格しなくなる。よく用いられるテストが二つある。第一は、指示対象の等しい表現は真理値を失ったり変えたりすることなく置換可能だというものであり（これはしばしばライプニッツの法則と呼ばれる）、第二は存在汎化である。たとえば、言明「オイディプスはイオカステと結婚したい」は、言明「イオカステは彼の母と同一である」と合わせても「オイディプスは彼の母と結婚したい」への推論を許容しないから、置換可能性のテストに合格しない。この言明は、置換可能性に関して内包的なのである。置換可能性のテストに合格しない言明は、しばしば指示的に不透明と呼ばれる。また、言明「オイディプスは失われた都市アトランティスを探し求めている」は、「失われた都市アトランティスが存在する」への存在の推論を許容しない。探し求めているものが存在しなくても、探し求めることはできるからである。それゆえこの言明は、存在汎化のテストに合格しない。内包性は実践理性の主題にとって重要である。その理由のひとつは、行為への理由を表す言明はふつう内包的だからである。

結　論

私は、このような無味乾燥な議論を大急ぎで行ったことを読者に詫びねばなるまい。だが、この道具立ては続く諸章で必要となるものであるし、だからといってまず私の以前の本をぜんぶ読めというのは、あまりにも酷であろう。そこで私は、残りの章を乗り切るための武装として必要なぶんだけを、ここにまとめた。実践理性についての著作では、信念に対する真理にあたるものが、意図的行為に対しては何であるかを探し求める試みがよくみられる。これが絶望的な試みであることは、これまでに述べたことだけからも十分にわかるだろう。信念は充足条件を持つ志向的状態であり、その条件が充足されれば、信念は真であると言われる。信念は、心から世界への適合の向きを持つ。これに対して、意図的行為は二つの構成要素からなり、それは行為内意図と身体運動である。行為それ自体には、充足条件は存在しない。むしろ、それぞれの行為内意図に充足条件があり、それが充足されるとき、身体運動や、行為の残りを構成する他の現象が、行為内意図に引き起こされるのである。したがって行為は、行為内意図が充足されるとき、そしてそのときにかぎり、うまく遂行されたことになる。しかし、この充足条件に加えてさらに、行為の充足条件なるものがあるわけではない。行為が計画的な場合、すなわち事前の意図がある場合には、事前の意図に引き起こされた行為の生起それ自体が、事前の意図の充足条件を構成する。だが、事前の意図と行為内意図が持つのは、世界から心への適合の向きである。行為はたしかに事前の意図の充足条件であり、それはちょうど、身体運動が行為内意図の充足条件であるのと同じである。しかし、すでに述べたように、すべての行為が計画的なわけではなく、それゆえすべての行為が事前の意図を必要とするのではない。すべての行為が必要とするのは行為内意図であり、実際われわれは、行為内意図をその一要素として含む複雑な出来事であるということを、人間の行為の定義としてもよいであろう。続く諸章では、合理的な行為者がいかにして、世界の中の事実の表象や志向内容を取りまとめ、それによって合理的に動機づけられた事前の意図や行為内意図を形成しうるのかを見てゆこう。

第三章　時間と自我の飛躍

1　飛躍を広げる

飛躍の存在は多くの疑問を残す。そのひとつはこれである。理由を与えることで行為を説明するとき、われわれはふつう、因果的十分条件を挙げることはしない。しかし、だとすると、そのような説明はいかにして本当の説明になりうるのだろうか。因果的な先行者が行為の決定に十分でないならば、それを挙げることは、同一の先行する原因のもとでやはり起こりえた他の何らかの行為ではなく、まさにこの行為が生じたのはなぜかを、いかに説明しうるのだろうか。この問いへの答えには深い含蓄があり、私はこの章を通じてそのいくつかを明らかにすることを試みたい。

私の第一の目的は、私がこれまで語ってきたような飛躍の現象が本当に存在することを、理に適った疑問が一切残らないほどしっかりと確立するべく努めることである。そのためには、私は飛躍のもっと正確な定義を与え、その所在についてさらに多くを述べなければならない。第二の目的は、私がたったいま提起した問いに答え、その答えの持つ含蓄のいくつかを引き出すことである。私は、飛躍の現象を扱うには、非ヒューム的な還元不可能な自我の概念を前提しなければならず、また、実践理性の関わるところでは、自我と時間のあいだに特別な関係を前提しなければならないと論じたい。

飛躍の定義

飛躍には、同値な二つの記述が可能である。そのひとつは前向きであり、いまひとつは後ろ向きである。前向きに見ると、飛躍とは、意識的な意思決定や行為の特徴で、われわれの将来の意思決定や行為にはさまざまな選択肢があり、因果的にはそのいずれをもとりうると感覚されることである。後ろ向きに見ると、飛躍とは、意識的な意思決定や行為の特徴で、意思決定や行為に先立つ理由は、意思決定や行為の因果的十分条件をなすものとして行為者に経験されるのではないということである。われわれの意識的な経験では、信念や欲求、その他の理由が意思決定（事前の意図の形成）の因果的十分条件をなすものとして経験されるのでないとき、飛躍は存在する。飛躍はまた、事前の意図が意図的行為の因果的十分条件をなすのでないときにも、存在する。さらに、意図的な計画を開始することが、その継続や完了の十分条件をなすのでないときにも、飛躍は存在する。

飛躍の所在

飛躍の基本的な所在は、これら三つの現れ方に示されている。第一に、合理的な意思決定において、意思決定は事前の意図の形成にあるが、このとき熟慮の過程と意思決定そのもののあいだに、飛躍が存在する。第二に、ひとたび何かをしようと決心しても、つまり事前の意図が形成されても、事前の意図と、行為内意図が始動して行為が実際に開始されることのあいだに、飛躍が存在する。そして第三に、私がいまこの本を書いている場合のように、時間的な延長を持った一連の活動が行われるときには、行為を遂行しようという事前の意図や行為内意図の形をとる原因と、複雑な活動を完了に至るまで実際に実行することのあいだに、飛躍が存在する。時間的な延長を持つ行為では、仮に事前の意図があり、さらに行為内意図による行為の開始がなされたとしても、それに加えて、努め続けること、自力で続けてゆくことが必要である。これら三つの飛躍は、意識の同一の特徴の異なる局面と考えることができる。その特徴とは、決心することの意識経験や行為することの意識経験は（意志の発動、努力の意識感覚と呼ばれるものも、みな同じものである）、それらを生ぜしめる心理的な因果的十分条件があるように経験されてはいないということである。

2　飛躍の存在の論証

飛躍の存在に対しては、三種類の懐疑論がありうるものと思われる。第一は、当の意識状態を私が正しく記述しておらず、たぶんそのような飛躍などそもそも存在しないというものである。第二は、仮に飛躍があったとしても、おそらく自由の意識経験はつねに無意識的な心理によって無効にされるというものである。すなわち、たとえ意識されなくとも、心理的原因はわれわれの行為すべてを決定するに十分だろうというのである。第三は、仮にわれわれは心理的に自由だとしても、その自由は随伴現象かもしれないというものである。脳にはどのみち飛躍などありはせず、神経生物学的な基盤がわれわれの行為をすべて決めてしまうだろうからである。私はこの章で第一の懐疑論に答え、第三のものは第九章で論じる。第二のものは、真剣な考慮に値すると思えないので、私は取り上げない。たしかに、行為が何らかの無意識的な心理的原因によって決められてしまう場合はある。たとえば催眠術がそうである。しかし、われわれの行為がすべて、催眠術の夢中状態でなされる行為のようなものだという考えは、あまりにもばかばかしい。私はこの問題を別の本で簡単に論じているので、(1) ここではこれ以上述べないことにする。

飛躍には、因果と意欲に関わる特別な要因があると私は記述しているが、そのようなものがあることの最も簡単な証明は、ワイルダー・ペンフィールドの研究に基づくつぎのような思考実験にみられる。(2) ペンフィールドは、患者の運動皮質を微小電極で刺激すると、身体運動が引き起こされることを見出した。このとき患者に尋ねると、彼らは例外なく「私がやったのではありませんよ、あなたがやったのでしょう」(原著 p. 76、邦訳一三二頁) と答えた。したがって、ペンフィールドの脳の刺激によって手を上げさせられるときの患者の経験は、自発的に手を上げるときの経験とはまるで異なるのである。では、その相違とは何であろうか。それに答えるには、ペンフィールドの例をもっと大きな規模で想像してみるのがよい。ある一定の期間、私の身体運動のすべてが、脳科学者が私の運動皮質に電磁波を送り込むことによって引き起こされるとしよう。当然、そのときの私の経験は、通常の意識的な自発的行為とは似ても似つかない。この場合、私はあたかも知覚のように、自分に生じていることを観察するであろう。これに対して通常の場合、私は身体運動を生ぜしめるのであり、その特徴として二つのことが挙げられる。第一に、私は手を上げようとすることによって、身体運動を引き起こす。そうしようとすることは、手が動くことを引き起こすに十分である。しかし第二に、その行為への理由は、そうしようとすることを強いる十分な原因ではない。

これを拡大鏡でよく眺めてみると、行為は二つの構成要素からなることがわかる。それらは私が第二章で記述したもので、ひとつは行為内意図（努めること）であり、これは意識的であれば行為の意識経験をなす。もうひとつは身体運動である。行為内意図は身体運動にとって因果的に十分であるから、私が手を上げるとき、行為内意図は手が上がることを引き起こす。しかし、通常の自発的行為の場合、行為内意図自体がそれに先行する心理的な因果的十分条件を持つことはない。私が行為の全体に十分条件はないと言うのは、このように、行為内意図が十分条件を持たないからである。このことは、人間に自由をもたらす飛躍の現れである。通常、行為の経験は運動の開始を引き起こす十分条件であるが、自由で自発的な行為の場合、その経験それ自体（努めることの経験、ウィリアム・ジェイムズが「努力」の感覚と呼んだもの）は、心理的な因果的十分条件を持たないのである。

私は第一章で、第二の論証にも簡単にふれておいた。実生活で飛躍が最も劇的に現れるのは、ある行為を遂行したり選択したりする理由が複数ある場合に、それらの理由のいずれかひとつだけが選択され、それをふまえて行為がなされる可能性においてであろう。たとえば私に、ある特定の政治家候補に投票する理由がいくつかあったとしよう。このとき私は、それらの理由すべてに基づいてその候補に投票するとはかぎらない。私はそれらのうちあるひとつの理由から投票し、他の理由から投票するのではないことがありうる。こうした場合、私の知るかぎり私にはその候補に投票する理由がいくつもあったにもかかわらず、他の理由ではなくどの特定の理由から彼に投票したか、私は観察によらずに知りうる。これは驚くべき事実だから、よく考えてみなければならない。私にはたらきかける理由はいくつもあったのに、実際に効力があったのはそのひとつだけであり、どれを効力あるものとするかを選んだのは私である。すなわち、自分自身の行為について私の気づくかぎり、私のさまざまな信念や欲求は、私がある特定の仕方で行動することを引き起こすことはない。むしろ、どの欲求をふまえて行為するか、私が選ぶのである。つまり、多くの原因のうちどれに効力があるか、私が決めるのである。このことは、後の章で登場する、ある興味深い仮説を示唆する。私がそれをふまえて行為する理由を効力ある理由とみなすことにするならば、自由で合理的な行為に関しては、どの理由をふまえて行為するかを自分で選択するかぎり、すべての効力ある理由は行為者によって効力を与えられることになるのである。

どの理由をふまえて行為するかを「選ぶ」とか、理由に効力を「与える」といった言い方は、選んだり与えたりという別個の行為があることを意味するのではない。そうであったならば、与えることを与える、選ぶことを選ぶなどの悪性の無限後退が発生するという論争が、直ちに生じてくるであろう。[3] 私の主張は、ある理由をふまえて自由に行為するとき、人は当の行為において、その理由を選び、それに効力を与えるというだけである。

飛躍の存在を論証する第三の、さらに間接的な方法は、合理性が可能なのは不合理性の可能なときにかぎられるという点に注目することである。それらの可能性はいずれも自由を必要とする。それゆえ、合理的に行動するには、とりうるさまざまな選択肢から選ぶ自由があり、不合理に行動する可能性もあるのでなければならない。コンピュータは完璧な合理的機械の理想とみなされているが、逆説的ながら、それは合理性の範囲の完全に外にあり、それゆえ合理性の例に全くならない。コンピュータの動作は、そのプログラムと、ハードウェアの構造によって完全に決定される。したがって、それは合理的でも不合理でもない。コンピュータが合理的だと言われうるにしても、それはせいぜい、観察者に相対的な意味においてにすぎない。

3　因果と飛躍

飛躍が因果に対して持つ関係を考察するために、飛躍が自発的行為の実際の構造に埋め込まれているところに焦点を当てよう。意識的な自発的行為を遂行するとき、われわれは通常、ほかにも選択肢となる可能性があるという感覚を持つ。たとえば、私はいまコンピュータの前に座り、画面に現れる文字を打ち込んでいる。しかし、私にはほかのさまざまなことができたはずである。立ち上がって歩き回るとか、本を読むとか、これとは別の文字を打ち込むとかである。あなたはこの本を椅子に座って読んでいるとしよう。あなたの状況が途方もなく異常なのでないかぎり、たとえば椅子に縛り付けられているとか麻痺させられているとかでないかぎり、ほかのさまざまなことができたはずだという感覚はあなたにもあるだろう。いくつかの可能性を挙げるだけでも、何か別の本を読むこと、なじみの友人に電話をかけること、ビールを飲みに出ることなどができたはずである。選択肢となる可能性があるという感覚は、通常の人間の行為にはその構造の中にしっかりと組み込まれており、それゆえわれわれは、自由があるという確信を得る。尤も、この確信が幻想でないかどうかはわからない。ところでわれわれは、動物の意識生活がどのようなものであるかを知らない。しかし、高等動物の神経生理学はわれわれのものときわめて類似しているので、人間の自発的行為にふつうみられるような経験は、他の多くの種にも共有されていると考えるべきであろう。

樹木や岩石にも意識生活があり、ただし周囲を知覚することはできても自ら行為を開始することはできないとすると、そこには自らの自由意志の確信を与えてくれるような経験も、やはりないだろう。すべての経験が自由の感覚を含むわけではなく、自分自身の運動の経験すら、それを含みはしない。激怒のような強い感情に捕われて行為するとき、ほかのことができたはずだという感覚はない。さらに悪い場合、建物から落ちるときや体を固定されているときのように、ものごとが力の全く及ばぬところにある場合には、選択肢となる可能性の感覚、少なくとも物理的な運動のそれは、存在しないであろう。

知覚の場合は行為と異なり、選択肢となる可能性が開かれているという感覚に類したものは全くない。われわれはむしろ、知覚経験が世界のあり方とわれわれのあり方の組み合わせによって決まるのを当然と考える。たとえば、私がコンピュータのキーを見下ろすとき、何が見えるかは私の勝手にはならない。知覚にも自発的な要素がないわけではないが（たとえば、ゲシュタルトの反転の知覚では、私は図形をアヒルとして見たりウサギとして見たり自由に選びうる）、上のような事例では、私の視覚経験はキーボードの構造、光の条件ならびに私の知覚器官などによって完全に決まるとすべきであろう。

むろん、私が首を回すことはいつでもできる。しかしそれは自発的行為であって知覚の行いではない。ここでは、行為の自由と知覚の決定性との対比に注目すべきである。コンピュータの画面に私がどの文字を打ち込むかは、私がいまここでどうするか次第であり、私の意志でほかの文字にすることもできる。しかし私がキーボードの上に見る文字は、機械装置の物理的特性によって決まる。では、われわれが自由の感覚を持つとは、いったいどういうことであろうか。その感覚からは、何が帰結するのだろうか。

　われわれの経験に広くみられるもうひとつの特徴は、因果の経験である。意識的な行為や意識的な知覚に際して、われわれはしばしば、自らの世界に対する関係がその構造からして因果的なものであることを経験する。われわれは行為において、自らが自分以外のものごとに因果的にはたらきかけることを経験し、知覚において、世界のものごとがわれわれに因果的にはたらきかけることを経験する。自発的行為の経験がここに持ち込む変則性は、つぎのものである。自発的行為に伴う自由の感覚とは、行為の原因が、行為への理由として効力があり実在的であるにもかかわらず、行為が生じることを決定するに十分ではないという感覚である。私は、自分がいま現に行っていることを行っているのはなぜか、語ることができる。しかし私はそうすることで、自分の行動の因果的に十分な説明を与えようとしているのではない。もしそうであったなら、その説明は絶望的に不完全なものとなったであろう。そのような説明は、私の行動のせいぜい部分的な因果的説明にしかなりえない。というのも、原因を特定することによって、私は自分が因果的十分条件とみなすものを与えるのではないからである。人が私に「あなたはなぜこの論証を書いているのか」と問うならば、私は「自発的行為のきわだった特徴を説明したいからだ」と答えるであろう。その答えは、私の行動の説明として完全かつ適切である。しかしそれは、私の目下の行為を決定するに十分な原因を特定するものではなく、それゆえ、目下の行動の因果的説明としては、部分的なものにしかなりえない。私が行っていることを説明するために、仮に私の信念や欲求の詳細をことごとく挙げてみても、それら原因全体の集合をとってもまだ、私の行動が完全に決定されることはない。何かほかのこともできたという気分は、依然として残るであろう。このことから、つぎの帰結が生じる。自らの行動の説明にはきわだった特徴があり、自分の行為への理由を述べることでふつう与えるような説明は、因果的説明として十分ではないのである。それは、現に生じたことが生じねばならなかったことを示すものではないのである。

第一章で見たように、行為は信念と欲求に引き起こされるとよく言われる。しかし、この「引き起こす」を、「因果的に十分」を含意するものと解するならば、自発的行為の通常の経験に関するかぎり、その言明は端的に偽である。私は『志向性』において、[4]信念や記憶、知覚などの認知的現象と、欲求や事前の意図、意図的行為などの意欲的現象には、その志向的構造に著しい並行関係のあることを説明しようと試みた。そしてこの本の第二章で、志向性の構造にみられるそれらの基本的な特徴を要約した。その章によると、志向的因果を含む志向性の形式的構造に関しては、認知と意欲は互いに鏡像関係にある。その関係は、第二章の表に示されている。私はその並行関係は厳密なものだと思うが、ここでは差異の方に注意を向けたい。すなわち、意欲には通常、認知には含まれないような飛躍が含まれるのである。

4　経験上の飛躍、論理的な飛躍、不可避な飛躍

私のこれまでの議論が、仮に正しいとしてみよう。すると、経験される飛躍というものがあり、それは志向的因果との関係で定義される。それは因果的十分条件の欠如の経験である。ここできっと、つぎのように言う人がいるだろう。「だからどうしたのだ。そうした経験があったとしても、なぜそれが気にかけるほどのことなのか、なぜそれが体系的な幻想でないと言えるのか、その理由は未だ示されていない。われわれの色の経験についても、物理学が色は幻想であることを示したと考える人がいる。それは克服しえない幻想であろうが、幻想であることに変わりはない。飛躍もそれと同じではないと、なぜ言えるのか」。

私がこれまでに述べたことに基づくかぎり、飛躍が幻想であることはありうる。しかし、色が存在論的に客観的に存在するという信念と異なり、飛躍の存在に関する信念は、われわれにとって手放すことのできないものである。この議論の重要性は「現象学」にとどまるものではない。われわれは、選択や意思決定に従事するときつねに、飛躍が本当に存在し現象が実在に対応することを前提せねばならず、しかもわれわれは、選択や意思決定を行わないわけにはいかない。色が光の反射以上のものとして実在性を持ち客観的に存在するという信念ならば、私は知性に背くことなく放棄できる。しかし私は、飛躍の実在性に関する信念を、それと同じように手放すことはできない。

私はここで、三つのテーゼを主張している。

1. われわれには、私が記述したような飛躍の経験がある。
2. われわれは飛躍を前提せねばならない。すなわち、意思決定や行為の多くにおいて、その心理的先行者は当の意思決定や行為の因果的十分条件をなすのでないことを、われわれは前提しなければならない。
3. 通常の意識生活で、選択や意思決定を行わないことはできない。

上の2と3には、つぎのような論証がある。もし私が本当に、信念と欲求が行為を引き起こすに十分だと考えたならば、私は映画のスクリーン上で行為が進展するのを傍観するときと同じように、自らの行為が進展するのをただ傍観していればよいことになる。しかし、合理的な意思決定と行為に従事するとき、私はそのようにするわけにはいかない。先行する心理的条件のひとそろいが因果的に十分でないことを、私は前提せざるをえないのである。また、上の論点の3には、さらにつぎのような論証もある。仮に私が、飛躍のテーゼは偽だと確信するに至ったとしても、何がどうあれどのみち、私は行為に従事し、そうすることで自らの自由を行使しないわけにはいかない。仮に私が、飛躍は存在しないと強く信じるようになったとしよう。それでも私はやはり、何もしないでいることはできない。そして何かをするならば、少なくとも飛躍の経験という面から見れば、私は自らの自由を行使していることになる。第一章で見たように、自由の行使を拒否すること自体、それを自由の行使とみなすのでなければ、行為者である私に理解可能なものとはならないのである。

たとえば、つぎの二つのテーゼを主張することには、ある種の実践的な不整合がある。

１．私はいま、つぎの選挙で誰に投票するか決めようとしている。
２．私は、いま私にはたらいている現存の心理的原因は、私が誰に投票することになるかを決めるのに因果的に十分だと思う。

もし私が⑵を本当に信じているならば、⑴に含まれる努力には何の意味もないことになろうから、ここに不整合があることは明瞭である。それはあたかも、薬がそれ自体で頭痛を治してくれると信じて薬を飲みながら、薬の効果に何らかの心理的な努力を付け加えようとするようなものであろう。薬を飲むことで足りると本当に思うなら、その効果が現れるのを傍観することこそが合理的な行いである。

仮に私が、合理的な行為は信念と欲求に引き起こされるという教義を信じているとしよう。さらに、SF的空想として、信念や欲求を誘発する薬があったとしよう。そして私は、ある人にあることを合理的に行ってほしいと思っているとしよう。私は彼に、ある理由でもって民主党の候補に投票してほしいのである。そこで私は、経済の点で最良だと彼がみなす候補に投票したくなる欲求をもたらす赤い薬と、民主党の候補が経済の点で最良だと信じ込ませる青い薬を彼に与える。

さてこのとき、私は原因がはたらくのをたんに傍観していればよいであろうか。これは、ダイナマイトを橋の下に仕掛け、導火線に火をつけ、あとは橋が吹き飛ぶのを見ていればよいという場合と似ているであろうか。いや、この想定のもとですら、そのようなわけにはゆくまい。というのも、私が自分自身に民主党への投票を誘発しようと思い、赤と青の薬を自ら飲んだとしてみよう。何週間か後、私はどうやら薬が効いたらしいと気づく。私は民主党の方が経済の点でよいと信じ、経済の点でよい候補を望むようになったのである。しかしこれだけでは、まだ十分ではない。私はやはり、誰に投票するかを決めねばならない。そしてこのことは、原因が十分でないことを前提とするのである。

以上をまとめよう。われわれには自由の経験がある。意思決定を行ったり行為を遂行したりするときはつねに、自由を前提としなければならない。そして、意思決定や行為の実行を避けて通ることはできない。

5 飛躍から自我へ

自発的行為において、心理的原因はその結果を必然的にもたらすことはない。では何が、結果を必然的にもたらすのであろうか。心理的なレベルでは、そのようなものはない。結果は必然的ではなく、自発的なのである。行為を心理的に自由な行為とするものは、まさに、先行する心理的原因がそれを引き起こすに十分ではないことである。ことによると、何らかの異なる記述のレベル、たとえばシナプスや神経伝達物質のレベルでは、原因は身体運動にとって十分かもしれない。だが、意図的行為の記述のレベルでは、自由な（自発的な、合理的な、意識的な）行為はその定義からして、因果的に十分な心理的先行者を持たないのである。結果を必然的にもたらす何かを見出さねばならないと考えることが間違っている。それは誤った考え方である。結果は意識的な行為内意図であり、すなわち行為の経験である。

しかし、結果が自発的であって必然的でないとは、どういう意味であろうか。それはいったい、何を意味しうるであろうか。われわれが考察してきた事例では、私は何かを行うことを決意し、そしてそれを行うものと想定された。行為への理由は因果的に十分ではなく、私はそれが因果的に十分でないという前提のもとでことを運んでいた。すると、ここで起きていることを記述するにはどうすればよいであろうか。飛躍を埋めるものがないとすると、行為はいかにして生じるのであろうか。われわれが飛躍の中でことを運ぶことを理解可能にするには、還元不可能な自我の概念が必要である。

これは、この本の後の論証との関連でも重要な主張であるから、わかりやすく説明して正当化することを試みたい。まず、知覚との対比を再び考えてみよう。私が何かを見るとき、私は実際に何もする必要はない。私の知覚器官がしっかりしており、私が適切な位置に置かれていれば、私は端的に知覚経験を持つ。すなわち、私の経験の連鎖に、それまでなかったものが現れる。それだけのことである。他方、自分が何をするか、決めようとしている場合を考えてみよう。私は、何かが起こるのをただ待って眺めているわけにはいかない。たとえそれが、ただ決心するというだけのことであっても、私はとにかく実際に何かを行う必要がある。戸棚を開けてシャツがそこにあるかどうか見るとき、私はそちらに目を向けさえすればよく、残りはすべて自動的である。しかし、そのシャツを着ようと思ったら、私は実際に努力をせねばならない。私は行為内意図を持たねばならないのである。この過程とその結果を理解するには、知覚には必要のない、ある存在を措定することが求められる。なぜならば、私はことを行わねばならず、それは勝手に生じてはくれないからである。

われわれは、つぎの二つを区別しなければならない。

1. 行為がただ生じる。
2. 私が行為を行う。

上の(1)は、人間の自発的行為の正しい記述ではない。そうした行為は、ただ生じはしないのである。むしろ(2)が正しい。行為が生じるには、私がそれを行わねばならない。しかし、(2)は因果的な主張ではないのだろうか。因果的な主張に対してはつねに、「正確に言うと、何が何を引き起こすのか」と問うてみるのがよい。するとこの場合、その問いには答えのないことがわかる。私に何らかの特徴があり、それと私の信念および欲求で、行為をもたらすに十分だったのであろうか。そうかもしれないが、仮にそうだとしても、それは行為の経験をなすものではない。なぜならば、私はその特徴がものごとをやってくれるのを傍観しているわけにはいかないからである。私はいわば、決心をしてその行為を行わねばならない。私が意思決定を行い、行為を遂行するという事実は、私の内に何らかの出来事があり、それが私の理由に伴われて、意思決定や行為を引き起こすに十分なものとなることを意味するのではない。

6 自我についてのヒュームの懐疑論

では、これらの問題をいくらか詳細に検討することにしよう。私はたいへん不本意ながら、推論や人間の行為、合理性一般における飛躍を理解するには、還元不可能な、すなわち非ヒューム的な自我の概念が不可欠だという結論に至った。私はこれから、自我の問題に話題を転じる。この論証は注意深く進められねばならないので、私はまず、哲学における伝統的な自我の問題と、新ヒューム主義の見方について少し語りたい。この見方は、多かれ少なかれわれわれの哲学的伝統に受け入れられ、つい最近に至るまで、私自身も受け入れていたものである。

自我の概念は、哲学で最も物議を醸した概念のひとつである。この概念が日常の言葉遣いに現れるぶんには、何も問題はない。たとえば「いま怪我をしてしまった」[訳注1]とか、「自己憐憫は悪いことだ」[訳注2]と言うとき、「自我」の概念は人称代名詞など、人間や動物を指示する表現の代わりとして用いられているにすぎず、そこには何ら形而上学的な重みはない。しかし哲学では、自我の概念は多くのきわめて重要なつとめを担わされてきた。そして、それらすべてが正当化できるわけではない。哲学における自我の形而上学的概念には、つぎのようなものがある。

1. 自我は、人格の通時的な同一性の担い手である。時刻 t_2 における私が、時刻 t_1 における私と同一の人格であるのは、自我が同一だからである。自我の同一性が人格の同一性をもたらす。
2. 自我は魂と同一である。すると、魂は肉体とは異なるから、自我は肉体が滅んでも生き存えうる。肉体は肉体であり、魂や自我はそれとは別である。肉体は死を免れないが、魂や自我は不死である。
3. 上の(1)に関連して、自我は私を私という人格たらしめるものである。私の中に存在するあるものが、私の人格としての同一性を構成し、私を他のすべての人から区別する。それが私の自我である。この見方によると、自我は私の特徴や性格を構成するものである。

4. 自我は私の心的性質すべての担い手である。個々の思考や感覚などに加えて、それらの思考や感覚を持つ自我が存在する。

自我が担わされたつとめは、間違いなくこのほかにもあるだろう。しかし、私を含む多くの哲学者が、経験の連鎖およびそれを宿す身体に加えて、自我なるものの存在をなぜ措定すべきなのか、その十分な理由を見出すことができなかった。自我に関するこの種の懐疑は、ヒュームの影響のもとに生じたものである。彼が指摘したように、私が自らの注意を内に向けても、そこに見出されるのは個々の思考や感覚であり、それに加えて自我なるものが見出されることはない。ヒュームによれば、自我は経験の束にすぎず、それ以上のものではないのである。思うにヒュームの論点は、たんなる事実として、私が注意を内に向けても自我を見出すことはないということではなく、むしろ、自我の経験とみなしうるものなどありえないという点にあるのだろう。なぜならば、私のいかなる経験も、またひとつの経験にすぎないからである。私の他の経験すべてに伴うような、ある恒常的な経験があったとしよう。たとえば、視野に黄色い点が現れるのを私は絶えず経験し、それが一生のあいだ続いたとしよう。すると、その黄色い点は自我なのであろうか。そうではあるまい。それはただの黄色い点である。自我の経験は、たんに存在しないだけでなく、存在しえない。自我の形而上学的概念に課された制約を満たすものなど、論理的にありえないからである。

自我は知覚の束にすぎないというヒュームの説は、カントの示した反論に答えるために、少なくともひとつの点で改訂される必要がある。どの時点においても、私の経験のすべては、ひとつの統合された意識野に収められる。私の意識生活は、カントがお得意の魅力的な名付け方で、「統覚の超越論的統一」と呼んだものを有している。私の考えでは、これが意味するのはつぎのことである。私は、背中にシャツの感覚を、そして口にビールの味覚を、ただ持つというわけにはいかない。そうではなく、それら両方を、ひとつの統合された意識野の部分をなすものとして持つ。ヒュームは、それぞれの知覚を独立で別個のものと考えたが、それは無理な話であろう。というのも、もしそうだとしたら、ひとつの意識がシャツの感覚やビールの味覚、空の視覚など十個の経験を有する場合と、異なる十個の意識がそれぞれひとつの経験を有する場合と、区別がつかなくなるからである。それゆえ、どの時点においても、人の諸経験のすべてはひとつの意識野に統合されていなければならず、このことは譲歩できない。とはいえ意識野は、それ自身に加えて自我をもたらすものではない。存在するのはただ、持続的に発展する統合された意識野であり、それが時間を流れ、その各時間断片は、その異なるさまざまな構成要素すべての統合である。意識野中の意識状態のいくつかは、意識状態の連鎖がなす生活史に以前生じた出来事の記憶であろう。そこにはさらに、私ならば、私であるとはどのようなことかの感覚と呼ぶような感覚すら含まれるだろう。しかしそれでも、経験の連鎖に加えて自我なるものが存在することにはならない。

私は、自我についてのこの改訂されたヒューム的見方に、意識経験の連鎖を持つには身体が欠かせないという主張を付け加えたい。この段階では、身体の必要性は経験的なものかそれとも論理的なものかという問題には悩まなくてよい。ここでの論点は、意識状態の連鎖は何らかの物理的な実現を要するということだけである。仮に私が桶の中の脳であっても、やはり最小限、物理的な脳の存在が必要であり、そして私が世界を経験するには、その脳が何らかの仕方で世界と因果的に関わり合わねばならない。

すると、自我についての最新版の新ヒューム説は、つぎのようになる。私は脳として身体化された存在であり、世界と因果的な関係を持つ。その脳は、統合された意識野を引き起こして支えることができ、その意識野の諸状態には、以前の意識経験の記憶であるような経験が含まれる。私であることの感覚といったものがあることは事実だが、それは他のものと同じくひとつの感覚にすぎず、ゆえにいかなる形而上学的重要性も持たない。そのような感覚の存在は、それだけではいかなる通時的同一性の保証にもならない。しかも私の持つ、私であるとはどのようなことかの感覚には、それとタイプ的に同一の感覚を持つ人がたぶんほかに大勢いるであろう。まとめると、「自我」はさらに単純な要素に還元することが十分に可能であり、それは、記憶や「私であること」の感覚を含む意識的な諸感覚からなる。(むろんそれは、自我に関する多くの誤った信念をも含む。)これらは、持続的に存在する物理的システム、すなわち脳という身体化されたものによって引き起こされ、実現される。新ヒューム主義の見解では、これらすべてに加えて、自我なるものなど端的に存在しない。自我の話には、かくして終止符が打たれた。

7 還元不可能で非ヒューム的な自我の存在の論証

ここでいったんヒュームの考察を離れ、人間が飛躍の中で、意思決定を行ったり行為を実行したりするのはいかにしてかを考えよう。私は会合に出席しており、議長が「動議を支持する者は右手を挙げよ」と言ったとしよう。そこで私は手を挙げる。私は動議に賛成する行為を、右手を挙げるという仕方で遂行するのである。このとき、私が右手を挙げる行為の遂行を引き起こしたものは何であろうか。行為への理由を挙げれば、この問いへの部分的な因果的説明にはなるだろう。すなわち、私はその動議を支持するゆえにそれに賛成したいと思っており、そして右手を挙げれば賛成することになると信じていたのである。この文脈では、手を挙げることは賛成することを構成している。

それはそれでよいのだが、すでに繰り返し見たように、理由は因果的十分条件を構成しない。すると、心理的原因の形をとる理由と、行為の実際の遂行とのあいだに存在する飛躍を乗り越えるには、どうすればよいのであろうか。以前言及した二つの可能性を、さらに詳しく記述しよう。

1. 行為には、いかなる種類の十分な説明も存在しない。行為はただ生じるのである。行為には、先行する因果的に十分な心理的原因はなく、ゆえに心理的な出来事としては、それはたんに恣意的で無作為に生じる。

2. 行為には、先行する因果的に十分な心理的条件はないにせよ、適切な心理的説明は存在する。すなわち、私はある理由で行為を遂行したのである。たとえ、その理由が先行する十分な原因をなすのではないとしても、私はその理由でそれを行ったのである。

テーゼ(1)が正しいことはありえない。行為は、出し抜けに起こる無作為で恣意的な出来事ではない。

実際、ヒュームを含む多くの両立主義者は、(1)が望ましからざる脅威であることを用いて、決定論の論証を行っている。彼らは、行為が決定されているのでないとしたら、それは無作為で恣意的に生じたものとならざるをえず、それに対する責任も全く問えなくなると言うのである。しかし、行為は恣意的でもなければ決定されているのでもない。われわれは、心理的決定論を退ける理由をすでに見た。無作為や恣意性は一見、それに代わるものと思われるかもしれないが、やはり退けられねばならない。

したがって、正しいのは(2)でなければならない。しかし、(2)は何を意味するのであろうか。ここには実は、二つの問いがある。第一に、飛躍のテーゼが正しいとして、人格である私がある理由である行為を遂行したとは、何を意味するのであろうか。Sが理由Rによって行為Aを遂行したという主張は、いかなる論理形式を持つのであろうか。同じ問いを古めかしい形式で問うと、SがRゆえにAを遂行したという主張には、いかなる事実が対応するのであろうか。第二に、その形式を持つ主張は、その行為を私が遂行した理由を特定するのだが、理由が行為を決定するのでないとすると、それはいかにして適切な説明たりうるのであろうか。大きな穴がすっぽりと空いた説明とは、そもそもどのような説明であろうか。第一の問いへの適切な答えは、第二の問いへの答えをも与えるべきであろう。

私が古典モデルに挑む論争の多くが、ちょうどこの点に集中している。古典モデルでは、飛躍は存在しえない。行為の説明が求めるのは、出来事のみを量化し、そのあいだの因果関係を述べることである。すなわち、行為Aなる出来事は、行為者の信念と欲求である出来事BおよびDに引き起こされたのである。(ところで、信念や欲求は出来事ではないという事実は、本来、困惑の種であるはずなのに、本当の原因は信念や欲求の始まりであるとか、信念や欲求を引き起こした出来事であるなどとすることによって、しばしば言い抜けられている。[5]）古典モデルのさまざまな側面を拒否する哲学者の多くが、まさにこの問いに関しては、それを未だに脱却できていない。たとえばトマス・ネーゲルは、古典モデルのある側面に対する最も強力な批判者の一人である。しかしその彼も、もし飛躍の存在を受け入れたならば、行為の決定には因果的十分条件がないことになり、すると自由な行為の遂行には無作為の要因があるという結論が避けられず、その結果、十分条件を示すことのできない説明はもはや説明としての用をなさなくなると論じている。彼の言い方では、そのような説明は「まさにそれが説明すべきもの、すなわち、なぜ私は、私が因果的にとりえた他の選択肢ではなく、私が実際に行ったことを行ったのかを説明できないのである」。[6] これらの問いへの答えとして、多くの優れた哲学者によって提案された謬見がひとつある。[7] それによると、行為の原因は私である。私、すなわち行為を遂行する人格が原因であり、したがって因果の飛躍は存在しない。人格が原因なのである。ある考え方においては、われわれはそのような人格的因果（「行為者因果」「内在的因果」）をきわめて特殊な種類の因果と考えるべきである。たとえばチザムの説によると、彼が「内在的因果」と呼ぶ行為者因果は、ふつうの出来事因果すなわち「超越因果」から区別されねばならない。他方、別の説によると、われわれはたんに、人格を他のあらゆる原因と似たひとつの原因と考えればよい。しかし、いずれの考え方においても、原因としてはたらく人格が、因果の飛躍を埋めるのである。

　私に言わせれば、この答えは誤った哲学よりもなお悪く、意味不明である。因果の概念に課された制約により、ある対象ｘが原因として挙げられるときには、ｘの特徴や性質か、ｘの関与する出来事があって、それが因果的にはたらくのでなければならない。対象ｘがかくかくの出来事を引き起こしたと端的に言うことは意味をなさない。それゆえたとえば、「ビリーが火事を引き起こした」と言うならば、それは「ビリーがマッチをつけたことが火事を引き起こした」、「ビリーの軽率さが火事を引き起こした」などの省略であり、もともとの「ビリーが火事を引き起こした」は、そのように補完されるものとみなされて初めて理解可能となる。ところが、「私が、私が手を挙げる行為を引き起こした」はいったいどう補完したものであろうか。たしかに、「あなたの手が上がることを引き起こしたものは何か」に答えて、「私が、私の手が上がることを引き起こしたのだ」と言うことは十分に意味をなす。なぜならばこのときそれは、「私は手を挙げることによって、手が上がることを引き起こしたのだ」の省略とみなされるからである。この場合、私の行為内意図が因果的にはたらいて、私の手が上がることがもたらされている。また、「動議に賛成しようという私の欲求が、私が手を挙げることを引き起こした」と言うことも十分に意味をなす。だが、これはただ理由を述べただけであるから、われわれがふさごうと苦心している当の飛躍は残されたままである。

では、何が(2)の正しい解釈なのであろうか。(2)の理解への第一歩は、それを理解するには行為者性のきわめて特殊な概念が必要となる点を認識することである。ヒューム的な束では、仮に統合され身体化されていても、十分ではない。動物である行為者が、存在しなければならないのである。あるものがこの意味で行為者であるのは、それが意識ある存在であり、自由の前提のもとで行為を開始したり実行したりしうるとき、そしてそのときにかぎられる。このことは自明に聞こえるであろうし、そう聞こえるべきであるが、しかしそれは束が行為者性を満たさないことを含意するのだから、無内容ではない。行為者は、束以上の存在なのである。ヒューム的な見方では、束はたんなる自然現象の連鎖であり、効力ある原因と結果が世界で織りなす連鎖の一部分である。しかし、ここでの意味で行為者であるためには、束であったり束の一部分であったりするだけでは足りない。なぜならば、行為内意図は自ずと生じる出来事にすぎないのではなく、行為者が実際に何かを行うとき、あるいは少なくとも何かを行うべく努めるときにのみ、生じうるものだからである。行為者性は、意識的に何かを行うべく努めることのできる存在を必要とする。

しかし、これではまだ、十分条件を与えるのではない因果的説明をわれわれはどのようにして、そしてなぜ、受け入れることができるのか、あるいは受け入れるべきなのか、その説明はなされていない。そこで、つぎの段階に進もう。行為者は理由に基づいて、意思決定を行ったり行為を遂行したりできる必要があるのだから、行為者として行為するまさにその存在は、知覚や信念、欲求や記憶、そして推論をも行いうるのでなければならない。昔の専門用語を使うと、行為者性の概念は意欲を扱うために導入されたのだが、意欲を持つのと同一の存在が、能動や認知をも持たねばならないのである。要するに、行為者は自我であらねばならない。身体化された束が自由な行為に従事しうるのはいかにしてかを取り扱うにあたって、束に行為者性を付加する必要があるのとちょうど同じように、行為者が合理的に行為しうるのはいかにしてかを取り扱うには、行為者性に自我性が付加されねばならないのである。

これらの事例においては、十分条件を挙げるのではない説明が合理的に受け入れられうる。なぜならば、われわれは、その説明が行為者としての能力を持つ合理的な自我に関わるものであることを、理解しているからである。つぎの三つの文は、表面的な構文論は類似しているように見える。しかし、その基底にある意味論は、背景となる前提のもとで理解されると、重要な相違を示す。

(1)私は、動議に賛成したかったので、手を挙げた。

(2)私は、動議に賛成したかったので、胃が痛くなった。

(3)地震が土台に損傷を与えたので、建物が倒壊した。

われわれは(1)を、自由の前提のもとで理由をふまえて行為する合理的な自我の存在という背景を前提として理解する。そのゆえに、(1)は十分条件を挙げるのではないにもかかわらず、申し分のない説明として受け入れられるのである。この点を理解するには、それを(2)と対比させてみればよい。背景となる前提のもとで、(2)は(3)と同じように解釈される。(2)はある文脈のもとで、因果的十分条件を与えることによって説明となるのであり、合理性や自由はそこに全く登場してこない。胃が痛くなることは、理由をふまえて行為することではないのである。

しかし、(1)の形式の説明が因果的十分条件を挙げるのでないとすると、われわれはなぜ、それを受け入れるべきなのであろうか。説明に飛躍があるならば、その出来事には無作為な面があったことになりそうである。他の出来事ではなくその出来事が生じたのはなぜか、理由は何ら示されていない。われわれはネーゲルの反論に、どう答えればよいであろうか。答えへの鍵は、「なぜあなたはそれをしたのか」という問いは、「なぜそれは生じたのか」という問いとは全く異なる種類の解答を求めている点に気づくことである。その相違を説明しよう。まず第一に、合理的な行動やその説明といった現象は、つねに一人称的な視点からみられねばならない。それらは一人称的な存在論を持ち、一人称的な視点からのみ存在するものだからである。一人称的な視点から見れば、理由が因果的な決定を示さず、しかも説明がそのままで完全に適切であることには、何ら疑問の余地がないだろう。その説明は、私が実際に行ったことを行ったのはなぜか、また、私が因果的にとりえた他の選択肢ではなくそれを行ったのはなぜか、説明してくれる。合理的な自我たる私は、ある理由をふまえて行為することによって、その理由を効力あるものとするのだが、この説明はまさにその理由を挙げるがゆえに、適切なのである。それは、「なぜあなたはそれをしたのか」という問いに申し分なく適切な答えを与える一方、「それ以外のことが生じるのは因果的に不可能だった」ことは含意しない。それはまさに、「なぜ」および「なぜほかのことではなくそれをしたのか」という問いに答えることによって、問いへの適切な答えを与える。他方その答えには、決定をもたらす因果的条件を与えることは求められていない。因果的な飛躍は、説明上の飛躍を含意しないのである。「なぜあなたはそれをしたのか」という問いは、あなたの行為を決定する十分な原因が何であったかをではなく、むしろ、合理的な自我として、あなたがいかなる理由をふまえて行為したかを問うている。そしてその問いへの答えは、先行する原因が自然的な出来事としての行為をいかにして不可避たらしめたかを示すことによってではなく、合理的な自我が飛躍の中でいかにしてことを運んだかを示すことによって、説明を行うのである。ウィトゲンシュタイン的な言い回しを用いて、こう言ってもよいだろう。すなわち、これが行為の説明という言語ゲームのやり方であり、それが古典力学における説明の言語ゲームと同じ規則に従うべきだと想定してはならない。理由を与えることで行為を説明するという言語ゲームのやり方は、それとは異なったものである。なぜならば、その言語ゲームでなされる言明が記す現実の事実は、通常の因果言明とは異なる論理形式を持つからである。

ネーゲルの要求は、あの述べ方では両義的である。(a)私に行いえた他の行為ではなく、私がまさにその行為を行ったのはなぜかを説明せよという要求は、私がそれをふまえて行為した理由は何かを述べよという意味かもしれない。それならば私は、この行為を説明するとともに、因果的には開かれていた他のものを除外するような理由を述べればよい。だがそれは、(b)私の行為という出来事の原因であり、その出来事が生じねばならなかったのはなぜか、他の出来事が生じえなかったのはなぜかを説明するものを述べよという意味でもありうる。ネーゲルの反論が困難をもたらすのは、説明が存在するには(b)の要求が満たされねばならないと考える場合だけである。しかし、そう考えることは正しくない。「なぜあなたはそれをしたのか」という問いは、適切に理解されるならば、私がそれをふまえて行為した理由を述べることを求めているのである。

たしかに、ネーゲルも指摘するように、理由を挙げただけでは、私がなぜ、私の手にしている他の理由ではなくまさにその理由をふまえて行為したのか、答えたことにはならない。だが、それはまた別の問いであろう。「なぜあなたはそれをしたのか」は、まず、私がそれをふまえて行為した理由を問うている。それに続けて、「それはなぜ、あなたにとって適切な理由だったのか」と問うことはつねにできる。そのように問い続けるならば、さらに多くの飛躍が現れることになるが、説明はいずれにせよどこかで終わらねばならない。そして、問いがさらに問えることは、最初の問いへの答えが不適切だったことを示すわけではない。

私がそれをふまえて行為した理由を述べよという要求は、自我への指示を必要とする。「Xが、理由Rによって行為Aを遂行した」という形式の文の真理条件は、出来事と心理的状態があり、それらに因果関係があることだけでなく、(行為者以上の存在である)自我を必要とする。その自我が、ある理由をふまえて行為することで、その理由を効力あるものとするのである。コースガードをはじめ多くの哲学者が、われわれは自発的行為を通じて自我を創り出すと主張した。もしそのとおりだとしたら、その自我の概念は、私がここで説明しているものとは似ても似つかない。彼らは、われわれは自らの性格や人柄を創り出すと言いたいのに違いない。他方、私のここでの論点は、行為が自我を創り出すというのではなく、行為は自我を前提するということである。

古典モデルでは、行為の説明が必要とするのは出来事の量化だけであった。それゆえ、「Sは彼の信念と欲求ゆえにAを行った」の論理形式は、つぎのようになる。

あるxが存在し、xはSがAを行うことであり、あるyが存在し、yは信念であり、あるzが存在し、zは欲求であり、そしてyとz(の始まり)がxを引き起こした。

この場合、自我への指示と見えるものは、出来事トークンを同定する手段にすぎない。

他方、私の提案する説では、「Sは理由RゆえにAを遂行した」の論理形式は、その見た目の姿にきわめて近く、つぎのようになる。

あるxが存在し、x＝自我Sであり、あるyが存在し、y＝行為トークンAであり、あるzが存在し、z＝理由Rであり、xがyを遂行し、yの遂行においてxはzをふまえて行為した。

この場合、自我への指示が消去不可能な点に注目すべきである。私はまだ、「行為への理由」とは何かを説明しておらず、理由をふまえて行為するとはいかなる意味かも説明していない。それを行うのはつぎの章である。一度には一歩だけ進むことにして、この章ではただ、行為の合理的な説明の持つ形式は出来事間の因果のそれではなく、還元不可能な自我の概念を必要とするという点を明らかにしたい。

私の分析が古典モデルよりも優れていることを示すものは、何であろうか。その論証はたくさんあるが、ここではそのひとつを考察しよう。それには二つの前提があり、それら二点は受け入れてもらわねばならない。

1．理由による説明はふつう、因果的十分条件を挙げることはない。
2．通常の場合、それらはそのままで完全に適切である。

(2)が真であることは、一人称的な事例を考えてみればわかる。私がなぜクリントンに投票したか、私は正確に語ることができ、しかも私の挙げる理由は、私にそうすることを強いたのではない。(1)を認めた上で、(2)を説明するには、理由をふまえて行為するという概念を導入しなければならない。理由による説明の特別な性格とは、これである。

3．行為の、理由による説明を求めることは、行為者がそれをふまえて行為した理由の言明を求めることである。

(3)に基づいて、(4)を引き出すことができる。

4．そのような説明は、理由をふまえて行為することのできる行為者という概念を必要とする。そして、そのような行為者は、私が解明しようとしている意味での自我である。

われわれはつい、ビリヤードの球が示すような因果のモデルを念頭に置いた上で、すべての説明はこのモデルに適合しなければならないと思い込んでしまう。しかしこの事実は、背景をなすわれわれの感性の限界を示すものであり、私はいま、それを克服しようとしているのである。この言語ゲームは、特有の形式の理解可能性を持っている。私はその条件を説明したい。

では、論証のつぎの段階へ進もう。

自我にとってのみ、ものごとは行為への理由たりうる。

われわれは以上で、経験上の飛躍と、その飛躍の中でことを運ぶ自我とを見出した。だが、自我は飛躍の中で、理由に基づいてことを運ぶものである。するとつぎの問いが生じる。すなわち、理由とは何であろうか。また、あるものごとを理由たらしめる事実とは何であろうか。続く二つの章で、私は理由についてさらに語ることになるが、ものごとが熟慮や行為の際にはたらきうる理由であるためには、それが行為者にとっての理由でなければならないことは、すでに明らかであろう。この点は正確に述べる必要がある。あることをする理由でありながら、誰も知らないようなものがたくさんある。たとえば、人には全粒小麦粉のパンを食べる理由があった。脚気の予防になるからである。しかし、人はそうした理由のあることに気づいていなかった。そのような理由は、熟慮において何の役割も果たしえない。熟慮の際に、理由が理由としてはたらくには、行為者がそれを手にしていなければならないのである。このことは、自我の存在の論証であると同時に、自我の持ついまひとつの特徴でもある。しかも、たとえば信念や知覚のように、理由には認知的なものもあるから、自我は行為者性以上のもの、意欲以上のものを備えている必要がある。同じひとつの存在が、認知的な理由を扱うことと、それらの理由に基づいて意思決定や行為を行うことの、両方をなしえなければならないのである。

　これらすべてをもとにして、われわれはいまや、つぎの段階へと進むことができる。合理性の制約と自由の前提のもとで理由に基づいて行為する、還元不可能な意識ある自我の存在を想定すると、われわれは、責任およびそれに伴う諸概念のすべてに意味を与えることができる。意思決定を行ったり行為を遂行したりするとき、自我は飛躍の中で理由に基づいてことを運ぶのであるから、自我は責任の位置づけられる場所である。

　これは、還元不可能な自我の存在の、また別個の論証である。責任を帰することができるには、責任を負い、行使し、引き受けることのできる存在が必要である。この点をよりよく理解するには、時間の概念を導入するとよいだろう。責任の概念が意味をなすのは、過去に生じた行為への責任を、現在帰することができる場合にかぎられる。私はいま、私がはるか以前に行ったことへの責任を負う。だが、このことが意味をなすのは、過去にその行為の行為者であり、そして現在この私であるような、ひとつの存在があるときだけである。その存在こそが、私が「自我」と呼んできたものである。他方、私の知覚に関しては、私に同様の責任はないことに注意すべきである。知覚は私に作用するものの、私は自らの行為に責を負うようには、知覚には責を負わない。

以上で説明された意味での自我だけが、責任がある、罪がある、咎めを受けるべきである、名誉を与えられるべきである、賞や罰に値するなどと言われうる。それらの帰属は、「美貌である」「痛みを感じている」「接近中の車を見ている」などとは異なる。前者が理解されるには還元不可能な自我の概念が必要だが、後者の場合はそうでない。

推論とは、時間における自我の過程であり、実践理性の場合、推論は本質的に時間に関わる。

時間の概念を導入したことによって、われわれにはつぎのことがわかる。すなわち、行為における合理性とはつねに、現在あるいは将来何を行うかについて、行為者が自由の前提のもとで、時間の中で意識的に推論を行うことである。これが理論理性の場合には、何を受け入れ、結論し、信じるかが問題となるのに対して、実践理性の場合には、いかなる行為を遂行するかが問題となる。それゆえある意味では、あらゆる推論が実践的である。なぜならば、推論はみな、何かを行うことに結実するからである。理論理性で行われることは、ふつう、論証や証拠に基づいて結論や仮説を受け入れることである。したがって、理論理性は実践理性の一特殊事例なのである。理論理性と実践理性の相違は、その結論が持つ適合の向きにみられる。その向きは、証拠や前提から結論を引き出すときには、心から世界へであり、考慮に基づいて意思決定ないし意図を形成するときには、世界から心へである。このことはさらなる重要な帰結を持つ。すなわち、実践的推論はたんに時間の中で生じるものであるだけでなく、自我が現在あるいは将来何をするかについて、その自我が現在行う推論だという意味で、時間についてのものである。それゆえ、ひとたび時間の概念が導入されると、自我は過去の行為の責任が位置づけられる場所としてのみならず、現在や将来の行為を計画する主体としても、必要となることがわかる。私がいま、将来の計画を立てるなら、計画を立てている主体は、将来その行為を遂行することになる自我と同一である。時間に構造を与えることは、実践理性の本質的な一部分であり、自我を前提とするのである。

8 還元不可能で非ヒューム的な自我の存在の論証の要約

第一段階。自発的で意図的な行為の存在は、行為する、意識ある行為者を必要とする。そうでなければ、行為はただたんに生じる出来事になってしまう。(8) ヒューム的な束も、心的な性質と物理的な性質の両方を持つというストローソン的な「人格」も、あるいは一階の欲求に関する二階の欲求を持つというフランクフルト的な人格すら、(9) それだけでは、行為者性を取り扱うには不十分である。

第二段階。しかし、行為者でありながら自我でないことは、論理的には可能である。行為者として行為する存在が自我となるためには、自らの行為について、意識的に推論を行うこともできる必要がある。その存在は、知覚や記憶、信念や欲求、思考や推論、そして認知一般を行えるのでなければならない。行為者性だけでは合理的な行為に十分ではなく、行為者は自我であらねばならないのである。

第三段階。これが決定的な段階である。行為の合理的な説明には、特別な論理的性格がある。因果的説明と解されるなら、その説明はうまくいっていない。原因はふつう、行為を説明するに十分ではないのである。しかしそのような説明は、そのままで完全に適切である。そして、その説明が理解可能であるためには、それは出来事を決定する原因を挙げるものとみなされるのではなく、意識ある合理的な行為者がそれをふまえて行為した理由を挙げるものとみなされる必要がある。その行為者が、自我である。行為者性に合理性の道具立てが付け加わったものが、自我性に等しい。

第四段階。ひとたび行為の行為者としての自我が確保されると、他のわかりにくい概念の多くが扱えるようになる。とりわけ責任の概念と、それに伴う咎め、罪、報い、賞、罰、賛美、非難などの概念である。

第五段階。自我の存在は、行為者性と時間の関係を明かしてくれる。過去に遂行された行為の責任を負う自我は、それを遂行したのと同じ自我でなければならない。自我はまた、将来の計画を立てることができなければならない。すべての推論は時間の中でなされる。そして実践的推論とは、私が説明を試みてきた意味で、時間に関わるものである。

9　経験と自我

自我とは、私の記述によると、諸特徴の特定の目録によって定義され、純粋に形式的に特徴づけられうる存在である。では、その自我と、われわれの実際の意識経験とは、いかなる関係にあるのだろうか。われわれは、自我の経験というものはないというヒュームの結論に、いささかなりとも挑戦しているのだろうか。そもそもこの「自我」について、われわれは何を語りうるのだろうか。これについては、まだ何も明らかになっていない。行為する自我が存在しなければならないことは、合理的な行為に対する形式的な要求である。しかし、知覚に対する形式的な要求として、同じように知覚する行為者なり自我なりが存在しなければならないかというと、そのようなことはない。したがって、私とは印象と観念の連鎖であるというヒュームの説は、物理的な身体とその傾向性のすべてを含むように改訂されても、合理的な行為者性への本質的な要求である自我性を捉えるには至らないのである。

この問いに答えるための鍵は、われわれ自身の意識の構造を調べることである。なぜならば、自我に課された第一の条件は、それが意識を持ちうることだからである。私の提示している説によると、自我とは経験でもなければ経験される対象でもない。たとえば私がテーブルを見るとき、私はある視覚経験を持ち、そしてその経験の対象となるテーブルがある。これに対して、自我経験というものはないし、自我として経験される対象もない。むしろ、自らの活動を不活性な束以上のものとして経験する存在があり、「自我」とはその存在の名なのである。熟慮や行為に従事し、知覚を行い、熟慮に際して記憶を用い、意思決定を行い、意思決定を実行すること（あるいは実行しないこと）、そしてこれらの活動すべての最終的な結果次第で、満足や不満を感じたり、罪や無実を感じたりすることは、私の意識経験の特徴をなすものごとである。私がこうして追究している道筋は、ある意味で、ヒュームの懐疑論と、われわれはみな自らを自我として意識するという素朴な前理論的見解とのあいだにある、細く精妙な道筋である。自我は経験の名前でも経験の対象の名前でもないが、しかしわれわれの経験にはある形式的特徴の連鎖があり、それがわれわれを自我として構成するというのが私の主張である。

自我をこのように措定することは、一見その必要性があるように思われるものの、実は文の持つ主語述語構造によって押しつけられたたんなる文法上の錯覚ではないと、どうして断言できるのだろうか。「私はクリントンに投票することに決めた」と言うとき、「私」が指示する対象が欲しいばかりに、われわれは物象化を行っているのではないだろうか。そうではない。なぜならば、私が何も行っていないときでさえ、文法上の必要性は同じだけあるからである。「私にバラが見える」を考えてみよう。現象学的に見るかぎり、この現象学的な事実は、「この経験の連鎖に、いまバラの経験が含まれている」とも記述できる。しかし、意思決定の自主的な特徴は、ある意思決定がこの経験の連鎖にいま含まれると言うことでは捉えられない。なぜならば、意思決定は私が行ったことであり、私の側の行為だからである。それに対して、バラの経験は、受動的に受け取ったものにすぎない。

しかしわれわれは、飛躍に住みついて意思決定を行ってくれるこびとを措定してはいないだろうか。そしてこれは、無限後退を招くのではないだろうか。そんなことはない。なぜならば、飛躍に住みついて意思決定を行うのは、われわれだからである。

自我の措定は、自我が経験されることを必要としない。この点を類比によって明らかにしよう。何かを見るとき、われわれにはつねに視覚経験がある。そして視覚経験を説明するには、当の経験がそこから生じる視点を措定しなければならない。しかしこのとき、視点は経験ではないし、経験されるものでもない。それゆえたとえば、私に太平洋の視覚経験があることを説明するには、それが空間内のある特定の視点からの経験であることを措定する必要がある。しかしながら、太平洋を見るとき、私は自分がそこから太平洋を見る視点を見ることはないし、視点は見る経験の一部分でもない。これと類比的に考えると、自由な行為の経験は自我を必要とするものの、自我は経験でもなければ、経験される対象でもないのである。

したがって、リヒテンベルクは誤っていたことになる。われわれは、「私は考える」に代えて「思考がある」と言うべきではない。思考が自主的で自発的な過程であるかぎり、思考する自我が存在しなければならないのである。

10 結論

では、自我とは何であろうか。ヒューム自身の基準に従うならば、彼はたしかに正しかったことになる。すなわち、「自我」の意味するものが、痛みのような経験や、眼前のテーブルのように経験の対象となる何らかのものであるならば、たしかにそのようなものは存在しない。合理的な行為者性を取り扱うには、合理性と行為者性の能力を兼ね備えた自我を措定せねばならない。自我の諸特徴は、つぎのように述べることができるだろう。

つぎのようなxが存在する。

1．xは意識ある存在である。
2．xは時間的に存続する。
3．xは合理性の制約のもとで、理由によってことを運ぶ。
4．理由によってことを運ぶxは、自由の前提のもとで、行為の意思決定を行い、その行為を開始、実行することができる。
5．xは、その行動の少なくともいくつかに責任を負う。

この論証に暗黙のうちに示される結果を、私はここで明らかにしたい。なぜならばそれは、後の諸章でいささか重要なものとなるからである。合理性という主題は、形式的な論証の構造に関するものではなく、ましてや限界効用や無差別曲線に関するものではない。合理性の理論の中心的な議題は、推論の過程に従事する人間（ならびにおそらく、ケーラーのサルが示してくれたように、他のいくつかの動物）つまり自我の活動である。言語哲学の中心的な主題が、文でも命題でもなく言語行為であるのと同じく、合理性の哲学の主題は推論の活動であり、それは意識ある自我の行う、目標に向けられた活動である。

第四章　理由の論理構造

行為への理由とは、何であろうか。この問いは途方もなく難しいものと思われており、フィリパ・フットはかつて、「行為への理由という観念を、私は決して理解していないし、たぶん誰も理解していないだろう」と書いたほどである。(1)しかし、それはなぜ、それほど困難なのであろうか。われわれはとにかく、行為への理由を毎日扱っているのではないだろうか。ここに謎があるとは、どうしてであろう。むしろウィトゲンシュタインに倣って、何も隠されてはいない、と言ってみたくなる。

たしかに、何も隠されてはいないし、答えは明瞭に見えているに違いない。だがいずれにしても、われわれはよく見なければそれを見出すことはできず、しかも以下でわかるように、答えはわれわれが予期したであろうよりも複雑である。これまでの章から、行為への理由であるような存在はみな、ある一定の形式的な特徴を持つであろうと推論できる。たとえば、それが存在することとそのはたらきとは、飛躍と整合的でなければならないだろう。つまりその存在は、行為者自我がそれをふまえて行為することができるように、行為を合理的に動機づけうる一方で、その行為を十分条件によって引き起こすのではないようなものであらねばならない。しかもそれが持つ内容は、それを理由とする（上向きの適合を持つ）事前の意図や行為内意図の内容と、ある特定の仕方で論理的に関係している必要があるだろう。だが正確には、これはどういうことであろうか。ここではすべてがきわめて曖昧であり、何か実質的なことを言おうと思うならば、問題をもっとゆっくり吟味せねばなるまい。ではまず、あるものがあるものに対する理由となりうるのはいかにしてか、また、何に対してであれいかにしてであれ、そもそも理由とは何か、問うところから始めよう。ここで有益な第一歩は、「理由」という語を含む文や、それと関連する「説明」「なぜ」「から」といった用語を含む文の日常的な使用を見ることである。この計画では、まずつぎの問いを立てる。すなわち、言明Sが、現象Pへの理由Rを述べるのは、いかなる条件のもとでであろうか。これへの答えが手に入ったら、こんどはつぎの問いに向かうことができる。すなわち、Sが、ある人にとって、信念や欲求などの志向的状態を持つことへのRを述べるのは、いかなる条件のもとでであろうか。すると、事前の意図や行為内意図は志向的状態であるから、志向的状態一般についての問いに答えられたなら、こんどはその特殊事例である、何かを行おうと意図することについての答えも、そこから出てきそうである。そしてその答えがもし手に入ったら、それはすでに、「Sが、行為者Xにとって、行為Aを遂行することへの理由Rを述べるのは、いかなる条件のもとでであろうか」という問いへの答えになっている。なぜならば、何かを行おうと意図したり、何かを行うべく努めたりすることへの理由は、他の事情が同じであれば、それを行うことへの理由にほかならないからである。

理由とはつねに、行為者にとっての理由である。したがってわれわれは、つぎの双条件法を完成させればよいということになりそうである。

言明Sが、行為者Xにとって、行為Aを遂行することへの理由Rを述べるのは、……とき、そしてそのときにかぎられる。

しかしこの定式化も、まだ緩すぎるだろう。というのも、第一に、これではよい理由と悪い理由、合理的に受け入れられる理由とそうでないものの区別ができない。第二に、理由に関する論述は、行為者の手にしている理由とそうでないものを区別できねばならないが、この定式化ではそれができない。あることを行うよい理由がありながら、それを当人が知らないことはありうる。たとえば、長いあいだ、人には煙草を吸わないことへのよい理由があった。喫煙は癌を引き起こすからである。しかし人は、自分にそのような理由のあることを知らなかった。第三に、「行為A」という表現の使用は、一見したところ指示表現に見えるものの、これは控えめに言っても誤解を招きやすい。将来の行為を計画している時点では、そのような行為はまだ存在せず、実際永久に存在しないかもしれないからである。それゆえ、将来の行為への理由は、あるタイプAの行為を遂行することへの理由である。そこで、双条件法のつぎの定式化を試みよう。

合理的な行為者Xが、言明Sを、Xにとって、タイプAの行為を遂行することへの妥当な理由Rを述べるものと認めるのが正しいのは、……とき、そしてそのときにかぎられる。

この章が進むにつれて、問題のこのような定式化も依然として適切でないことがわかるだろう。哲学でよくあるように、最大の困難は問題の正しい定式化を見出すことにある。しかしここでは、われわれはまだ暗中模索の段階である。

こうした理由の言明は、三つの意味で関係的であることに注意すべきである。第一に、示された理由は何か別のことへの理由である。それ自体で理由であるようなものは存在しない。第二に、行為への理由は、行為者自我にとって、ある行為を遂行することへの理由であるという点で、二重に関係的なものである。そして第三に、熟慮においてはたらくには、理由は行為者自我に知られていることが必要である。まとめると、熟慮においてはたらくには、理由はあるタイプの行為への理由であり、行為者にとっての理由であり、行為者に知られているのでなければならない。そのような言明は、ふつう内包性を示す。理由が理由となる当のものが実際に存在することを、その言明から推論してはならないからである。たとえば、ある行為を遂行することへの理由を持ちながら、その行為を一度も遂行しないことがありうる。(内包性については後に詳しく述べる。)

1 理由とは何か

理由の概念は、少なくとも他の三つの概念と結びついており、それら四つはひとまとめにして初めて理解できる。他の概念とは、「なぜ」「から」および「説明」の概念である。理由を述べることは通常、説明を与えるか、説明の一部分を与えることである。説明は、「なぜ」の問いへの答えとして出される。そして、理由を挙げるのにふさわしい形式は、「……から」である。「なぜｐなのか」の問いに、「ｑだからだ」と答えれば、実際にｑがｐの説明あるいは部分的な説明となるとき、なぜｐなのかの理由を与えたことになる。このゆえに、あらゆる理由は、ものごとがなぜそうなのかの理由なのである。理由や説明は、よいものであったり悪いものであったりしうる。だが、理由や説明として出されたものの出来があまりに悪いと、それはもはや理由にも説明にもならない。この意味で、「理由」および「説明」は、それ自体の成功を含意する概念である。

「から」は非真理関数的な文結合子である。それは文の全体どうしを結合する。「なぜ」もまた、文の全体をとる。ただし、文の表面的な文法において、「なぜ」の問いが単一の表現や句をとったり、「から」の答えが前置詞句をとったり[訳注1]することがあるので、節の全体をとるという要求は見えにくくなっている。たとえば、「なぜいま」「なぜ髭を」という問いに、「サリーのためだから」「無精だから」という答えが返ってくる。こうした場合、これらの短い表現はつねに、文の全体を縮めたものとみなされねばならない。「なぜあなたは、いま出て行くのか」への答えが「サリーがいま、私を必要としているからだ」であり、「なぜあなたは髭を伸ばしているのか」への答えが「私は無精で、髭を剃らないからだ」である。

「なぜ」の問いや「から」の答えが省略なしに述べられるとき、構文論によって要求されるものはつねに節の全体であり、名詞句だけでは足りない。この構文論的な所見から、二つの意味論的な帰結が示唆される。第一に、説明項と被説明項のそれぞれを特定するものは、命題まるごとを内容として持つものでなければならない。第二に、その内容に対応するものが、言明の外になければならない。理由の言明は言明であり、それゆえ言語的な存在である。それは、一定の種類の命題内容を持つ言語行為である。しかし、理由そのものと、それが理由となる当のものとは、ふつう言語的な存在ではない。このあとすぐに言及する重要な例外を除いて、理由を述べる言明がよい説明や適切な説明を与えうるのは、理由の言明および説明される当のものを特定する節の両方が、実際に真のときにかぎられる。だが、言明や節を真たらしめるものは、言語とは独立のものである。「カリフォルニアで、ほかのどの州よりも地震が多いのはなぜか」と問われれば、私は「カリフォルニアは、地震断層の最も多い州だからだ」と答える。これが説明となりうるのは、カリフォルニアが実際、ほかのどの州よりも地震が多く、地震断層も最も多く、しかもそれらの断層が地震と因果的な関係を持つ場合にかぎられる。世界の側の特徴で、言明や節を真たらしめるもの、そのおかげで言明や節が真となるものを、ある一般名辞で記述することができる。「事実」というのがその名辞である。説明は、ひとつの言明ないし言明のひとそろいである。しかし、理由は言明ではないし、理由が理由となる当のものも、言明ではない。むしろ、われわれが考察してきた事例では、被説明項と説明項はいずれも事実である。ある事実が理由となるのは、それを理由とする事実と相対的にのみであり、前者が後者への理由となるのは、前者が後者に対して説明関係に立つ場合だけである。(2)

すると、理由はすべて事実だと考えたくなるだろう。だが、事実に関して私が誤っており、それでいて説明を提示できる場合はどうだろうか。「なぜあなたは傘を持っているのか」との問いに、私は

「雨が降っているからだ」と答える。問いも答えも、命題内容を持つという要求は満たしている。しかしここで、私は誤っており、実は雨は降っていないとしよう。それでもやはり、私の答えには真なる説明が暗に示されている。その言明をなすことで、私は雨が降っているという信念を表明したのであり、その信念は、たとえ偽であっても私の行為への理由たりうる。こうした場合、私がそう信じたという事実が行為への理由なのだと言ってもよいし、私の信念が行為への理由なのだと言ってもよいだろう。これとは別に、私はまた、現実には一度も行わない行為への理由を持つこともある。このとき私が、その理由を説明として提示するならば、それは行為を遂行する意図の説明となりえよう。その場合、意図は実行されることが全くなくてもかまわない。こうした例から示唆されることは、理由と、それが理由となるものは、世界の中の事実であってもよいし、信念、欲求、意図などの志向的状態であってもよいことである。ゆえにたとえば、カリフォルニアは地震断層が最も多いと私がなぜ言ったのかの説明は、カリフォルニアは地震断層が最も多いと私が信じていたからだというものでありえよう。そして私の信念は、真であるか否かにかかわらず、私の行為への理由たりうる。理由であることに対する形式的な制約は、その存在が命題構造を持ち、理由の言明に対応することである。(3)

これらの例から、つぎの仮説が示唆される。あらゆる理由は、命題構造を持つ存在である。それは、雨が降っているという事実のように、世界の中の事実であってもよいし、濡れずにいたいという欲求のように、命題的な志向的状態でもよい。また、義務や確約、要求や必要性のように、事実でも志向的状態でもないが、しかし命題構造を持つ存在であってもよい。理由の存在論にみられるこの特徴は、理由の言明は命題まるごとを表現する節を必要とするという、構文論的な事実を説明してくれる。それらの存在すべての名となるような、ちょうどよいひとつの語はない。「事実」や「事実的な」は、真であることを強く示唆するので、世界の事実だけでなく、偽であるときにも人に理由としてはたらきうるような信念をも含むには、都合が悪い。「命題」や「命題構造を持つ存在」では、言語的な存在や志向的な存在を示唆しすぎるきらいがある。そこで私は、いささか古めかしい「事象的」[訳注2]なる語を用いて、命題構造を持つ存在一般を表し、それには志向的状態も世界の事実も、義務のようにそのどちらでもない存在も、みな含まれることにしたい。「事象的存在」で、命題構造、つまり節によって特定される構造を持つ、あらゆる存在が意味されると取り決めよう。理由とはすべて、事象的存在、つまり事象的なものである。雨が降っているという事実、雨が降っているという信念、雨が降ってほしいという欲求、雨が降らなければという必要性、これらはみな、理由となりうる。しかし雨それ自体は理由になりえない。私が言いたいのは、言明はみな命題を表現せねばならないという自明のことではなく、むしろ、理由の特定は本質的に命題的だという点である。理由それ自体、その存在自体が、事象的、命題的な構造を持つ。そして、そうした事象的存在には、雨が降っているという事実のような世界の事実だけでなく、信念や欲求、必要性や義務、確約をはじめ、他の多くの事象的存在が含まれるのである。

それゆえ、たとえば「なぜあなたは傘を持っているのか」と問われたならば、つぎのような答えが可能である。

1．雨が降っている。

2. 雨が降っていると信じている。
3. 濡れたくない。
4. そうする義務がある。
5. 濡れずにいる必要がある。

上の言明のいずれもが、私が導入した意味での事象的存在を特定する。第一のものは、真であれば、雨が降っているという事実を述べている。しかし、信念、欲求、義務、必要性もまた事象的である。理由の中には、他の事象的存在を表象するものもある。たとえば信念は、世界の中の事実を表象する。だが信念は、真でないときにも、すなわち対応する事実が世界に存在しない場合にも、ものごとの理由となることができる。

理由が事象的構造を持たねばならないのはなぜか、私にはわからない。思うに、理由は推論に用いうるものでなければならず、推論に用いるには、命題構造を持たねばならないのであろう。

つぎに、事象的存在を何か別のものごとへの理由たらしめるものは何か、という問いがある。われわれがすでに述べたことからして、これは、そうした存在はいかなる条件のもとで、他のものごとに対して説明関係に立つか、と問うのと同じである。一方に、理由となる一群の事象的存在があり、他方に、説明を要する一群の事象的存在がある。後者には、戦争や地震など、およそあらゆることに関する事実と、さらに、欲求や信念のような事象的存在が含まれる。われわれは、前者に含まれるある特定のものを述べることによって、後者に含まれるものを説明することができる。では、前者の持ついかなる特徴によって、それは後者に含まれるものを説明できるようになるのだろうか。説明関係とは多様なものであり、それは因果的、論理的、正当化的、美的、法的、道徳的、経済的など、諸現象に与えうる説明の際限ない多様性に対応する。これらすべてに共通するものが、それらはみな説明を与えるという自明の特徴を除いて、何かひとつでもあるだろうか。これはわからないが、おそらく、共通性など何もないだろう。説明はむしろ、ウィトゲンシュタインの言う意味で、家族的類似性で結ばれた家族をなすように思われる。説明関係には、おびただしい数の異なった種類がある。ただ、その多くに通底する共通の形式的要素がひとつあり、それは様相の要素である。様相の家族には、なぜあるものごとがあらねばならなかったか、生じねばならなかったか、生じるべきであったか、生じざるをえなかったか、生じるのが適当であったか、などが含まれる。そして説明関係には、ものごとを生ぜしめる、引き起こす、不可避にする、蓋然性を高める、正当化する、もたらす、ものごとを何かの目的で、または何かのために行う、などがある。私の考えでは、この中で最も原初的な概念は生ぜしめるという概念であり、説明の範例的な形式は因果的説明である。あることを生ぜしめる最もふつうの方法は、それが生じるのを引き起こすことであり、あることを説明する最もふつうの方法は、その原因を特定することである。

理由の言明の持つ説明力は、説明となる現象がどのように記述されるかに依存するから、理由の言明は非外延的である。これは、結合子「から」が非外延的だというだけでなく、理由の言明内部で置換可能性が成り立たないということでもある。要するに、理由の言明は存在汎化のみならず、置換可能性の点でも内包的なのである。

つぎの例を考えてみよう。

カリフォルニアで、ほかのどの州よりも地震が多いのは、カリフォルニアが、地震断層の最も多い州だからである。

これと、つぎの同一性言明

地震断層の最も多い州は、映画スターの最も多い州である。

から推論を行って、

カリフォルニアで、ほかのどの州よりも地震が多いのは、カリフォルニアが、映画スターの最も多い州だからである。

を得ることはできない。こうした理由の言明で置換可能性が成り立たないことは、言明の説明力が、当の現象を記述する仕方、すなわち相形態つまり提示様式に依存するという事実からの帰結である。指示対象の等しい表現を置換するとき、説明となる相、ここでは因果効力を示す相を特定するように保たないと、真理は保たれない。

しばらく前、理由は原因であるか否かという論争があった。私はつねづね、この論争は混乱した代物だと思っていた。というのも彼らは、理由の言明と因果言明のあいだにみられる、明白な文法上の相違を考慮に入れていなかったからである。原因は通常、出来事である。理由は決して出来事ではない。原因を述べることで理由を与えることはあるが、だからといって、理由と原因が同じものであることにはならない。これを明らかにするために、例を挙げよう。

(1)オークランド高速道路の高架はなぜ倒壊したのか。

この問いは説明を求めており、ゆえに理由を求めている。これにはふつう、原因を特定すれば答えたことになる。たとえばこうである。

(2)ロマプリータ地震が、その土台の損傷を引き起こしたからである。

(2)は適切な理由を与えており、ゆえに説明を与えている。それは、倒壊の原因を特定することによってである。地震、土台の損傷、高速道路の倒壊という三つの出来事は、相互に因果的に関連している。地震が損傷を引き起こし、損傷が倒壊を引き起こしたのである。(2)はその連鎖を特定することで、第三の出来事の説明となっている。理由の言明は、事実を述べることで説明を与えるのである。倒壊の原因は、地震という出来事である。倒壊の理由は、地震が起きて土台を損傷させたという事実である。

事実を述べた言明は、原因を特定するものではあるが、原因が理由と同一の存在になるわけではない。

これまでに、ささやかながら前進がみられた。理由とは、事象的構造を持つ存在である。説明とは、理由を与えるという言語行為である。理由の言明が説明となるのは、理由それ自体が、それが理由となるものに対して、ひとつ以上の理由の関係に立つときにかぎられる。しかし、このささやかな前進からも、ひとつの興味深い結果が得られた。すなわち、理由の言明はしばしば原因を特定するが、だからといって、そのような場合に原因が理由と同一であることにはならない。なぜならば、理由はつねに事象的存在であるのに対して、原因はふつう出来事であり、事実ではないからである。

2　志向的現象の説明に固有の諸特徴

行為や信念、欲求や希望、さらに戦争、経済政策、情事、小説といった志向的現象の説明が導入されるときには、合理性という新たな要素が導入される。そして、合理的な説明がなされることの要求に伴って、正当化の要求が生じることがよくある。志向的現象は合理性の制約に服する。そして通常、信念や欲求、行為などの志向的現象に対する説明の要求は、それがいかに合理的であり正当化されるかを示すことへの要求である。つまりわれわれは、「なぜそれを行ったのか」「なぜそう信じるのか」「なぜそんな希望を持つのか」「なぜそれを欲するのか」、さらには「なぜ彼女に恋しているのか」「なぜ戦争に行ったのか」「なぜ金利を下げたのか」「なぜあの小説を書いたのか」と問うことによって、説明を求めるのだが、こうして導入される問いは、「何がそれを生ぜしめたのか」のたぐいに属するのみならず、「それが生じたことにはいかなる正当化があるのか」および「いかなる理由をふまえてあなたは行為したのか」のたぐいにも属するのである。尤も、志向的現象における合理性は、正当化と同じではない。なぜならば、志向的状態は正当化されなくても、必ずしも不合理にはならないからである。私が株式市場で、ただの「勘」で株を買ったとすると、勘は私の選択を全く正当化しない。とはいえこのとき、私の行為は必ずしも不合理なものとはならない。合理性と正当化は、いずれも規範的な概念であるものの、合理性は正当化よりもはるかに一般的である。概して、正当化された志向的状態は合理的である。だが、合理的な志向的状態がすべて正当化されているわけではない。

志向的現象の説明となる理由を導入することは、なぜ自動的に、合理性や正当化といった規範的カテゴリーの導入につながるのだろうか。それは、そうした規範に服することが、志向的現象にとって構成的だからである。合理的な評価基準に服することは、志向的現象にとって内在的であり構成的である。それはちょうど、勝ち負けがフットボールの試合にとって構成的なのと同じである。まず信念や希望、欲求や意図を持ち、次いでそれらにとって外在的なものとして、合理的な評価形態を導入するということはできない。そうではなく、信念などを持つことは初めから、それらの規範に服する現象を持つことなのである。しかも、志向性のさまざまな形式は、それぞれ異なる形式の規範性を持つ。たとえば、信念は真たるべきであり、この理由により、合理性と正当化の特別な制約に服する。すなわち、証拠、真であることのそれ以外の理由、整合性などである。合理性により、不整合な信念をそれと知りつつ保持してはならないことが要求される。他方、欲求に対しては、合理性はそのようなことを要求しない。pを欲するとともにpでないことを欲しても、人は合理的でありうる。

実在世界の他のあらゆる経験的実在現象と同様、志向的現象にも、合理性や正当化とは何ら関係のない純然たる因果的説明があってよい。「ジョーンズは頭の打ちどころが悪かったから、自分がナポレオンだと信じている」といった場合がそうである。この説明は因果的説明であり、ジョーンズの信念を正当化する理由や、それが合理的であることを示す理由を与えるものではない。それは、彼がなぜその信念を持っているかの因果的な理由を与えるが、その信念を保持することへの彼の理由を与えはしない。志向的現象の特異性は、それらがその本性によって、合理性の制約にも服することにある。そしてこの制約の一環として、それらは正当化の要求に服するのである。

よい理由はみな説明になる。そして説明はみな理由を与えることである。だが、この点は正確に理解する必要がある。何かを信じることや何かを行ったことへの、正当化になる理由を持ちながら、その正当化を述べたところで、なぜそう信じるのか、なぜそれを行ったのかの理由を与えたことにはならない場合がある。私の行為を正当化し、それがなぜ遂行すべき正しい行為だったかを説明する理由が、必ずしも、私がなぜ現にそれを行ったかを説明する理由と同じだとはかぎらない。たとえば私が、スミスに投票したことを正当化するよう求められたとしよう。私は、彼は最も知的な候補者だから、私が彼に投票したことは正当化されると言うかもしれない。しかしこれだけでは、なぜ彼に投票したのかという問いに答えたことにはならない。私がそれをふまえて行為した理由は、彼が私のなじみの飲み友達だからであり、彼の知性とは何ら関係がなかったとしよう。それでもなお、私は自らの投票を、彼が最も知的な候補者だと言うことで正当化することができるのである。このような場合、私が自らの行為に与える正当化は、「なぜあなたはそれをしたのか」という問いへの答えにはならない。

より真剣な例を挙げると、原爆の投下についてトルーマンは正当化されるか否かという公共の論議は、おもに、彼がそれをふまえて行為した理由に関わるのではなく、その行為が正当化されるか、すべてを考え合わせてそれがよいことだったかどうかに関わる。理由の言明はみな説明である。だが、あることが行われるべきだったのはなぜか、それが行われるのがよいことだったのはなぜかの説明は、なぜそれが現に行われたのかと、いつも同じとはかぎらない。これが、私のここでの論点である。ところが、われわれがこの本でおもに関心を寄せているのは、なぜあることが生じたかを説明するような説明、行為者がそれをふまえて行為した理由や、それをふまえて行為するであろう理由を述べる説明である。われわれが正当化に興味を抱くのは、行為者がなぜ行為したか、なぜ行為するであろうか、これらをも正当化が説明する場合にかぎられる。そこで私は、正当化と、私が「正当化による説明」と呼ぶものとを区別することにしよう。正当化は必ずしも、あることがなぜ現に生じたかを説明するものではない。他方、それが生じたことの説明は、正当化によるものであろうとなかろうと、それがなぜ生じたかを説明せねばならない。すると、本当の説明の下位分類として、正当化による説明があることになるだろう。

これまでにわれわれは、志向的状態の説明として、四つの種類を見出した。

1. 純然たる因果的説明。たとえば、ジョーンズは頭の打ちどころが悪かったから、自分がナポレオンだと信じている。

2. なぜあることが生じたかの、理由による説明。たとえば、ジョーンズがスミスに投票したのは、スミスが彼のなじみの飲み友達だからである。

3. 正当化による説明。たとえば、スミスは最も知的な候補者であり、それが理由でジョーンズはスミスに投票したのだから、ジョーンズはスミスに投票したことについて正当化される。

4. その行為がなぜ生じたかの説明にはならないような正当化。たとえば、スミスは最も知的な候補者だから、たとえそのことはジョーンズがなぜ現にスミスに投票したかの理由ではないとしても、ジョーンズはスミスに投票したことについて正当化される。

これらすべてを念頭に置いて、私はつぎの重要な点を主張したい。ある志向的現象がなぜ生じたかの理由による説明に、規範性の制約を導入することは、因果性の制約を取り除くものではない。もちろん、飛躍の存在ゆえ、行為やその他多くの志向的現象にとって、原因はふつう十分条件を与えるものではない。すると、より厳密な定式化はつぎのようになる。志向的現象に関して、なぜある行為が生じたのか、なぜ行為者はある信念を受け入れたのか、なぜ行為者はある欲求を形成したのか、なぜ行為者は恋に落ちたのかなどの説明には、規範性の制約がある。だがこのことは、行為者がそれを行ったのはなぜかを説明するためには、行為者に効力のあった理由を述べねばならないという、因果性の制約を取り除くものではない。志向的現象の因果的説明でありながら、合理的でないものはありうる。しかし、ある志向的現象がなぜ生じたかの合理的な説明で、因果効力の概念を含まないものはありえない。行為の場合、行為者はある理由をふまえて行為することにより、その理由を効力あるものとする。信念の場合、行為者はある理由を受け入れるがゆえに、その信念をも受け入れる。動機づけられた欲求の場合、行為者はある理由に基づいて、その欲求を形成する。たとえば、「なぜあなたは民主党の候補に投票したのか」と問われて、「それはおよそ不合理な強迫観念でね、私はとにかく民主党に投票するように育てられたものだから、どうしようもないんだ」と言う人がいるだろう。このような説明は因果的説明ではあるものの、合理的な説明ではなく、ましてや正当化による説明ではない。他方、「民主党の候補に投票したのは、民主党は労働組合を支援してくれるだろうし、私は労働組合を支援することに熱意を持っているからだ」と言う人もいるだろう。この説明は、この人の行為の合理的な説明であろうとするならば、因果的説明でもなければならない。この行為者は、その信念と熱意をふまえて行為するのである。志向的現象の正当化で、因果的でないものを与えることはできる。しかし正当化は、因果効力のある理由を述べるのでなければ、その志向的現象がなぜ生じたかの説明を与えるものではなくなる。そしてこのことは、行為のみならず、信念、欲求、感情についても等しく正しい。

まとめよう。私はこれまでに、三つの重要なことを主張した。第一に、理由とはすべて事象的存在であり、それが理由となるものに対してひとつ以上の説明関係に立つ。第二に、志向的現象はそれに加えて、一定の規範性の制約に服する。第三に、ある人がなぜあることを行ったのか、なぜある志向的現象を持つのかを説明するとき、この規範性の制約は、因果性の制約を取り除くものではない。理由と合理性は、説明を行うには、(むろん飛躍はあるが) 因果的にはたらかねばならないのである。志向的現象の特異性は、規範的でない因果的説明と、規範的な説明の両方を受け付ける点である。だが、規範的な説明が志向的現象の生起を説明するには、それは因果的でもあらねばならない。地震のような非志向的現象は、規範的でない説明だけを受け付ける。この理由により、志向的現象の正当化は、それがなぜ生じたかの説明であるとはかぎらない。すると、繰り返しになるが、少なくとも四通りの場合があることになる。第一は、非志向的な因果的説明で、たとえば、彼は頭の打ちどころが悪かったから、自分がナポレオンだと信じている。第二は、あることがなぜ起きたかの合理的な説明で、その正当化は意図しないものである。第三は、あることがなぜ起きたかの正当化で、それがなぜ起きたかの説明をも行うものである。そして第四は、ただ正当化だけを行い、それがなぜ起きたかは説明しないようなものである。

3　行為への理由と、理由の総体

この章でこれまでに述べたことは、すべて予備的な準備作業にすぎず、これからようやく建設的な部分に取りかかるところである。この章でなされる論証の中心部分はこの節にある。完全な明晰さを期して、私はその論証の各段階を、順番に数字をふって示すことにしよう。最初に来るのは、前の二つの節で述べた点である。

1．理由は命題的かつ関係的である。ある存在が理由であるためには、それは命題構造を持ち、それが理由となるやはり命題構造を持つ別の存在と関係づけられる必要がある。それゆえ理由はすべて、それが理由となるものと相対的にのみ、理由なのである。この自明で文法的な点から、つぎのことが帰結する。すなわち、志向性に関するかぎり、理由はつねに志向的状態への理由である。それは、ある命題を信じることへの理由であったり、ある欲求を持つことへの理由であったり、ある事前の意図を形成することへの理由であったり、ある行為内意図への理由、すなわち実際に行為を遂行することへの理由であったりする。特に行為への理由の場合、理由はまた、ある特定の人にとっての行為を遂行する理由なのであり、理由が熟慮においてはたらくには、理由は行為者に知られていなければならない。

2．理由は事象的存在である。行為への理由は、雨が降っているという事実のように、世界の中の事実であってもよいし、信念や欲求のように、事象的構造を持つ志向的状態であってもよい。また、責務や義務、確約のように、世界の事象的存在で、上向きの適合を持つものであってもよい。

3．われわれは、外在的な理由と内在的な理由を区別する必要がある。外在的な理由という表現を私が用いるとき、それが意味するのは、世界の事象的存在で、行為者にとって理由となりうるもののことである。このとき行為者は、その存在を知らなくてもよいし、あるいはそれを知りながら、それを理由として認めることを拒んでいてもよい。たとえば、雨が降っているという事実や、ある人が何らかの義務を負っているという事実は、外在的な理由である。そうした外在的な理由が実際の熟慮においてはたらくには、それは行為者の内在的な志向的状態によって表象されねばならない。すなわち行為者は、雨が降っていると信じたり、自らの義務を認識したりするのである。それゆえ理想的に合理的な状況では、内在的な理由と外在的な理由はぴたりと対応する。なぜならば、外在的な理由が熟慮において何らかの役割を演じるものであるとしたら、それは行為者の心の中で内在的な理由として表象されているはずだからである。行為者の熟慮は、内在的な理由によってのみはたらく。しかし多くの場合、内在的な理由が妥当な理由となるのは、それが外在的な理由を表象するからにほかならない。たとえば私が、雨が降っていると信じるがゆえに、傘を持って行くことに決めるとしよう。このとき私の信念は内在的な理由である。だがそれは、外在的な理由と対応する場合、すなわち実際に雨が降っている場合にのみ、妥当な理由となるのである。

4．行為への理由は、理由の総体であるか、その一部分であるときにのみ、理由となる。私は、行為への理由は少なくとも三つの仕方で相対的だと述べた。だが、さらに第四の仕方があり、それも強調されるべきである。すなわち、ある言明が行為への理由を述べるためには、その言明は他の一定の諸言明と体系的に関係づけられていなければならない。事例を考えれば、この点は理解できるだろう。私が傘を持って行く理由は、雨が降るだろうと信じていることである。しかしこの理由が理由となるのは、それが理由の総体の一部分であり、その総体に、濡れずにいたいという欲求や、傘を持っていれば濡れずにすむという信念などが含まれるからにほかならない。

理由の総体は、事象的存在の集合である。それは信念や欲求であったり、雨が降っているという事実や、私にカンザスシティーに行く義務があるという事実のように、世界の事実であったりする。それゆえ、「なぜあなたは傘を持っているのか」という問いに答えて、私は「雨が降るだろうから」「雨が降るだろうと信じているから」「濡れずにいたいから」などと言うことができる。

5．原理的には、理由の総体は完全に外在的でありうる。たとえば人が、柑橘系の果物を食べる理由を持ちながら、それに関連する志向的状態を一切持たないことがあってよい。柑橘系の果物はビタミンCを含み、ビタミンCは壊血病を防ぎ、壊血病は悲惨な病気だということがいずれも事実だとしよう。これらはみな、それらについて全く無知な人や、病気に無関心な人にとっても、柑橘類を食べる理由の総体の要素たりうる。

完全に外在的な理由の総体は、行為者を動機づけることが決してできないのに、いかなる意味で行為者にとっての理由と言われうるのだろうか。外在的な理由の持つ動機づけの力は、反事実的に定義されるというのがその答えである。もし、行為者が適切な知識を持ったならば、すなわちもし、彼が自らの健康上の必要性について知り、それを充足するにはどうすればよいかを知ったならば、彼は合理的であるかぎり、それらを行為への理由として認識したであろう。それゆえ、外在的な理由と内在的な理由は対応するのが理想ではあるものの、それらの区別はやはり必要である。完全に合理的な行為者が、合理的に正当化された信念をふまえて合理的に行為しながら、その信念が偽と判明することはありうる。逆に、世界の事実が、行為者にとって行為することへの強力な理由となりながら、行為者が当の事実の知識を欠いたり、その知識があってもそれを理由として認識することを拒んだりすることもありうる。

6．外在的な理由の総体のいかなる要素も、合理的な熟慮や、行為へと至る合理的な過程の中ではたらくには、それに対応する内在的な要素を必要とする。すなわち、外在的な理由を構成する諸事実は、当の行為者に信じられるか知られるか、あるいは認識されるか、とにかく何らかの仕方で認められねばならない。したがって、健康上の必要性、義務、雨が降っているという事実などは、当の行為者がその事実を信じたり、他の仕方で認識したりする場合にかぎり、行為を動機づける熟慮の中ではたらくことができる。雨が降るだろうという事実は、私がそれを知ろうと知るまいと、私にとって傘を持って行く理由たりうる。しかし、それが私の熟慮において役割を演じうるのは、私がその事実に気づく場合だけである。しかも、雨が降るだろうという信念は、真であろうとなかろうと、熟慮において同じ役割を果たす。すると、本当に重要なのは事実そのものではなく、信念の方だと思えてくるだろう。だがそれは誤りである。信念は、事実に応えるべきものである。実際、一方の信念ではなく他方の信念が、合理性によって要求される場合もある。たとえば、窓の外に目をやって雨が降るのが見えたとき、他の事情が同じであれば、雨が降っていると信じることを拒むのは不合理であろう。

合理性は信念を必要とし、他方、信念の獲得はそれ自体、合理性を必要とする。すると一見、ここには無限後退のおそれがありそうである。これが無限後退に陥らずにすむのは、いったいなぜであろうか。

7．このような事態がなぜ、無限後退をもたらすことがないのかを示すには、認識的合理性の概念を導入する必要がある。ある認識的条件のもとに置かれた行為者は、世界の中の事実を端的に認識することを、合理性によって求められることがある。それは、自分がある義務を引き受けたとか、ある必要性をかかえているとか、ある種の危険にさらされているといった事実である。この認識には、合理的な結果へと至る、合理的な過程や熟慮の活動などは伴わなくてよい。というのも、合理的な志向的状態の獲得は、合理的な熟慮の過程をつねに必要とするわけではなく、そもそもいかなる過程をも、つねに必要とするのではないからである。

それらの獲得が合理的であることは、それらを否認することの不合理さと対比させてみれば、納得できるだろう。実際、よくある形式の不合理性のひとつは「否認」と呼ばれるもので、それに陥った行為者は、圧倒的な証拠を前にしながら、ものごとを頑なに否認するのである。たとえば、私にはかつて、アルコール中毒になった友人がいた。彼は長いあいだ、自分がアル中であることを頑なに認めようとしなかった。自分はほかの人たちよりも、ちょっとばかり飲むのが好きなだけだと考えたのだ。ほかには、自らが引き受けた義務を認識することを拒む人、自分が騙されたことや危険にさらされていることを信じるのを拒む人などがある。これらの例では、不合理な態度が、事実をたんに合理的に認識することからの逸脱となっている点が重要である。尤も、事実の合理的な認識は、必ずしも熟慮を必要とするわけではない。私はたんに、目を上げてトラックが私に向かって突進してくるのを見ることもあろうし、窓の外に目をやって雨が降るのを見ることもあろう。私はいずれの場合にも、それらの事実が私に行為への理由をもたらすことを認識する。だからこれらの事例では、雨が降っていると信じることや、トラックが私に向かって突進してくると信じることが、合理性によって要求されている。しかし、それらの合理的な結論にたどりつくにあたって、私は合理的な熟慮の過程に従事する必要はない。内在的な理由の多くは、外在的な理由の合理的な認識に基づき、外在的な理由の合理的な認識は、多くの場合、さらなる熟慮を必要としない。認識的合理性は必ずしも、段階を踏んでなされるものではないのである。

8．理由の総体を構成する事象的要素の集合は、少なくともひとつ、世界から心への適合の向きを持つ要素を含む必要がある。そのような、世界から心への適合の向きを持ち、理由の総体の中で少なくとも潜在的にはたらきうる要素を、動機づけ要因と呼ぶことにしよう。すると、いかなる理由の総体も、少なくともひとつ、動機づけ要因を含まねばならない。なぜならば、行為について熟慮する際の合理性とは、動機づけ要因を充足する方法を発見することにほかならないからである。理由の総体が少なくともひとつの動機づけ要因を含まねばならないという主張は、理由の総体は行為者を合理的に動機づけうるものであらねばならないという点から、きわめて容易に論証される。理由の総体は、行為を遂行することへの事前の意図や、行為の意図的な遂行に、合理的な根拠を与える必要がある。そしてそのためには、理由の総体の中に、世界から心への適合の向きを持つ存在があり、その存在が、事前の意図や行為内意図の持つ世界から心への適合の向きを根拠づけるのでなければならない。

　行為者が何らかの必要性をかかえているときや、何らかの義務を負っているときのように、動機づけ要因が認識論的に客観的な世界の事実である場合、その外在的な動機づけ要因が熟慮においてはたらきうるのは、それがそのようなものとして行為者に認識されている場合にかぎられる。前の節で述べたことの繰り返しになるが、行為者が動機づけ要因を動機づけ要因として認識することが、認識的合理性によって要求されることもある。トラックが自分に向かって突進してきており、そのせいで非常な身の危険にさらされているのに、そのことを認めようとしない人は、それだけで端的に不合理である。彼が熟慮の過程を経たのでないとしても、このことに変わりはない。ともあれ、ここでの論点は、外在的な動機づけ要因が熟慮の中ではたらくには、それはそのようなものとして行為者に認識されねばならないということである。

動機づけ要因は、外在的でも内在的でもありうる。たとえば欲求は内在的だが、必要性や義務は外在的である。しかし、繰り返すと、外在的な動機づけ要因が熟慮においてはたらきうるのは、それが内在的な動機づけ要因として表象されるときにかぎられる。行為への内在的な理由の総体は、少なくともひとつ、認識された動機づけ要因を含まねばならない。

9．推論が動機づけ要因を持たねばならないという要求は、実践理性についてと同様、理論理性についても正しい。たとえば私は、pという形式の命題と、pならばqという形式の命題を信じているとしよう。このことは、私がqを受け入れたり、認識したり信じたりすることと、いったい何の関係があるのだろうか。信念が、もしたんなる中立的な対象であり、(誤ってはいるが) 流行中のある学説が言うように、因果関係の集合なのだとしたら、自我であるこの私に、どうしてqを気にかける必要があるだろうか。その答えは、信念とは真理への確約だというものである。そして、ある信念を持つとき、私はそこから論理的に帰結するあらゆるものごとに確約を負う。確約とは、欲求に依存しない外在的な動機づけ要因で、世界から心への適合の向きを持つものである。このことが本当の理由で、ここに実践理性と理論理性の原理的な区別は存在しないのである。理論理性は実践理性の一分野であり、命題を受け入れたり認識したり、信じたり主張したりすることの理由に関わる。

10. 動機づけ要因の目録には、一見あまりに異質なものが並んでいるので、きっと途方に暮れてしまうだろう。そこには内在的な動機づけ要因として、欲求や希望、怖れや恥ずかしさ、誇りや嫌悪、名誉や野心、愛、憎しみなどが含まれ、さらに、空腹や渇き、情欲もむろん含まれる。そして外在的な動機づけ要因として、必要性や義務、確約や責務、責任、要求などが含まれる。これらの動機づけ要因はいずれも、私が先に説明した意味で事象的なものであることに注意すべきである。

11. 外在的な動機づけ要因は、世界の中の事象的存在である。そして、「必要性」「義務」「確約」「要求」「責務」といった用語を用いて、それらを外在的な動機づけ要因として同定する記述のもとでは、それらはつねに観察者に相対的である。世界の中のある事態は、人間の志向性に相対的にのみ、たとえば健康上の必要性として同定されうる。観察者への相対性は、存在論的な主観性を含意するが、認識論的な主観性を含意するとはかぎらない。これは、観察者に相対的な現象は、その存在論が、当の観察者の志向性への言及を何らかの形でつねに含むという意味である。だから、存在論が主観的なのである。しかし、存在論的に主観的な存在についての言明が、認識論的な客観性を持つことは何ら不可能ではない。私がある健康上の必要性を持つことは、それを「必要性」として同定することは観察者に相対的であるものの、それ自体は客観的な事実たりうる。

これは重要な点だから、例を用いて考察しよう。私は、体内にビタミンCをある特定のレベル保有しているとしよう。これは観察者に依存しない、私に関するありのままの事実である。だがここで、そのレベルのビタミンCでは、病気の予防に不十分だとしよう。それゆえ、

(a)私はビタミンCをもっと必要としている。

では、私がビタミンCをもっと必要としているという主張には、いかなる事実が対応するのだろうか。そして、その事実を構成するのは、どのような諸事実であろうか。私が体内にビタミンCをある特定のレベル保有していること、私の体内ではある特定の因果過程が生じていること、そのレベルのビタミンCではその過程を維持するに十分でないこと、これらのことは、世界のありのままの事実である。そして、それらの事実が一体となって、当の必要性を構成する。しかし、「必要性」という記述のもとで、それらの事実は上向きの適合を持つ。このことは、必要性は満たされたり充足されたりしうるが、真や偽にはなりえないということからわかる。必要性は、世界の方がその必要性の命題内容に合致するようになるとき、そしてそのときにかぎり、満たされ充足されるのである。これに対して、私がビタミンCをある特定のレベル保有していることは、世界のありのままの事実であり、適合の向きを持たない。にもかかわらず、その事実は、私がビタミンCをもっと必要としているという、観察者に相対的な動機づけ要因を構成するに十分である。そしてその事実は、「必要性」という記述のもとで、行為への理由としてはたらきうる動機づけ要因となるのである。

言明(a)は、行為への理由となる事実を述べている。その理由は、外在的な動機づけ要因であり、すなわち私の必要性である。必要性は、観察者に相対的である。私の健康と生存に相対的にのみ、私はそのような必要性を持つ。だが、必要性が観察者に相対的で、それゆえ存在論的に主観的だとしても、私がそうした必要性を持つことは、私に関する認識論的に客観的な事実である。つまり、私にその必要性があることは、たんなる意見などといったものではなく、れっきとした客観的な医学的事実なのである。

12．欲求に依存しない動機づけ要因は、動機づけ要因としての記述のもとで、つねに世界から動機づけ要因への、上向きの適合を持つ。ゆえに、それらがその記述のもとで認識されるとき、すなわち動機づけ要因として認識されるとき、それらは最初から、行為への理由として認識される。行為者は、まず義務を認識し、次いで、自分に行為への理由があることを見出さねばならないのではない。なぜならば、あるものを義務として認識することは、すでに、それをこれまで説明した意味における動機づけ要因として認識することにほかならないからである。

13．意思決定における合理性には、少なくともつぎの三つの構成要素がある。第一は、外在的なものも内在的なものも含めて、さまざまな動機づけ要因を認識し、それらのあいだの相対的な重みを値踏みすることである。来週の水曜日の夜、私はあなたのパーティーに行くと約束したとしよう。このとき私には、たしかにあなたのパーティーに行く義務がある。この義務は、欲求に依存しない理由であって、あなたのパーティーに行くことへの私の欲求とは関係がない。ところがここで、あなたのパーティーに行くことは私の利益にたいへん反するとしよう。というのも、もしそうしたら、私はある商取引を失い、その結果全財産をなくしてしまうのである。この利益は、先のものと反する別の外在的な動機づけ要因であり、その力もやはり考慮されねばならない。道徳哲学者はよく、カントがそうであったように、いまの事例のような責務と利己的な利益の対立では、責務がつねに優先されるべきだと言うものである。だが私には、そうした主張は笑止千万なものに思われる。あなたのパーティーに行く義務といった些末な義務と、その義務と対立するたいへん重要な利益とがあるような事例は、いくらでもあるだろう。それらにおいて、欲求に依存しない動機づけ要因がつねに優先されるべきだとする理由は全くない。

第二に、その事案に関連がありながら、動機づけをするのではない事実が、正しく認識され値踏みされねばならない。私はたとえば、どうすれば自分の負うさまざまな義務をすべて実行できるか、そもそも、引き受けた義務をすべて果たすことは物理的に可能か、知りうる必要がある。動機づけをするのではない事実は、大雑把に言うと二つの種類に分かれる。それは、第二章で説明した意味で、「手段」の関係に関わるものと、「仕方」の関係に関わるものである。わかりやすく言えば、どうすれば動機づけ要因を充足できるかについての事実と、何が動機づけ要因の充足を構成するかについての事実である。両者をそれぞれ、効力要因および構成要因と呼ぶことにしよう。そしてこんどは再び、効力要因と構成要因の中に、内在的なものと外在的なものを区別する必要がある。簡単な例を挙げれば、この区別はよくわかるだろう。私はあなたに、いくらかお金の借りがあるとしよう（外在的な動機づけ要因)。私はそのことを知っているとしよう(内在的な動機づけ要因)。私はあなたの家まで車で出かけ、現金を渡すことによって、この借金を返せるとしよう(外在的な効力要因と構成要因)。私はこのことすべてを知っているとしよう(内在的な効力要因と構成要因)。このことすべてを知っていれば、私はあなたの家まで車で出かけ、あなたにお金を渡すことに決められるだろう(実践理性)。

内在的な効力要因と構成要因は、つねに信念である。それらは、ものごとをどのように因果的に行うかについての信念(効力要因)や、ある行いが別の行いをどのように構成するかについての信念(構成要因)である。信念である以上、内在的な効力要因と構成要因は、ものごとが実在世界でどうあるかに応えるべきものである。つまり、それらは下向きの適合を持つ。したがって、行為への妥当な理由となるには、それらは世界の実在の事実に対応せねばならない。引き金を引いて銃を発射できるという事実は、外在的な効力要因である。ゆえに、私に銃を撃つ理由があるならば、私には引き金を引く理由がある。だが、その外在的な効力要因が推論において効力を持つのは、それに対応する内在的な効力要因、すなわち引き金を引いて銃を発射できるという信念のある場合にかぎられる。

動機づけ要因の存在と、その事案に関わる諸事実の認識という、二つの特徴が組み合わされることから、人々は、およそあらゆる推論は何らかの仕方で手段と目的に関わるとか、信念と欲求に関わるといった思い違いに陥ってしまう。すなわち、動機づけ要因が(欲求される)目的を与え、動機づけをするのではない事実が(信じられる)手段を与えるというわけである。しかし、ものごとをこのように見ると、動機づけ要因には内在的なものと外在的なものの区別があることがおろそかにされ、さらにそれに応じて、行為への理由には欲求に依存するものと欲求に依存しないものの区別があることもおろそかにされる。われわれには、行為への理由で欲求に依存しないものを創り出し、認識し、それをふまえて行為する能力がある。実践理性に関して、人間とチンパンジーを隔てる最大の溝はまさにそこにある。欲求に依存しない理由が、行為者を合理的に動機づけることはいかにして可能なのか。これは、西洋哲学史上つねに、合理性にまつわる最大の謎であった。というのも、仮に、何らかの意味で、あらゆる行為はそれを遂行することへの欲求の現れだとしよう。そうだとしたら、行為者がふまえて行為する理由が、それ自体欲求ではなく、しかも他の欲求に根拠づけられるのでもないとき、欲求はいったいどこからやってくるのであろうか。欲求に依存しない理由は、いったいいかにして、欲求の根拠を合理的に与えることができるのだろうか。これらの問いに対して、古典モデルの側から出される標準的な答えは、行為者は、欲求に依存しない理由をふまえて行為することへの、優先的なあるいは高階の欲求を持っているはずだというものである。だから行為者は、真理を語ったり約束を守ったり、義務を実行したりすることへの、何らかの一般的な欲求を持っているはずなのである。しかしこれは、この問題への誤った見方であるに違いない。なぜならば、その見方からは、行為者がそれら高階の欲求を持たない場合、彼は真理を語ることにも、義務を実行することにも約束を守ることにも、全く理由を持たないことが含意されるからである。そうではなく、行為者があるものを言明として、約束として、あるいは他の形式の義務として認識したならば、そのたんなる事実がすでに、動機への根拠となる。われわれは、これがいかにしてか、そのようなことがいかにして可能かを示さねばならない。これに対する簡単な答えは、つぎのとおりである。それらはみな、上向きの適合を持つ。そして、ある種の事象的存在を、上向きの適合を持ち、しかも当の行為者をその命題内容の主体として持つものとして認識することは、すでに、その命題内容をふまえた行為への理由を認識することなのである。この点は、第六章でさらに検討することにしたい。

ひとたび理由の総体が取りまとめられたなら、動機づけ要因と、動機づけをするのではない事実のひとそろいを値踏みして、意思決定に到達しなければならない。これが、合理的な意思決定の第三の要素である。意思決定理論はこれに関して、実に表面的な論述しか行っていないように思われる。というのも意思決定理論は、きちんと順序づけられた選好表があらかじめ手に入っており、やるべきことと言えば、選好の頂点にのぼりつめるにはどうすればよいかについて、蓋然性の推計を行うことだけだという前提に立っているからである。しかし、選好表を設定することにこそ、真の困難はある。合理的な熟慮における困難の多くは、本当に求めているものは何か、本当にやりたいことは何か、決めるところに存在するのである。熟慮に先立って、求めるものごとのひとそろいがきちんと順序づけられているなどと想定することはできない。しかも、すべての動機づけ要因が同じレベルにあるわけでもないのである。(4)

古典モデルは、目的のひとそろいが熟慮に先立って与えられていることを前提とする。目的とはすべて、広い意味で、行為者の欲求するものである。すると熟慮とは、目的に合わせて手段を選ぶこと、欲求を充足する仕方を選ぶことである。多くの説で、欲求の集合は整合的であると前提されている。私がそれに対抗して提案する説から見ると、これらのことはどれもこれも、どうしようもなく間違っている。実践理性の本当に困難な点は、そもそも目的が何かを見出すことにある。目的のいくつかは、欲求である。だが、他のいくつかは、行為への理由で欲求に依存しないものでありながら、合理的な強制力を持つものである。後者の場合、理由が欲求の根拠となるのであって、欲求が理由の根拠となるのではない。すなわち、さもなければしたくないようなことに関して、それをする理由のあることに気づいたとき、それをすべきだということはわかるし、それどころか、それをしたいと思うべきこともわかる。そして、つねにではないにせよときには、その認識を通じて、それをしたいと思うようになるのである。

　さらに、自分の持つ動機づけ要因がわかったとしても、すなわち、欲求に依存するものも欲求に依存しないものも含めて、行為への理由がわかったとしても、その集合が整合的であることはめったにない。自分のしたいことすべてを行うこともできなければ、すべきことすべてを行うこともできない。そこで、動機づけ要因の相対的な強さを値踏みするための、何らかの方法が必要になる。しかし、仮にこの問題に対して合理的に納得のゆく解決が得られたとしても、目的と手段の区別を明確につけることはやはりできない。なぜならば、目的が手段から編み出されたり、手段が他の目的と干渉したりすることがあるからである。最も単純なたぐいの例を挙げると、あなたの目的のひとつがお金を貯めることだったとして、あなたの持つ他の目的の多くにとっては、お金を使うことがその手段に含まれているとわかるかもしれない。

　私は今後も引き続き、これらの点すべてをいっそう明確にするべく努めよう。だがここでは、いくつかの例を挙げることに向かいたい。

4　実在世界における意思決定

私はいま、この本を書くための時間の配分を考えている。このような典型的な事例において、私は、その事例に関連する動機づけ要因で、相互に対立するさまざまなものを手にしている。この本を仕上げることは、私の義務である。しかし私は、それに先立って果たされるべき他の執筆の義務もかかえている。私はこの本の方が重要だと思うので、途方もなく早い日付までに原稿を書き上げると約束したのだった。この本を書く義務は、今月締め切りの論文を別に二本仕上げる義務と対立する。他方、この原稿をどうしたらよいかについて、私はおよそ明確な考えを持ち合わせていないのに対して、他の執筆の義務には、もっと容易に終わらせられそうなものもある。この本と論文では、この本の方が報酬は高そうだ。さらに、私が教育上や家族に対して引き受けたことにも、確実に果たされねばならないものがある。大学のコースで講義をすることや、夕食どきまでに家に戻ることなどである。哲学をすることは満足のゆくことだが、満足のゆくことはほかにもたくさんあり、私はそれらすべてを行うことはできない。

実生活の中で、実践理性とは上のようなものである。ここでは、責務と欲求を、そして目的と手段を、明確に区別することができない点に注意すべきである。概して、私にこれらの責務があるのは、私自身がそれを欲し、それが私に義務づけるものごとを私がやりたいと思ったからにほかならない。つまり私の欲求が、それらの責務を創り出したのである。ではこの本を書くことは、目的であろうか手段であろうか。その両方だというのが正解であろう。しかも、異なるさまざまな仕方で、目的だとも手段だとも言えるだろう。しかし、それでは何が、私の行為の格率なのであろうか。そして私は、その格率を普遍法則として意志しうるかどうか、確かめるべきではないだろうか。だがまたしても、私に形成しうる格率には、異なるさまざまなものがある。そのいくつかは普遍化可能だが、他のものはそうでなく、しかもこのことはさほど重要とも思えない。そうした実生活の場面で、合理的な行為者であろうとしたとき、私はまず、きちんと順序づけられた選好表を手にしていなければならず、次いで、どの一連の行為をとれば期待効用が最大化されるか、蓋然性の推計を行わねばならないという考えは、およそもっともらしさに欠けると言えよう。

ここには一見、志向性の混沌とした状態があるばかりのように思われるだろう。しかし実は、そこにはある秩序があり、そして実践理性の目標は、その秩序を鋭利にするとともに拡大することである。最初の深刻な難問は、つぎのものである。ビタミンをある特定のレベル保有しているとか、ある特定の語を発話したといった事実は、世界の中の事実である。それらはいかにして、合理的な強制力のある動機づけ要因を構成しうるのだろうか。これは、そうした事実のいくつかは、ある記述のもとで、すでに動機づけ要因なのである。あの発話は約束だったから、義務を引き受けたことになるとか、そのレベルではビタミンが不足だから、必要性があるといったぐあいである。自らの不足や必要性を、その記述のもとで認識し、したがってそれらを動機づけ要因として認識することは、認識的合理性が要求しうることである。しかし、それはどのようにしてであろうか。義務を果たす欲求とか、健康上の必要性を充足する欲求といった、先行する別の欲求は必要ないのだろうか。私は先に、ある一定の外在的な事実を外在的な動機づけ要因として認識し、したがってそれらを内在的な動機づけ要因として表象することは、認識的合理性の原理が要求しうることだと述べた。だが、認識的合理性の原理については、もっと多くを語らねばなるまい。私は無限後退は生じないと述べたが、なぜそう言えるのだろうか。動機づけ要因のための動機づけ要因は、必要ないのだろうか。ここから別種の無限後退に陥ることはないのだろうか。

私が推論に従事する際に用いることができるのは、私の心に内在的なものだけである。この自明の真理は、つぎの主張と不整合をきたすものではない。すなわち、世界の客観的な事実を認識することは、合理的な要求でありうるとともに、内在的な動機づけ要因に外在的な合理的根拠を与えうるのである。

5　理由の総体を組み立てる——古典モデルのテスト事例

では、理由の総体が上に述べた三種類の構成要素を含まねばならないことは前提するとして、われわれは正確に言うとどのようにして、理由の総体を組み立て、値踏みし、それをふまえて行為するのであろうか。私はここで、実生活における事例をひとつ考察したい。なぜならば、それは私の提案している見解が、古典モデルとどう違うかを明らかにしてくれるからである。私がこれから示す事例は、不合理性の一例だと思う。だが、古典モデルではその不合理さを記述できないのである。

私がデンマークで講義をしたとき、学生の中に、煙草を非常にたくさん吸う者がいた。私は彼女に、喫煙はきわめて健康に悪いと指摘した。はいそのとおりです、と彼女は言う。そこで私は問うた。「それならばなぜ、喫煙を続けるのだね」。彼女が言うには、自分の健康などどうでもよく、吸わなかった場合よりもはるかに早く死ぬことになっても全くかまわないから、いまは煙草を吸いたい。それをすれば六〇歳で死ぬという帰結を招くとわかっていることを、現時点ではどうしてもやりたいのである。私は彼女に、六〇歳になったときには、六〇歳で死んでもよいと思うことなどなく、いま喫煙したことを悔いるだろうと指摘した。彼女はそのとおりだと言い、こう続けた。六〇歳になったら、六〇歳で死んでもよいとは思わず、二〇歳のときに煙草を吸ったことを後悔するだろう。しかしそれでも、意思決定を迫られている二〇歳の現時点では、六〇歳で死んでも全くかまわないと思っている。そして現時点こそが、吸うか吸わないかの意思決定を行わねばならないときなのである。

この事例のおもしろいところは、私が指摘した事実のすべてに彼女が同意したことである。煙草を吸えば彼女は六〇歳までに死ぬであろうこと、その歳が近づくにつれて、彼女はかつて喫煙したことを悔いるであろうし、煙草のせいで死ぬのは嫌だと思うであろうこと、これらを彼女は認めた。しかしそれでも、いまこの時点で喫煙するかしないかの意思決定を、いまこの時点で行わねばならない状況において、彼女にとって合理的なことは煙草を吸うことであった。なぜならば、いまこの時点で、吸いたかったからである。つまり彼女は、ここにいかなる形の不合理性も認めようとしない。それどころか、自分の行動は完全に合理的であって、いまなすべき合理的なことは煙草を吸うことだと言い張ったのである。

古典モデルによれば、彼女の行為はたしかに完全に合理的だったことになる。彼女の信念と欲求は、その信念のもとで、喫煙によってその欲求が最大の充足を得るようなものであった。彼女が後にある欲求を持ち、それが充足されないだろうということは正しい。だが、彼女が現時点で従事する合理的な意思決定に、それらの欲求が関与することはありえない。なぜならば、後に持つそれらの欲求は、現時点では存在すらしないからである。しかも、それら将来の欲求に関する二階の欲求が、現在あるわけでもない。彼女にとって、それらは何の関心もない事柄であり、「私は将来かくかくのことを欲求するであろうから、それをいま欲求するように欲求しよう」などと考えることはない。予想される将来の欲求は、彼女に何の役割も果たさないのである。

ウィリアムズの示した形態の古典モデルでは、彼女の事例は完全に合理的なものであったと言わねばならなくなる。彼女は内在的な理由のみをふまえて行為し、内在的な理由には、いまから四〇年後の将来についてのいかなる配慮も含まれていないからである。喫煙をやめるよう促すために私に言えることは、外在的な理由に訴えるものばかりである。そして外在的な理由は、現在の動機集合の中にあるものではないから、ウィリアムズのモデルに従うかぎり、彼女の合理性に口を差し挟むことはできない。ウィリアムズの用語を用いると、彼女の現存の動機集合から喫煙の継続という活動へは、「健全な熟慮の道筋」があった。彼女の現存の動機集合から禁煙の方針へは、健全な熟慮の道筋はなかった。ゆえに古典モデルでは、これは完全に合理性な事例となるのである。

私の考えでは、この事例は古典モデルの限界を実にはっきりと示すものである。なぜならば、この事例でいま行われるべき意思決定に関して、それが合理的な意思決定であるために要求されるものは、欲求に依存しない理由をふまえた行為だからである。では正確に言うと、彼女の行動はなぜ不合理だったのであろうか。これは何も難しいことではないだろう。不合理性は、いま意思決定を行う自我が、六〇歳までに死ぬことになる自我と同一だという事実に由来する。彼女が現時点で、自分の将来の欲求について何も欲求を持っておらず、そもそも自分の将来について何の欲求も持っていないからといって、それで話がすむわけではない。合理的に言うと、彼女は自分の将来について欲求を持つべきなのであり、問題はそこにある。というのも、彼女の現在の行動は、ひとつの同じ自我を満足させるとともに破滅させるようなものだからである。誤解のないよう言っておくと、私は「ご褒美をあとにとっておく」ことがつねに合理的な選択だと主張しているのではない。ある種の事柄については、いますぐに満足を得ることが、命を危険にさらしてでも成し遂げるに値する。そのような事柄が存在することは明らかであろう。その場合人は、将来の希望を失う危険よりも現在の満足の方に重きを置くような仕方で、理由の総体を組み立てればよいだろう。しかし先の事例は、そのような場合とは異なる。先の事例において、いま喫煙することの望ましさと、あとで死ぬことの望ましくなさは、秤にかけられてすらいなかった。古典モデルでは、あとで死ぬことの望ましくなさが、動機集合の一部分として表象されていないため、全く勘定に入らない。この点が重要である。

6　行為への理由とは何か

行為への理由とは何か。これがわれわれのもともとの問いであったが、その問いはいまや姿を変えている。すでに見たように、行為への理由とは、理由の総体を構成する集合の要素となる事象的存在である。すると、分析の目標となるものは、理由の総体という概念である。理由の総体とは、何であろうか。

行為への理由の総体には、つぎの構成要素が必要である。第一に、ひとつ以上の合理的な動機づけ要因がなければならない。では、動機づけ要因を合理的たらしめるものは、何であろうか。形式的に述べると、合理的な動機づけ要因は、合理的な欲求であるか、または義務や確約、責務や要求、必要性といった、合理的で外在的な動機づけ要因であるか、そのどちらかでなければならないと言えるだろう。たとえば、昼食を食べたいという欲求やビタミンの必要性は、合理的な動機づけ要因である。他方、私が突然、このテーブルをひとかじりしたくなったとしても、その衝動は合理的な動機づけ要因ではない。動機づけ要因が合理的な意思決定においてはたらくには、それはそのようなものとして行為者に認識されねばならない。

第二に、手を上げるといった基礎行為の遂行によって動機づけ要因が充足される場合のような、きわめて単純な事例は別として、理由の総体は、効力要因と構成要因のひとそろいを含む必要がある。それらの事象的存在は、動機づけ要因とある関係に立たねばならず、そしてそれによって、動機づけ要因の充足を効力ある仕方でもたらすか（これが効力要因）、あるいは動機づけ要因の充足を構成するか（これが構成要因）、このいずれかである。すると合理的な熟慮は、動機づけ要因を、その妥当性とそれら相互の対立に関して値踏みすることと、効力要因と構成要因を、動機づけ要因の最大の充足をもたらすように、しかもその際に効力要因や構成要因の充足に伴う他の動機づけ要因の犠牲が最小限ですむように値踏みすること、これら二つに存する。これを簡単な言葉で述べると、つぎのようになる。すなわち、何をするかについて合理的に考えるには、まず、本当にすべきことは何かを見出し、次いで、他のさまざまなやりたいことやなすべきことを犠牲にせずに、それをするにはどうするのが最もよいかを見出さねばならないのである。

以上の議論の観点から、第1節のもともとの問いに戻ると、それをつぎのように述べ直すことができる。

合理的な行為者Xが、個別の言明s_1、s_2、s_3……からなる言明の集合Sを、自分自身にとって、タイプAの行為を遂行することへの妥当な理由の総体を述べるものと認めるのが正しいのは、つぎのとき、そしてそのときにかぎられる。

1. Sの構成要素s_1、s_2などは、いずれも真であり、Xによって真とみなされている。
2. Sには、少なくともひとつ、合理的な動機づけ要因の言明が含まれ、その合理的な動機づけ要因は、そのようなものとしてXに認識されている。すでに見たように、合理的な動機づけ要因には外在的なものと内在的なものがあり、それにはたとえば欲求も含まれれば義務も含まれる。しかし、義務が内在的にはたらくには、それはそのようなものとして行為者に認識されねばならない。
3. XはSを、行為Aの遂行の因果的十分条件を述べるものとはみなさない。これが飛躍の入り込む地点である。Xが合理的な意思決定に従事するには、彼はそこに本当の選択の余地があると前提せねばならない。
4. Xは、Sに含まれる言明のいくつかを、動機づけ要因への効力要因または構成要因（あるいは両方）を述べるものとみなす。

5．競合する動機づけ要因の関係の合理的な値踏みや、効力要因や構成要因のもたらすさまざまな要求によって、すべてを考慮に入れたとき、Sのもとで、Aを合理的な意思決定として選択することが十分に正当化される。

現時点で、この特徴づけは純粋に形式的なものである。動機づけ要因を合理的たらしめるものは何か、行為者がある外在的な事実を動機づけ要因として認識すべきことを、認識的合理性が要求しうるのはいかにしてか、さまざまな動機づけ要因、構成要因、効力要因を値踏みして、合理的な意思決定へと至るための手続きとは何か、これらについてわれわれはまだ何も述べていない。続く諸章で、これらの問いのいくつかを取り上げるが、ここでひとつ、注意事項を述べておこう。合理性の理論はそれ自体、合理的な意思決定のアルゴリズムを与えるものではない。合理性の理論が合理的な意思決定のアルゴリズムを与えるのでないことは、真理の理論が真なる命題を探し出すアルゴリズムを与えるのでないことと同じである。真理の理論は、命題が真であると言うことはいかなる意味かを教えてくれる。同様に、合理性の理論は、行為が合理的であると言うことはいかなる意味かを教えてくれるのである。

第五章　実践理性に固有の諸特徴——論理的要求としての強い利他性

1　行為への理由

合理性の探究に際しては、論理的な性質の抽象的な集合としての合理性に焦点を当てるのではなく、現実の自我が従事する活動としての推論に注意を向けるべきである。そのように私は主張してきた。そうしたならば、われわれはあらゆる推論の活動の中に、志向的現象のあれこれと、それらを取りまとめて最終産物となる別の志向的状態を創り出そうとする自我とを見出すであろう。理論理性の場合、その最終産物は信念や、命題の受容である。実践理性では、それは事前の意図や行為内意図である。行為は、志向内容を持つ。これは第二章で与えた、行為の志向性の分析から帰結することである。それゆえ、行為が推論過程の結果でありうることには、何も不思議な点はない。つまり、理論理性が信念や命題の受容に至るのとちょうど同じように、実践理性は行為への事前の意図や、(行為内意図の志向内容をその志向内容とする）実際の行為に至るのである。つねにではないが、しばしば、これらに先立って二次的な欲求が形成されることがある。たとえば、私は外に目をやり、雨が降るだろうとの結論に達する。濡れずにいたいという根本的な欲求と、他の諸信念から、私は傘を持って行く二次的な欲求と、傘を持って行く事前の意図を形成し、傘を持って家を出る。行為自体を含む最後の三段階は、それぞれ、それに先立つ諸段階に動機づけられた志向内容を持っている。アリストテレスの主張した、行為は「実践的三段論法」の結論でありうるという一見奇抜な考えは、一笑に付されることもあるようだが、アリストテレスは正しかったのであり、それを笑う方が間違いである。

ある意味で、理論理性は実践理性の一特殊事例であることを私は強調してきた。つまり、どの信念を受容しどれを斥けるか決めることは、何をするか決めることの一特殊事例なのである。理論理性も実践理性も、行為者が端的に行為せねばならない地点で、ともに飛躍に逢着する。しかし行為への理由には、信念への理由とは異なる面も多数ある。信念への理由には確固とした証明の余地があるのに対して、行為への理由にそれと同じものはない。このことは、適合の向きの違いから生じる帰結である。私はこの節で、行為への理由に固有な特徴のいくつかを探り、それが実践理性にもたらす帰結を考えることにしたい。行為への理由は、どう特別なのだろうか。何かを行うことへの理由と、何かを信じたり受け入れたりすることへの理由は、どう違うのだろうか。われわれはいずれの場合にも、上向きおよび下向きの適合を持つ志向内容をひとそろい、手にしている。下向きの適合を持つものは、真となるべきものだから、世界の中の事態に応えるべきものである。では、上向きの適合を持つものには、どのようなものがあり、それらは何に応えるべきなのであろうか。理論理性の場合、これには比較的容易に答えられる。信念を持つことは、その真理性への確約を負うことである。ゆえに、私が自らの信念に基づいて理論理性に従事するとき、私は真理への確約を負う。確約は世界から心へ、つまり上向きの適合を持ち、真理への確約は、真なる命題を受け入れることへの理由を与える。あるものが真だと言うことは、それを信じるべきことを含意するのである。これをさらに詳しく述べよう。いま、pと信じたものかどうか、私は知りたいとしよう。私は、pが真であることの確固とした証明を手にしているとしよう。すると、信念は真理への確約を含み、確約は上向きの適合を持つのだから、私はpと信じる（それを受け入れる、認識する、認める）べきである。

実践理性も理論理性も、ともに合理性の制約に服する。しかし、行為への理由にはいくつか、さらに固有の特徴がある。第一に、行為への理由にはある種の一人称的な身分があり、これは信念への理由にはみられない。信念への理由はふつう、信じられる命題の真理性の証拠や証明といった形式をとり、真理とは非人称的なものである。真理は、誰にとっても、信じる理由となるのである。しかし行為の場合、行為への理由は信念への理由と違って、たとえ誰にとっても理由となるような理由であっても、やはりある仕方で、何らかの内的で一人称的なものに訴える必要がある。真理がひとたび打ち立てられたなら、それを信じるべきかどうかという問題はもはや生じない。なぜならば、pが真だという信念を持つことは、すでに、pという信念を持つことだからである。しかし、信念と意図では適合の向きが異なるため、行為への理由には、真理に類比的なものは存在しない。理論理性において、正しい理由は真なる信念をもたらす。では実践理性において、正しい理由はいかなる意図をもたらすのだろうか。信念に対する真理にあたるものが、意図に対してはxであるというようなxは、存在しないのである。むろん誰しも、自己保存や繁栄、自律、その他多くの望ましい目標を追求する理由を持っている。しかし、これらのどれひとつとして、真理が信念に対して持つのと同じ関係を、行為に対して持つものではない。なぜならば、それらいずれの場合にも、その目標は別個の目標として、行為者の志向内容によって表象されねばならないからである。信念の場合、真理という目標は信念に組み込み済みである。他方、行為、事前の意図、行為内意図への理由には、そのような組み込み済みの目標はない。

第二に、行為への理由は時間と特別な関係にあり、その点でも信念への理由と異なる。行為への理由はつねに、前方を向いている。行為者が過去になぜ、実際に行為したように行為したかの理由を与える場合ですら、このことに変わりはない。行為への理由でいま存在するものはみな、ある行為を自我がいまあるいは後に、遂行することへの理由である。そして、行為への理由でかつて存在したものは、過去の時点で、その行為を自我がそのときあるいは後に、遂行することへの理由だったものである。

これら二点に関連して、第三の点がある。行為への理由は、行為を動機づけることができる必要がある。ある過去の行為がなぜ遂行されたか、その理由が与えられたとき、その理由は行為の遂行において因果的にはたらいたのでなければならない。なぜならばそれは、行為者がそれをふまえて行為した理由だったはずだからである。理由が将来の行為へのものであれば、それは行為者がそれをふまえて行為しうる理由でなければならない。だが、このように言うことは、理由には現実に、あるいは潜在的に、効力があると言うことにほかならない。というのも、すでに見たように、理由をふまえて行為するという概念は、当の理由を行為の遂行において効力あるものたらしめるという概念にほかならないからである。私は前の章で、理由の持つ動機づけとしての性格に注意を促すことによって、理由の総体はみな、少なくともひとつの動機づけ要因を含む必要があると論じたのであった。

どのような種類の事象的なものが、動機づけ要因となりうるのだろうか。この問いに古典モデルが与えた答えは、過酷なまでに簡潔である。すなわち、すべての動機づけ要因は欲求である。そしてここで「欲求」とは、行為者の目標や目的などを含むように広く解されたものである。理性は情念の奴隷であり、そうあるべきなのである。近年の著者たちは、動機づけとなる存在のリストに何が含まれるかに関していささか曖昧な態度を示し、「賛成的態度」（私の知るかぎり、この用語を発明したのはパトリック・ノウェル＝スミスである）[1]や「主観的動機集合」（ウィリアムズ）[2]について広く語っている。しかし、その一般的な考えは十分に明らかである。欲求に類した、何らかの種類の内在的な心理的状態がなければ、推論の過程は決して行為を生み出すことができない。ケーラーのチンパンジーがそのモデルで、欲求がなければ、何も始められないであろう。

古典モデルの論者たちは、このモデルにどうしてかくも自信があるのだろうか。たしかに、それはたいへん魅力的な単純さを示しており、おかげでその諸特徴を意思決定理論でうまく形式化することができる。だがこれに加えて、それを支持する強力な哲学的理由も存在する。第一に、実生活の多くの事例が、このモデルの描くとおりである。最も単純な事例では、理由はたんにある種の欲求である。「なぜあなたは水を飲んでいるのか」。喉が渇いているからだ。別の種類の事例では、行為者は、ある事実が自らの欲求の充足をもたらすと信じている。「なぜあなたは水を飲んでいるのか」。そうすれば頭痛が治るからだ。これをきちんと述べると、こうなる。私は頭痛を治したい。私は、水を飲めば頭痛が治ると信じている。ゆえに、私は水を飲みたい。このような事例では、水を飲む欲求自体は動機づけられた欲求であり、それは別の欲求と、その欲求をいかにすれば充足できるかについての信念によって、動機づけられるのである。

古典モデルの論証とされるもうひとつのものは、実際の熟慮の構造において、結論となるものは二次的な欲求、事前の意図や行為内意図といった、欲求に類した志向的状態でなければならないという点にある。そのような状態は、それよりも前の欲求からでないとしたら、いったいどこから合理的に生じうるであろうか。出発点となる欲求ないし賛成的態度なしに、熟慮が欲求ないし欲求に類した志向的状態に合理的にたどりつくことなど、決してありえないだろう。

欲求だけが動機づけとなりうるという古典モデルの主張に対しては、明白な反対理由がある。すなわち、義務など、欲求ではない行為への理由で、動機づけとして効力あるものがいくつも存在することである。「なぜあなたは水を飲んでいるのか」。私には、そうする義務があるからだ。私は妻にそう約束したのだ。

古典モデルの論者は、これらの事例すべてに同じ答えを返してくる。すなわち、たとえば義務は、その義務を果たそうという欲求があるからこそ、行為への理由となる。この点がまさに、私と古典モデルの中心的な論争点のひとつである。私の見解では、義務の方が効力ある欲求（つまり、行為者がそれをふまえて行為する欲求）への理由となる、少なくともなりうるのであって、先立つ欲求が理由としてはたらいて義務に効力をもたらすのではない。この点には、つぎの章で立ち戻ることにしよう。

行為への理由が示す第四の特徴は、理由が自由な行為の遂行への理由とみなされるならば、行為者がそれを因果的に十分なものとみなすことはありえないという点である。自分はたしかに強制されていると考える者は、自らを理由をふまえて自由に行為する者と考えることはできない。人間の行為の場合、飛躍の存在により、理由は行為への因果的十分条件を与えることなしに、よい理由や適切な理由たりうるのである。また、行為者の視点から見てさらに重要なこととして、理由が因果的に十分なものとみられることは、あってはならない。以前の諸章で述べたように、意思決定において合理性の概念を適用しうるには、選択の自由が前提となる。実際、選択の自由は合理的な行為者にとって、合理性が適用可能であるために必要かつ十分である。選択の自由は、行為が合理的な評価を受けうることを含意し、合理的な評価を受けうることは、選択の自由を含意するのである。しかし、この主張には反例がいくらでもあると思われるかもしれない。「薬物中毒者が、薬物に抗することはできないが、しかし自らの渇望を満たすにあたり、不合理な手段ではなく合理的な手段を選ぶ点で合理性を発揮しうるとしたら、どうなのだ」。だが、この事例すら、私の一般的な論点をむしろ支持するものである。というのもここでは、この薬物中毒者は自らの抗しがたい欲求を充足するにあたって、その手段を選択できることが暗黙の前提となっている。つまり、たとえ自らの中毒を満たすという企図の全体は、選択の自由がなくそれゆえ合理性の埒外に置かれるとしても、われわれは、この行為者を合理的に行為する者とみなす程度に応じて、彼を自由な選択を行う者とみなしているのである。飛躍は、何を信じるべきかの推論にも、何を行うべきかの推論にもみられる特徴である。しかし、私がその記述を試みてきたように、何を行うべきかの推論において、飛躍は特別な役割を演じるのである。

では、まとめよう。合理性（と正当化）、そして飛躍、これら二つの一般的な制約は、信念への理由にも行うことへの理由にも当てはまる。この二つに加えて、行為への理由には少なくともさらに三つの固有の特徴がある。すなわち、ある特別な意味で一人称的であること、本質的に将来へ向けられていること、さらに、行為を動機づけることができねばならないという意味で、本質的に動機づけとなるものであることの三点である。少々荘重な言葉遣いを用いて、これら五つの諸条件をそれぞれ、合理性、自由、主観性、時間性、因果と呼ぶことにしよう。

これらすべてはなぜ、現にあるような仕方で互いに関連しているのだろうか。そのつながりは、なぜ生じたのであろうか。あるレベルでは、これはさほど難しい問いではないだろう。合理性は、生物学的な現象である。行為における合理性とは、意識ある自我を有するに十分なだけの大きさと複雑さを備えた脳を持つ有機体が、その志向内容を調整することにより、無作為な行動や本能、傾向性や衝動的行為によってもたらされるよりも優れた行為をなすことを可能にするような特徴である。合理的な行動を通じて生物学的な有利さを得るには、動物は自らの意識的な動機を持ち（主観性）、そのいくつかは前方を向いており（時間性）、それらは身体運動の形をとる現実の行動を動機づけることができ（因果）、そしてその動機づけは、飛躍の中ではたらく自由という前提のもとでなされる（自由）のでなければならない。「実践理性」とは、この調整能力の名である。実際、これらの諸特徴は論理的に独立したものではない。最初の二つの特徴、主観性と時間性は、第三の特徴である動機づけられた因果性から帰結する。動機は、現在または将来（時間性）行為することへの、誰かある人の動機（主観性）でなければならないのである。

合理性と、自由の飛躍とは、つぎのように結びついている。合理性が適用されるのは、選択の自由のあるところにかぎられる。なぜならば、合理性は何らかの違いを生み出しえねばならないからである。私の行為が、もし本当に、信念と欲求に完全に引き起こされており、私には全くどうにもならないのだとしたら、私には選択の余地がなく、合理性は私の行動に何の違いも生み出しえないことになる。もし私が因果的十分条件の掌中にあるのなら、熟慮のはたらく余地はなく、私の行為は合理的評価の範囲外にあることになる。さらに、正当化の要求が意味をなすのも、選択肢となる可能性が行為者に開かれている場合にかぎられる。

2　合理的な動物を組み立てる

実践理性の固有な役割と性格を明らかにするため、私はつぎの思考実験を行ってみたい。あなたは、「合理的な動物」であるようなロボットを設計し、造るところだと想像してほしい。この思考実験の眼目は、人間存在のある重要な諸特徴のあいだにみられる、論理的な関係を明らかにすることである。われわれがいかなる存在であるにせよ、少なくとも比喩的な意味において、われわれはある種の工学的な生産物である。尤も私は、それが創造説の言う神の工学だったと信じているのではない。われわれの知るかぎり、それは進化過程による非意図的で比喩的な、「あたかも」工学的なものだったのである。ともあれ、われわれは何らかの仕方で、ある種の設計上の必要性に導かれた諸過程によって生み出されたものである。たとえ「あたかも」工学的なものというだけであれ、われわれは工学的な生産物なのだとすると、どうすれば合理的な存在者を設計することができるかという問いを問うことには、つぎの意味がある。すなわち、設計上どれだけのものを入れてやれば、入れてやったものの結果としてどれだけのものが出てくるか、わかるようになるのである。設計上、実際に必要となる特徴は何であり、ただでついてくるものは何であろうか。(ちなみに、哲学史上の問いの多くが、この問いに包含される。)合理性は独立した能力やモジュールではなく、他の認知的、意欲的な能力に内在する特徴である。したがって、合理性の能力を持つ「機械」を得るには、人間の心的能力のすべてではないにせよ、その大半を入れてやらねばならないことがわかるであろう。

ロボットに入れてやらねばならない最初の特徴は、意識である。人間の脳には、内的かつ質的で統合された、主観的な感性と直観の状態を引き起こし、それを維持する力がある。あなたはロボットに、これと同じだけの力を持つ脳を造ってやらねばならない。意識なしに、合理性のゲームに参加することはおよそ不可能である。だが、受動的な知覚的意識ではまだ足りない。自主的な、行為者性をもたらす意識が必要である。つまりあなたは、行為を意識的に開始することのできる存在者を造らねばならないのである。しかしそのためには、ロボットは意図に加えて欲求をも持たねばなるまい。なぜならば、ものごとを行おうとするには、まずそれを行いたいと思うことができねばならないからである。すると、必要最小限、われわれは知覚と行為、欲求の能力を持つ機械を手にしなければならない。さらに、行為が合理的な行為であるためには、ロボットは熟慮に従事しうる必要がある。この要求がどれほど重大な事柄かは、一見しただけではわからないかもしれない。人間や動物の持つ志向性の道具立てを、相当な規模で用いるのでないかぎり、いったいどうすればロボットが熟慮に従事できるのか、私には見当がつかない。まず、記憶の形で情報を蓄積する能力が必要で、この記憶能力は信念の源となる。つぎに、下向きの適合を持つもの（信念、知覚など）と、上向きの適合を持つもの（欲求、性向など）を、意識的な思考の流れの中で調整する能力が必要である。つまり、知覚や記憶、欲求や意図などをたんに持つだけでは十分でなく、それらすべての道具立てを熟慮の思考の意識的な連鎖の中でまとめあげることも、ロボットにはできねばならない。かくかくのことが事実で、しかじかのことを欲するから、この行為はすべきだがあの行為はすべきでないといったことを、たとえ言葉を用いて考えるのではなくとも、ロボットは思考できねばならないのである。そして、これらの志向的な道具立てすべてを持つには、ロボットは、私が（第二章で）背景と呼んだ、自らの志向的状態を解釈し適用することを可能とする、前志向的な能力のひとそろいを持たねばなるまい。最後に、ロボットの思考の流れは、意思決定およびそれに続く行為へと至ることができるようになっていなければならない。

それゆえ、ロボットに意識を与えた後、われわれがそれに付け加えねばならないものには、重要なものがたくさんある。意識的な知覚現象、意識的な能動的現象（欲求）、意識的な意欲的現象（事前の意図と行為内意図）、これらのものがロボットには必要である。さらに、意思決定と行為に結実する意識的な熟慮の能力が、そのような熟慮の過程に関わるあらゆる道具立てとともども必要である。事情がこのように記述されたとき、飛躍の経験はすでにロボットに組み込まれている。また、これらすべての特徴を持つ以上、第三章で述べたことからして、私の言う意味での自我もすでに備わっている。私の意味における自我は、理由に基づいて自由な行為に従事することのできる意識ある志向的な存在者には、ただで手に入るのである。ここで直ちに、あるきわめて重要な問いが持ち上がる。ロボットがこれらすべてを備えたとき、それは、人間の十全な合理的な意思決定と同等のものを行うために必要な仕組みを、すでに手にしたことになるのだろうか。いや、そうはならない。これまでのところ、われわれは人間型ロボットを造るには至っておらず、人工チンパンジーとでも言うべきものを造っただけである。人間の意思決定の力を得るには、さらに入れてやらねばならない特徴がある。

意識的および無意識的な心的状態と過程、下向きの適合を持つもの（知覚、記憶、信念など）と上向きの適合を持つもの（欲求、性向、意図など）、意思決定に至る意識的な思考の流れの中でこのすべてを調整する能力、これらがみな与えられたとしよう。すると、つぎにロボットに組み込むべき主要な要素は、もちろん言語である。ただし、合理的な行為者に必要とされるものが、言語のいかなる特徴であるかを正確に述べることは重要である。動物は、空腹や渇きのような単純な志向的状態を持つが、これに言語は必要ない。さらに、単純な意思決定を行うためにも、それどころか、ケーラーのチンパンジーが従事していたような単純な道具的推論に従事するためにすら、言語は必要ない。しかし、十全な合理性には、言語の固有な特徴で、欠くことのできないものがある。人間の自然言語の持つすべての特徴が、合理性に不可欠なわけではない。たとえば色彩語や受動態、定冠詞は、合理的な思考過程に必要ではない。しかし、人間の十全な合理性は、ある重要な言語的装置を必要とする。ロボットはまず、言語を実在と関係づける言語行為の基本的な諸形式を持たねばならず、その関係づけには、言葉から世界への適合の向きと、世界から言葉への適合の向きの両方が含まれる。ロボットは必要最小限、ものごとが世界の中でどうであるかを表象する能力（主張型）、他の者たちを世界の中でいかに行為させようとしているかを表象する能力（命令型）、自らが世界の中でいかなる行為への確約を負うかを表象する能力（確約型）を持たねばならないのである。これに加えて、これらすべてを他の言語所有者に伝達する能力も必要である。言語は、考えるためのものであると同時に話すためのものでもあり、話すという点で必要となるのは、ロボットが他者と意思を疎通させることを可能にする公共の言語である。われわれはいわば、われわれ自身をひな形にしてこのロボットを造っているのだから、ここでは、われわれと意思を疎通させる能力を持つものを造ることにしよう。ロボットはさらに、時間的な関係を表象する何らかの装置をも必要とするだろう。将来への計画を立てることは実践理性の特徴であるが、これができるためには、将来を表象し、将来が現在や過去とどう関係するかを表象できねばならない。ほかにも必要なものはあるだろうか。論理的な関係を表現する方法も必要であろう。それは、われわれの持つ論理的な語彙の目録とちょうど同じでなくてもかまわない。だが、何らかの仕方で否定、連言、含意、選言を表示できる必要はあるだろう。これだけではない。適合の向きや論理的な整合性を達成できたか、その成功と失敗を値踏みするためのメタ言語的な用語のひとそろいも、最小限でよいから要るだろう。つまり、「真」や「偽」、「妥当」や「妥当でない」、「正確」や「不正確」、「適切」や「不適切」といったものを含む一定の用語である。さて、言語的なものをこれだけたくさん与えてやったのだから、名前もつけてやってよかろう。これからは、「ケモノ」と呼ぶことにする。

こうしてわれわれは、心的な表象と言語的な表象の両方からなる表象の道具立てをみな組み立てたわけだが、その途上で、表象を具体的な状況に適用したり、他の出所から受け取った表象を解釈したりするために必要な道具立ても、ケモノに与えないわけにはいかなかっただろう。表象を適用し解釈するこれらの能力は、私が背景と呼んできたものを構成する。

この思考実験の意義はつぎの点にある。すなわち、これだけのものを持ったならば、ケモノはすでに、人間に固有な特徴である合理的な思考過程と合理的な行動に不可欠な道具立てを備えたことになる。ケモノの持つ合理性の形式は、第一章で論じた合理的なチンパンジーとは比べものにならない。とりわけ、言語行為を遂行する能力を備えたことにより、ケモノは行為への理由で欲求に依存しないものを持ちうるようになった。それどころか、行為への理由で欲求に依存しないものが、不可避的に要求されるようになった。なぜならば、およそいかなる言語行為も、何らかの種類の確約を伴うからである。言語行為というと、約束のように、話者が将来ある一連の行為を実行することへの確約を負う例がよく知られている。しかし、主張を行えば、話者は主張された命題が真であることへの確約を負うし、命令によって話者は、命令を受けた者がそれを行いうるという信念、その者にそれを行ってほしいという欲求、そして聞き手にそれを行う許可を与えることへの確約を負う。つまり、確約や義務は、約束に固有の要素だと思われているが、実はありとあらゆる言語行為に及ぶのである。例外として考えられるものは、「あっ」「しまった」「万歳」といった単純な表出語だけであろう。しかも、それらの場合でさえ、話者は何か特定の態度を持つことへの確約を負うであろう。

世界の中でものごとがどうであるかを記述する真なる言明をいくら集めても、ものごとがどうあるべきかについての言明は、そこから論理的には帰結しえない。このような考えが、われわれの知的伝統に根を下ろしている。だが、このテーゼを述べる用語自体がそのテーゼに対する論駁となることを考えると、この知的伝統はきわめて異様なものだと言わざるをえない。たとえば、あるものが真だと言うことはすでに、それを信じるべきだと言うことであり、他の事情が同じであれば、それを否定すべきでないと言うことである。また、妥当な推論という概念からは、つぎのことが導き出される。すなわち、ｐからｑを推論することが妥当であるならば、ｐを主張する者はｑを否定すべきでなく、ｐへの確約を負う者は自らがｑへの確約をも負うことを認識すべきである。

この思考実験の意義を、つぎのように言い表すこともできよう。意識と志向性の道具立てを備え、また、さまざまな種類の言語行為を遂行するとともにさまざまな論理的、時間的関係を表現するに足るだけの豊かな言語という道具立てを備えたならば、合理性に必要なものはすでに備わったことになる。合理性は別個のモジュールや能力ではなく、われわれの記述してきた道具立てに組み込み済みなのである。しかも、われわれの記述したものにはすでに、道具的な合理性や、目的と手段の合理性よりもはるかに豊かなものが組み込まれている。というのも、行為への理由で欲求に依存しないもの、つまり外在的なものを持つことが、可能なばかりか要求されるまでになっているからである。

われわれはケモノに、飛躍の経験を入れてやった。だが、これでわれわれは、本物の自由意志を与えてやったことになるのだろうか。それとも、自由意志の幻想を与えたにすぎないのだろうか。ここには少なくとも、二つの異なる可能性がある。そのひとつでは、ケモノの基底にあるメカニズムを完全に決定論的なものとすることにより、われわれは哀れなケモノを欺いたのである。すると、飛躍の経験があるから、ケモノは自由意志の幻想を抱くことになるが、その行動は実際には、完全に決定論的なメカニズムによってあらかじめ余すところなく決められている。他方、きわめて明瞭な可能性がもうひとつある。それによると、飛躍の中で意思決定を行う意識経験に対応して、ハードウェア装置にも非決定論的な要素があり、それは意識レベルでの意思決定によって時間の中で進展する。私は第九章で、現実の人間に関連して、これら双方の可能性を探ることにしよう。

3　ケモノの利己性と利他性

利己性と利他性の問題は、道徳哲学者のお気に入りである。これについてはどうだろうか。われわれのロボットは、この点に関してどうなっているのだろうか。ケモノにはまだ、利己性も利他性も明示的には組み込まれていない。われわれの知的文化では、利己性や自己利益は当然のものとされ、利他性や寛大さの方がことさらに説明を要するものとみなされている。これは一面では正しいが、他面では正しくない。ケモノは自らの欲求が満たされないことよりも充足されることを選好し、痛みの増大よりも軽減を選好するだろうと考えることは、むろん正しい。他の事情が同じであれば、そのように選好することは、欲求や痛みを持つということに含まれるもののひとつである。そして、自らの欲求などに配慮することは、利己性と見てよさそうに思われる。しかし別の意味では、利己性がこれで確保されたと考えるのは誤りである。なぜならば、欲求の充足ということ自体は、その欲求の内容についで何も語ってくれず、われわれはまだ、ケモノの欲求の内容に関して何も述べていないからである。ことによると、ケモノは利己的な欲求と同じくらい、利他的な欲求を自然なものとみなすかもしれない。われわれが述べたことだけでは、ケモノが自らの繁栄よりも他者の繁栄を選好する可能性を排除できないのである。

そこで、ケモノに新たな要素を加え、私がおおまかに「自己利益」と呼ぶものを追求するようにプログラムするとしよう。死滅よりは生存を、自分の利益にならぬものよりは自己利益を選好することを、ケモノに組み込もう。つまり、けがをしたり傷を負ったり、病気や貧困に苦しんだり、死んだりなどはしたくないものとするのである。われわれはすでに、ケモノが時間の概念を持つと取り決めたのであった。すると、さらに自我と自己利益を備えれば、ケモノは今後の生存と繁栄のために計画を立てることができるようになるだろう。すなわち、自我が利益を有するものであり、時間的に存続するものであり、合理性を行使する行為者であるならば、自我にとって、将来の自らの利益を確保するためにいま計画を立てることは、合理的なことである。将来の自らの利益を確保するために必要な事柄が、いま行いたいという欲求を現在全く持たないようなものだったとしても、このことに変わりはない。これで、行為への理由で欲求に依存しないもの、外在的なものとして、二つの形式が手に入ったことになる。大雑把に言うと、そのひとつは確約で、これは典型的には他者に対してなされるが、自らに対してなされることもありうる。そしてもうひとつは、いま述べた、分別による理由である。

われわれの啓蒙されたロボットは、合理的な自己利益をただで手に入れたのではない。だがそれは、意識と志向性および言語に必要な最小限のものに加えて、それほど多くの技術的投資を要するわけではないだろう。ケモノに必要性や利益があり、必要性や利益を認識する能力があり、自我があるとともにその自我が将来へと続くことへの自覚があるならば、将来の自らの利益に注意を払う仕方でいま行為することへの動機は、さほど大きな追加となることなしに与えてやれよう。

われわれはここで、つぎのきわめて重要な問いに直面する。ケモノには、他者の利益に配慮する合理的なよりどころがあるだろうか。われわれが組み込んだ自己利益は、われわれが無視してきた利他性と、どう関わるのだろうか。道徳哲学者は一般的に、利己性から利他性を築こうとする方向でこの問題に取り組む。私の理解するかぎり、それには少なくとも三つの方法がある。第一は、それをたんに工学的にやってしまうという考えである。つまり、先に利己性を入れたのと同じように、ケモノに利他性を入れてやればよい。これは社会生物学を解釈するひとつの方法であろう。その考えによると、われわれは遺伝的に、少なくともある種の利他性を示す性向を持っている。そして、群淘汰や血縁淘汰などによって、利他性の遺伝的な基盤は明かされうるはずである。利他性はたんなるひとつの自然的性向であり、それに多少とも効力があるとすれば、その効力は他のどんな内在的な理由とも同程度でありうる。ケモノはただ、他者の利益に注意を払う性向を持つというだけの話なのである。トマス・ネーゲルの提起した第二の考えは、これよりも興味深い(3)。彼は、分別による理由と利他的な理由には、形式的な類似性があることを示そうと試みた。それによると、他者の利益を考慮することは、将来の自らの利益を考慮するのとちょうど同じだけ、合理的なよりどころを持つのである。最後に、第三の試みはカントの伝統に即したもので、とりわけクリスティーン・コースガードによってなされてきた(4)。それは自律から利他性を導き出そうとする、つぎのような試みである。私は、自らの自律や自由のゆえ、自分の行為を意志せねばならないとしよう。そして、意志は一般性の制約に服し、それゆえ私は自らが意志するものごとのそれぞれを、普遍法則として意志しうることを合理的に要求されるとしよう。このとき、私は道徳の領域において、他の人々を自分と同等のものとして扱うことを合理的に要求されるであろう。なぜならば、私が意志する普遍法則は、私にも他者にも同等に当てはまるからである。

これら三つの取り組みは、どれもそれなりに正しい点もあるが、不満な点もある。ただたんに利他性への性向を感じるというだけでは、利他性に関する実践理性の基盤をなすにはあまりにも貧弱である。利他性への性向には、何ら格別の拘束力がない。人はそのような性向を感じないこともあるし、それと反対の性向、たとえばサディズムや残虐性、無関心への性向を感じる人も多い。しかもこの説では、利他性は他のさまざまな性向と並ぶひとつの性向にすぎないことになる。他者を助ける性向の、いったいどこが特別なのだろうか。そこで、ネーゲルの着目した、分別と利他性の類比に話を転じよう。私の見るところ、その見解はつぎの点でたしかに正しい。すなわち、私が意識と自我を持ち、言語を用いることができるならば、私はすでに、自分自身と同等の意識や自我がほかにも存在することへの確約を負ったことになる。これをもっと正確に述べよう。私という意識ある自我なるものの存在は、それが宇宙にある他のものと異なるかぎりでのみ、私に意味をなす。つまり、私が存在する以上、私でないものが存在せねばならない。そして、宇宙にある私でない存在に、私が言語行為の遂行を通じて意思を疎通させる存在が含まれるならば、私でないもののいくつかは、私自身とちょうど同じ自我性を帯びた意識ある行為者であると、私は前提せざるをえない。だから、私は他の自我たちと並ぶひとつの自我なのである。しかし、これではまだ、なぜ他者に配慮すべきなのかという問いに答えたことにはならない。たしかに、将来の自分の自我に配慮することと、他の自我に配慮することのあいだには、形式的な類似性がある。私はいずれの場合にも、意思決定を行ういまここで私の意識に現れているのではない存在に関して、その利益を考慮せねばならない。だが、ここには劇的な非対称性がある。分別による推論では、私が配慮する自我は私である。つまり、意思決定を行い行為を実行する自我は、その意思決定や行為の利益に与る者と同一である。この同一性が、利他的な推論では成り立たないのである。私には、ここでネーゲルの緻密な論証を十分に正当に扱う準備はない。それに関して目についた困難をひとつ、取り上げただけである。引き続き、ネーゲルと同じ結論へ向かう論証をもうひとつ論じ、そのあと、私自身のものを示すことにしよう。

では、自律が普遍性を、そして普遍性が利他性をいかに生み出すかに関する、コースガードのカント的論説の検討に向かおう。彼女の解決案はカントの見解の解釈として提出されており、それはつぎのようなものである。カントの論じるところによると、(1)われわれは、自らに自由意志があるという前提のもとで、行為しなければならない。カントによるとさらに、(2)自由意志は、そもそも意志であるためには、法則に則って規定されねばならない。すると、(3)(1により)自由意志は、それ自身の法則のもとで規定されねばならない。したがって結局、(4)定言命法は自由意志の法則である。[5] 上で、疑問の余地があるのは第二の段階である。意思決定における自由意志の行使が、およそ法則などといったものを必要とするとは、いったいどうしてであろうか。自分が何をするか、端的に自由に決めるというぐあいには、なぜいかないのだろうか。どう見ても、自由で合理的な意思決定を行うために、なぜ法則が必要となるのか、未だ何の論証も示されていない。

この反論に答えるため、コースガードは因果との類比に訴える。彼女によると、因果には二つの構成要素があり、それは何かを生ぜしめるという概念と、法則の概念である。法則という第二の構成要素が必要となるのは、因果法則のもとに包摂することができるのでなければ、何かが別の何かを生ぜしめることとの事例を適切に同定することができないからである。つまり彼女の考えでは、恒常性は、因果の同定のために必要である。次いで彼女は、意志の因果も因果一般と完全に類比的だと主張する。というのも、私が自らの自由意志で行為するとき、私は自らの行為の原因だからである。だがそうであるならば、私は、行為を引き起こす私自身と、私の内にあって私の身体の運動を引き起こす何らかの欲求や衝動とを、区別することができなければならない。私は自分自身を、自らの一階の衝動や欲求とは異なるものとみなさねばならないのである。そうだとすると、行為が本当に私の行為であるためには、つまり、それが一階の欲求の現れにすぎないのではなく、私自身から生じたものであるためには、私は何らかの普遍原理のもとで行為せねばならない。したがって、私が自らに課すべく創り出す法則は、因果の法則と完全に類比的である。われわれは、何らかの普遍原理のもとでなされたのでないかぎり、行為を自我の行為として同定することができないのである。すると結局、行為が私の行為であると正しく言われうるには、私は法則を与える行為者であらねばならない。実際、そもそもわれわれが自我を持つと言われうるのは、われわれが自らの意思決定に、意欲の普遍原理を課すからにほかならない。自我は、そのような普遍化された意思決定によって構成されるのである。私の見るところ、コースガードにとって最も重要な文はつぎのものである。「というのも、もし、私の意思決定がすべて、個別で非法則的なものであったなら、私が行為することと、一階の衝動の集まりが私の身体で、あるいは私の身体を通じて、因果的な効力を持つことのあいだに、同定可能な差異はなくなってしまうだろう。そしてその場合、行為を行う者である自我、心、私は、存在しないことになるだろう」（原著 p. 228、邦訳二七八頁）。

私は、この論証はうまくいかないと思う。なるほど、因果の基本概念は、何かを生ぜしめるという概念である。そして、その事例を同定するには、恒常性を前提せねばならないということも正しい。しかし、その要求は認識論的な要求であり、因果の存在そのものに対する存在論的な要求ではない。普遍的な恒常性を例化せずに原因が生じることは、自己矛盾なしに想像できる。たしかに、かくかくの出来事が現にしかじかの別の出来事の原因であったことを確実に打ち立てるには、実験が再現可能なこと、恒常性を例化するかどうかを見て個別事例をテストできることが、どうしても必要かもしれない。だがそれは、確実に見出すことにまつわる問題であって、ひとつのことが他のことを生ぜしめるという関係の存在そのものにまつわる問題ではない。実生活の例を見れば、因果と恒常性の区別は明確になるだろう。たとえば、第一次世界大戦の諸原因を探究するとき、われわれはそれがなぜ生じたかを説明したいのであり、普遍的な恒常性を探し求めているのではない。たしかに、探究をいささかなりとも行うにあたっては、少なくともある程度の恒常性を前提することが背景として欠かせない。因果的十分条件と再現可能な実験が可能でなければ、われわれは自らの答えに決して十分な確信を持てないだろう。しかし、恒常性の要求はあくまでも、原因の同定のための認識論的な要求である。それは、ある出来事が他の出来事を生ぜしめるという関係の存在そのものに対する、存在論的な要求ではない。

それどころか、恒常性の要求は認識論的な要求として、実在世界に適用されるおよそいかなる概念にも当てはまる。あるものを椅子や机として、山や木として同定するには、われわれはその特徴や使用に何らかの恒常性があることを前提しないわけにいかない。恒常性は、ある物体を椅子として同定するために不可欠である。しかしだからといって、椅子の概念には実は二つの構成要素が含まれ、それは人が座るのに役立つひとつの物体と、恒常性の原理なのだと考えてはなるまい。むしろ、椅子とは人が座るために用いるひとつの物体であり、物体や原因などを指示する他の概念と同様、椅子の概念には恒常性の前提が背景として必要だと考えるべきである。

上述の恒常性の関係を、人間の場合の因果へと拡張してみよう。すると、人の意思決定が、真に考慮の上での意思決定であり、気まぐれなその場かぎりの行動でないと認識するには、その意思決定に何らかの秩序と恒常性のあることが、三人称的な視点からは、たしかに認識論的に要求されると言える。しかしこのことから、人の意思決定は、その人が自らに課すべく創った普遍法則から生じるのでないかぎり、その人の意思決定であることにならないという帰結はもたらされない。つまり、私が先に引用した一節は、自由でないとされる衝動による行為と、普遍法則による自由な行為という、誤った二分法を設けているのである。しかし、衝動による行為は、普遍法則による行為と同じだけ自由でありうる。コースガードは、ある人の行為がすべて気まぐれであったなら、自由でない行為と気まぐれな行為のあいだに、何ら同定可能な差異がないことになるだろうと言う。だが、仮にこの論点が正しいとしても、それはどのみち三人称的な認識論上の論点にすぎない。私がつねに衝動によって行為したら、私のどの行為が真に自由であったか、外部から私を見る者には判定できないだろう。しかし内部から、一人称的な視点からは、衝動による行為は冷静な思慮による行為と同じだけ自由でありうる。衝動によって行為することをつねに控える、たいへん用心深い人もいれば、自らを突き動かす衝動に身をまかせる、自由な精神の持ち主もいるものである。どちらの場合でも、同じ飛躍の経験をしうる。そして、自我の構成への関与においても、どちらも同じくらい重要か、同じくらい重要でない。なぜならば、何をするかの意思決定が自我に求められるという点で、両者に違いはないからである。

コースガードの論証には、つぎの前提がある。(1)自我が何らかの意思決定を行うには、自我はそれを普遍原理に則って行わねばならない。この前提自体が、さらにつぎを前提とする。(2)原理によって行為することが、何らかの仕方で自我を構成する。私はこれらの主張のどちらも認めない。カントは誤っており、自由な行為は、自らの創り出した法則に従って行為することを必要としないのである。自由な行為に従事する自我が、自我であるために普遍原理を必要とするということもない。むしろ逆に、第三章で論じたように、一貫性のある行動も気まぐれな行動も、飛躍の中で、あらかじめ存在する自我を必要とする。要するに、私の行為が自由な行為であり、私によって自由に選ばれたものであるために、それが普遍原理を例化せねばならないという論理的な要求は何ら存在しない。私の行為は、完全に気まぐれなものでありながら、自由な行為であってよい。

ここでは、コースガードの強力な哲学的論証の十全な診断を試みることはできないが、ごく簡単に私の考えを述べるなら、彼女の誤りの源泉は、飛躍を埋めるものを求めた点にあると思う。そして彼女は、自我を、自由な行為の原因に仕立てようとするのである。この要求を受け入れれば、あとは一定の自然な前提を立てるだけで、つぎのような段取りで残りが出てくる。(1)自由な行為は、自我によって引き起こされる。(2)だが自我は、行為を引き起こすとき、法則を例化せねばならず、しかも自我が例化しうる法則は自らの創り出したものだけである。(3)法則を創り出すことにおいて、自我はそれ自身を自我として創り出す。

私はこれらを一切認めない。「引き起こす」が「因果的十分条件」を含意するならば、自由な行為は何によっても引き起こされはしない。このことこそが、それを自由なものとするのである。この点をより正確に言うと、心理的なレベルで、ある行為を自由なものたらしめるのは、それに先行する心理的な因果的十分条件が存在しないことである（この論証は第三章を見よ）。自我は行為を遂行するが、それを引き起こすのではない。飛躍を埋めるものなど存在しないのである。

4　言語の普遍性と強い利他性

では、現状を確認しよう。われわれは、つぎの問いに答えようとしていた。ケモノは自らの自己利益に注意を払うようにプログラムされている。すると、ケモノには多少とも、他の人々の利益や必要性に関心を寄せる論理的必要性があるだろうか。「利他主義者」および「利己主義者」という言葉は、十分に明確な定義なしに乱用されている。だから、ここでの議論のために、まずそれらの定義を試みよう。ある意味では、利己主義者とは自分自身の利益だけに配慮する者のことであり、利他主義者とは他者の利益に配慮する者のことである。しかしこの定義では、たいへん重要な区別が見えにくくなってしまう。というのも、他者の利益に配慮する自然的性向を持つ者も、利他主義者であるには違いないが、そのような者にとって、利他的に行為することはたんにさまざまな性向のひとつをふまえて行為することにすぎないからである。つまり彼は、たとえばビールを飲むことを好むのと同じように、他者を助けることが好きであるにすぎない。これを、「利他性」の弱い意味と呼ぶことにしよう。しかしこれとは別に、「利他性」には強い意味があり、われわれはそれを理解しようとしている。その意味での利他主義者とは、他者の利益を行為への妥当な理由と認識し、自分にそうする性向のないときでさえ、その点で変わることのない者である。すると問題は、行為への利他的な理由で、合理的な拘束力があり、欲求に依存しないものがあるか否かである。強い意味での利他主義者とは、他者の利益のために行為することの理由で、合理的な拘束力があり、欲求に依存しないものがあることを認識する者のことである。ネーゲルもカント＝コースガードも、この強い意味における利他性が合理的に要求されることを支持するべく、論証を試みていた。他方、社会生物学は、弱い意味における問いにしか答えていない。私は、ネーゲルの論証もカント＝コースガードの論証も認めなかったが、彼らの結論は正しいと考えている。また、問題が一般性に関わると考える点で、カント＝コースガードは正しいと思う。ケモノもわれわれも、利己的に行動する理由は持っている。ではこのとき、何らかの一般性の要求で、その理由を他の人々へと拡張しつつ、われわれの行動に拘束力を持つようなものは存在するだろうか。私は、そのようなものが存在すると思う。

強い利他性を支えるために必要となる一般性は、言語の構造に組み込み済みなのである。それは正確には、どのようにしてであろうか。合理的に要求される一般性の諸形式が、言語によっていかに導入されるか、段階を追って見てゆくことにしよう。私の犬にも、私にも、ドアのところに男がいるのが見える。すなわち、われわれはともに、「ドアのところに男が見える」という言葉で私が記述する視覚経験を持ちうる。しかし両者には、大きな違いがある。というのは、私がもし、自分にはドアのところに男が見えると言葉で言うならば、私はある種の意味論的な定言命法への確約を負うことになるが、それに類比的なものは犬にはない。「あれは男だ」と言うとき、私は、特定の面でそれとちょうど似た存在はみな、やはり「男」と正しく記述されうるという主張への確約を負う。これをカント的な専門用語で言い換えよう。主張は、つぎの意味論的な定言命法に拘束される。すなわち、あなたの主張の格率が、すべての話者を拘束する普遍法則として、あなたによって意志されうるように、主張せよ。そしてその格率は、主張された命題の真理条件によって与えられる。それはこの場合、それらの特徴を持つ対象は「男」の真理条件を充足するというものである。

あなたがａはＦであるという形式の主張を行うとき、つぎのことが合理性によって要求される。すなわち、似たような状況では誰もがａはＦであると主張すべきことを、あなたは意志できるのでなければならない。つまり、述語は一般的なものであるから、述語の適用にあたっては、それを用いる者がその一般性を認識することが要求される。これをカント的に定式化すると、こうなる。言語の使用者は誰であれ、特定の面で類似した諸事例への、その適用の普遍法則を意志しうるのでなければならない。(6)

この命法はさらに、カントの命法のいくつかと違って、不誠実な人や不正直な人が自らの格率を普遍法則として意志しようとすると、何らかの自己矛盾に巻き込まれることになるというカントの条件に現に適っている。たとえば、「あれは男だ」と言うことで、私は嘘をついているとしよう。このとき私は、似たような状況では誰もが「あれは男だ」と言うべきだという普遍法則を意志することはできない。なぜならば、もし誰もがそうしたならば、「男」という語はもはやその語が実際に持つ意味を持たなくなるからである。つまり私は、自らの発話が嘘であるという意志と、意味論的内容が意味論的な定言命法に従って普遍的に適用されるべきだという意志を、整合的に結合することはできないのである。

この点は、カント的な道具立てなしに、つぎのように述べうる。話者Sによる、aはFであるという形式の主張は、Sにつぎの普遍的な一般化への確約を負わせる。すなわち、あらゆるxについて、xがaと特定の面でタイプ的に同一であれば、xを「F」と記述するのは正しい。これは命題間の帰結関係の話ではない。これはむしろ、言語行為を遂行するとき、話者がいかなる確約を負うかに関する話である。

加えて、一般性の要求は、他の人々にも当てはまる。というのも私は、似たようなものをやはり男の事例として認識することへの確約を負っており、すると公共の言語における私の確約は、これやこれに似たものを他の人も男の事例として認識すべきだと、私が考えることを要求するからである。つまり、一般性は言語の構造自体に組み込まれており、実際、言語の適用の局面では、「である」から「べき」が至るところで得られるかのような様相を呈する。ある対象が「男」として正しく記述されるという事実からは、それと特定の面で似た対象をあなたがやはり男と認めるべきことが帰結し、さらに他の人も、その対象や、それと特定の面で似た他の対象を男と認めるべきことが帰結する。これらの確約なしに言語を用いることは不可能である。私はこのことを、もったいぶった用語を用いて述べたが、それは言語と言語行為の本性からの、自明の帰結なのである。

行為への理由に一般性を付与し、それに強い利他性の形をとらせるには、たんにつぎの点に注目すればよい。すなわち、「男」や「犬」、「木」や「山」といった述語にはたらく一般性の要求は、「行為への理由を持つ」やその他の動機づけ要因にもはたらくのである。このことを例によって示そう。私は痛みがあり、その痛みを和らげようとしているとしよう。私が自分の痛みを和らげようとすることと、犬が傷口をなめて自分の痛みを和らげることには、違いがある。その違いとして、少なくとももつぎのことが言える。私は、自分の痛みを「痛み」といった語で特徴づけるだけで、それをある一定の普遍的な一般化のもとに置くことができる。つまり、「男」という語についての議論で見出されたのと同じ特徴が、「痛み」という語にも当てはまる。「これは痛みだ」と主張するとき、私は、「あらゆるxについて、もしxが特定の面でこれと似ているならば、xは痛みである」という主張への確約を負うのである。

　言語の一般性は、自分自身の自己利益に関する一定の常識的な前提のもとで、強い利他性を生み出す。私はこの点を、まず直観的な形で述べ、次いでそれを意味論的な形で展開しよう。私に痛みがあるとき、私には、その痛みを和らげたいと思う理由があると想定することは、直観的に納得がゆくだろう。ある度合いの痛みを感じることは、その緩和の必要性を感じることを伴い、痛みの緩和の必要性は、私にとって、痛みを和らげることの理由となるのである。だが、話はそれだけではない。そうする能力と機会のある他の人々もまた、私の痛みを和らげるのを手助けする理由を持つ。私には、そう思われるのである。しかし私が、他の人々に私を手助けする理由があると思うには、つぎのことが必要である。すなわち私は、もし同じ状況で、立場が入れ替わったならば、私には彼らを手助けする理由があると認識せざるをえないと思うことへの確約を負う。私が彼らに手助けしてほしいと思うのは、合理的なことである。なぜならば、私はいま手助けを必要としているからである。しかしそれならば、彼らが手助けを必要とするとき、私はその必要性の存在を、自分が彼らを手助けする理由として認識することへの確約を負う。そうでなければ、辻褄が合わないだろう。

言語の一般性がはたらいて強い利他性を生み出す仕方は、つぎのとおりである。

1. 私は痛みがある。それゆえ私は、「私は痛みがある」と言う。「私は痛みがある」と言った以上、私は一般性の要求により、似たような状況ではあなたに痛みがあると認識することへの確約を負う。「痛み」は言語中の一般名辞だから、その真理条件はあなたにも私にも、平等に当てはまるのである。私は、ちょうどその条件を充足するいかなる対象にも、「Xは痛みがある」という開放文を適用することへの確約を負う。

2. 私の痛みは、ある必要性を創り出す。私は痛みがあるから、手助けを必要とする。私は、自らの痛みと必要性の両方を意識している。そこで私は、「私は痛みがあるから、手助けを必要とする」と言う。ここで注意すべきこととして、これは手助けへの懇願と解釈されるべきではない。これは間接的な言語行為ではなく、私によって私についてなされた言明である。すると、同じ一般性の要求が再び当てはまる。こんどは私は、似たような状況で、立場が入れ替わってあなたに痛みがあるとき、あなたが手助けを必要とすると認識することへの確約を負う。私は、タイプ的に同一のいかなる状況においても、「Xは痛みがあるから、Xは手助けを必要とする」という開放文を適用することへの確約を負うのである。

3. 私は痛みがあり、手助けを必要とする。そして私は、手助けへの私の必要性は、あなたが私を手助けすることの理由になると信じている。そこで私は、「私は痛みがあり、手助けを必要とするから、あなたには私を手助けする理由がある」と言ったとしよう。またしても、同じ一般性の要求が効いてくる。私は、これと特定の面でタイプ的に同一のいかなる状況においても、つぎの普遍的なものへの確約を負うのである。

「すべてのxとすべてのyについて、xに痛みがあり、xに痛みがあるがゆえにxが手助けを必要とするならば、yにはxを手助けする理由がある」。

だが、これは私に、あなたに痛みがあるとき、私にはあなたを手助けする理由があると認識することへの確約を負わせる。われわれはここで、言語行為の遂行における話者の確約について論じていることを忘れてはならない。ここでは、真理や命題間の帰結関係は話題に上っていない。われわれはむしろ、この形式の主張をなすとき、話者がいかなる確約を負うかを考えているのである。

いまの議論の論点は、つぎのことである。すなわち、ひとたび私が記述した仕方でケモノをプログラムすれば、つまり、基本的な心的能力に加えて、飛躍と自己利益、言語を与えれば、われわれはすでに、強い利他性に十分なだけの論理的な根拠を与えたことになるのである。ここではしかも、重量級の形而上学が何ら必要とならない点に注意してほしい。物自体の世界や、カント的な定言命法は必要ない。この論証に必要となるものは、われわれも他の人々もケモノも、みなが何らかの言語を話すことができること、そして、自己利益になる理に適った主張をなすことだけである。それはたとえば、われわれの必要性はしばしば、誰か他の人がわれわれを手助けすることの理由になるといった主張である。

しかしたとえば、自分の場合は特別なのだと言うことで、上の論証を阻むことはなぜできないのだろうか。つまり私は、他者には与えられない特別扱いに値するというのである。そのような主張はいつでもできるが、それは指標詞の意味論を無視することになる。「私」「あなた」「彼」といったものの意味論には、「痛み」「必要性」「理由」といったものへの真理条件が共通であることを阻むものは何もない。むろん私はここで、特別扱いへの強弁や不誠実の可能性を除去しようと試みているのではない。世界の歴史には、特権への権利を主張するという欺瞞を犯した人間、種族、階級、国家などがあとを絶たない。私の述べることは、それらの人々が欺瞞を犯すことを止めさせるものではないであろう。私の論点はむしろ、利己性から強い利他性へと進むために必要な普遍性の制約は、言語の普遍性に組み込み済みだという点である。われわれが前提すべきことは、ケモノが自らと他の意識ある存在との関係について、自己利益になる理に適った一定の態度を持ち、しかも、ケモノにそれを言語で述べる準備があるということだけである。ケモノであれ誰であれ、「私は痛みがあり、手助けを必要とするから、あなたには私を手助けする理由がある」と言う準備のある者は、それとタイプ的に同一の状況において、「xは痛みがあり、手助けを必要とするから、yにはxを手助けする理由がある」という開放文に普遍量化子を適用することへの確約を負う。なぜならば、一般名辞の使用は、もともとの状況の持つ一般的な特徴を共有する状況に対して、その名辞を適用することへの確約を、話者に負わせるからである。言語は、まさにその本性からして、一般的である。

この結論に抵抗があるとしたら、その抵抗感は、われわれの文化に浸透したもうひとつの誤りから来るように思われる。すなわち、言語というものはただの言葉にすぎないのだから、たいして重要なわけがないという考えである。語を発話するだけのことが、どうして、何らかの確約を負わせうるのだろうか。思えば私ははるか昔、「である」から「べき」をいかに導出するかを示したときにも、これと同じ抵抗に出くわしたのであった。(7) 多くの論評者が、語を発話したというだけの事実が確約を負わせることなど、ありえないと感じたのである。何らかの付加的な道徳原理が関わっているに違いない、あるいは言語制度の承認があるに違いない、とにかく何かがあるはずだと彼らは考えた。

これらの事柄について、私は次章でさらに述べるが、これだけは言っておいてもよいだろう。すなわち、問題は、語の発話がいかにして確約を負わせうるかを理解することではない。問題はむしろ、語の発話以外のものが、いかにして確約を負わせうるかを理解することである。言語行為の遂行は、一連の行為への確約がとる範例的な形式である。

5　結　論

この章には三つの主要な目標があった。私はまず、行為への理由に固有の特徴をいくつか記述しようと試みた。つぎに、自我行為者が合理性の能力を持つには、いかなる特徴が必要かを記述しようと試みた。さらに、言語の普遍性と、自己利益に関する常識的な前提から、強い利他性の原理を導出しようと試みた。

これらの論証や、先立つ諸章における論証は、合理性の古典モデルに対してどのような含意を持つのだろうか。古典モデルとは、途方もなく賢いチンパンジー向けに立案されたものだと言ってよいだろう。古典モデルは、人間の合理性に固有の特徴のいくつかを取り上げない。とりわけそれら固有の特徴のうち、言語という制度によって可能となり、それどころか要求すらされるようなものは、取り上げない。私はこれまで、古典モデルは以下の三つの点で、合理的な意思決定に広汎にみられる一定の諸特徴を全く扱いえないと論じてきた。

1. 古典モデルは、長期的な分別による推論で、分別による考慮事項が当の自我の現時点での動機集合に表象されていないようなものを、扱うことができない。デンマークの愛煙家は、この点を示すために考案された例である。

2. 古典モデルは、認識的合理性を扱うことができない。つまり意識ある自我が、欲求に依存しない動機づけ要因を、行為への理由を与えるものとして認識することを扱いえない。チンパンジーはたぶん、目の前に迫った危険要因や、食べ物のような望ましい対象ならば、認識できるだろう。しかしチンパンジーは、義務や確約、長期的な必要性といった事象的存在を同様に認識することはできまい。

3. 古典モデルは、言語の普遍性が含意するものを扱うことができない。この普遍性と、人が自分にとっての理由として受け入れるたぐいのものに関する一定の自然な前提から、強い利他性が帰結する。

次章では、われわれはつぎの点に向かう。

4．自我の意識的な意図的行為による、欲求に依存しない理由の意図的な創造。

第六章　行為への理由で欲求に依存しないものは、いかにして創り出されるか

1　確約の基本構造

行為への理由で欲求に依存しないものを創り出し、それをふまえて行為する能力は、人間の合理性の最も注目すべき能力であると同時に、それをサルの合理性から分かつ最も大きな点である。そのような理由の創造は、つねに、行為者が何らかの仕方で確約を負うことに存する。古典モデルは、そうした理由の存在も、その合理的拘束力も、取り扱うことができない。実際、古典モデルの伝統に属する著者たちの多くが、そうしたものの存在を認めようとしない。われわれはすでに、長期的な分別だけでも、古典モデルに困難をもたらすことを知った。なぜならば、古典モデルによれば、行為者はいまここで持っている欲求をふまえてしか、合理的に行為することができないからである。デンマークの愛煙家の例からわかるように、長期的な分別の考慮をふまえて行為することへの欲求を、いまここ

で欠く行為者もやはり、合理性によって、そのように行為する理由を持つことを要求されうる。だがこの事実を、古典モデルは扱うことができない。古典モデルでは、友軍兵士の命を救うために爆発寸前の手榴弾に我が身を投げ出す兵士は、好きな味のアイスクリームを選ぶにあたってヴァニラではなくチョコレートを取る子供と、合理性という点では何ら変わるところがない。兵士は死を選好し、子供はチョコレートを選好するというだけで、どちらの場合にも、合理性はただ、選好の頂点へと近づく蓋然性を高めることに尽きるのである。

だが私は、上の英雄的な兵士のような例を出したからといって、行為への理由で欲求に依存しないものを創り出し、それをふまえて行為することが、何か奇妙で希なことだという印象を与えたいのではない。われわれは、およそ口を開いて話をすれば、欲求に依存しない理由を創り出さないことなどないと言ってよいだろう。この章では、そのような理由が創り出される事例を幅広く検討してゆく。だが最初に、そもそも何が問題なのか、正確に述べておくことが大切である。「求め」や「欲求」を非常に広い意味に解すれば、あらゆる意図的行為が、その行為を遂行する求めや欲求の現れまたは表出である。もちろん、私が歯医者に歯を削りに行くとき、私は歯を削ることへの衝動、切望、熱意、渇望、憧憬、性向など、何も持ち合わせてはいない。だがそれでも、それは私がそのときそこで求めていることである。私は歯を削りたいのであり、そうした欲求は、動機づけられた欲求あるいは二次的な欲求であって、歯を治したいという欲求に動機づけられているのである。さて、あらゆる意図的行為が欲求の現れだとすると、つぎの問いが持ち上がる。すなわち、欲求はどこからやってくるのだろうか。古典モデルでは、これには二つの可能性しかない。私は、その行為を遂行すること自体を欲求しているか、さもなければ、私の持つ何か別の欲求のためにその行為を遂行するか、そのどちらかである。私がこのビールを飲むのは、ビールを飲みたいがゆえであるか、さもなければ、何か別の欲求を充足するためである。それはたとえば、私がビールは健康によいと信じており、健康状態をよくしようと欲求するといった場合である。これら二つ以外に、可能性はない。この説によると、合理性はひとえに、欲求を充足することに関わるのである。

　あらゆる合理的な行為が欲求の充足のために実行されるとは、いささかばかげた話に聞こえよう。それゆえ、動機を記述することに関して、古典モデルの伝統に属する理論家たちがこれほどの困難を受けて立ったことは、注目に値する。正確に言うと、彼らは合理的な動機をどのように記述するのだろうか。バーナード・ウィリアムズは、外在的な理由など存在しえず、合理的な行為はみな、行為者の動機集合Sに含まれるものに訴えねばならないと考える者である。その彼が、Sの内容に関して、つぎのように述べている。

> 私はSを、おもに欲求の用語で論じてきた。そしてこの用語は、形式的には、Sのすべての要素に対して用いられうる。しかしこの術語のせいで、人はつぎのことを忘れてしまいがちである。すなわちSは、評価的な傾向性、感情的反応のパターン、個人的な忠誠心、そして抽象的に、行為者の確約を具現化したさまざまな企図と呼んでよいものなどを含みうるのである（傍点は引用者による）[1]。

似たような乖離が、デイヴィドソンによる「賛成的態度」の特徴づけにもみられる。彼はつぎのように言う。「したがって、ある人があることを、ある理由でもって行うならば、その人はつぎのように特徴づけられうる。すなわち、(a)ある種類の行為に対して、何らかの賛成的態度を持っている。さらに、(b)当の行為が、まさにその種類のものだと信じている（知っている、知覚している、気づいている、記憶している）」。そして賛成的態度のひとそろいとして、デイヴィドソンはつぎのものを挙げる。それは、行為者が「求めたり、欲したり、賞賛したり、いとおしんだり、責務があると思ったり、有益だと思ったり、義務があると思ったり、好ましいと思ったり」（前掲書、傍点は引用者による）したもののことである。ウィリアムズの場合と同様、このリストには、行為への理由で欲求に依存するものと欲求に依存しないものの区別を不分明にしてしまう欠点がある。あなたが行いたい事柄と、行いたいか否かにかかわらずあなたが行わねばならない事柄の区別が、不分明になるのである。あることを求めたり欲したりすることと、それを「義務」とみなしたり、欲求と関わりなく行わねばならない「確約」とみなしたりすることとは、全く別のことである。ウィリアムズとデイヴィドソンは、なぜ、確約や義務とは何であるかを語ってくれないのだろうか。それは「形式的に」言えば、もうひとつの欲求にすぎないのだろうか。

これら二人の著者は、どうやらこの点で難儀しているようである。それは、行為への理由で欲求に依存しないものが存在することは否定できない以上、それを何とか欲求に吸収してしまおうと躍起になっているからであろう。そして彼らはその方法として、欲求を含む集合を十分に広く理解すれば、人の持つ確約や義務なども実は、欲求とともにやはり同じ集合に含まれると示唆するのである。私の考えでは、これでは私がつけようとしている、欲求と、行為への理由で欲求に依存しないものとの重要な区別が不分明にされる。だが、どうしてそのような区別があるのだろうか。人は当然、自らの義務を果たしたり、約束を守ったりしたいと思うこともあるのではないだろうか。そのとおりだが、それはチョコレートのアイスクリームを欲しがることとはわけが違うのである。私はチョコレートを欲すると同時に、約束を守りたいと欲する。ではその違いは、どこにあるのだろうか。約束の場合、義務という、欲求に依存しない理由の認識から、欲求が導出される。つまり、理由は欲求に先立ち、欲求の根拠となるのである。他方チョコレートの場合は、欲求が理由である。

この章で問題とする論点は、行為への理由で欲求に依存しないものの存在、本性、創造ならびにはたらきである。私はここで、行為への理由で欲求に依存しないものに関する説として、つぎの適切さの条件に適ったものを提案する必要がある。

1. その説は、完全に自然主義的なものであらねばならない。つまり、そうした理由の創造とはたらきが、われわれ自身のような生物学的な動物にとって、いかにして可能かを示すものでなければならない。われわれはチンパンジーと異なるとはいえ、われわれの能力は他の霊長類の能力を自然に拡張したものである。それゆえ、超越論的なものや非生物学的なもの、物自体界に属するものや超自然的なものに訴えることは、あってはならない。われわれは、われわれ自身と同様の生身の生物学的な動物の持つ、一定の能力について語っているにすぎないのである。

2. 私は、行為への理由で欲求に依存しないものの創造が、いかなる道具立てによって可能となるかを特定せねばならない。

3. 私は、人がその道具立ての範囲内でいかにそれをするのか、いかにしてそうした理由を創り出すのかを説明しなければならない。行為への理由で欲求に依存しないものの創造の基礎をなす、志向性の論理構造を明確に述べねばならない。

4. 私は、そうした理由が行為者に対して拘束力を持つことが、合理性のみによっていかにもたらされるかを説明せねばならない。いかなる合理的な理由のせいで、行為者は、自らの確約や義務を考慮に入れねばならないのだろうか。彼はなぜ、それをただ無視するわけにいかないのだろうか。

5. 私は、そうした理由の合理的認識が、どうして動機にとって十分であるかを説明せねばならない。つまり、そのような存在は、それ自体は欲求に依存しないものなのに、どうして二次的な欲求を合理的に根拠づけうるのだろうか。

6. 私は、条件(1)から(5)に答えるために用いられた道具立てと志向性が、そうした理由の創造とはたらきに十分であるのはいかにしてか、説明せねばならない。これには、一般原理や道徳の規則といったものに助けてもらう必要はない。つまり、(1)から(5)への答えは、それとは独立の実質的な道徳原理を援用することなく、行為への理由で欲求に依存しないものがいかに創り出されいかにはたらくかを説明すべきである。欲求に依存しない理由は、いわば自己完結的でなければならない。

西洋哲学の歴史に詳しい者はみな、私は自らに気の遠くなるような仕事を課したものだと思うことだろう。現に、このたぐいの企ては帽子からウサギを取り出そうとするに等しいと述べた批評家が何人もいた。しかし私の考えでは、古典モデルとそれが体現する伝統のすべてを忘れることさえできれば、実のところ、われわれの問題への答えはその基本構造においてむしろ単純であり、細部がややこしいだけである。

ただし、説明を適切なレベルで与えることは重要である。なぜならば、これらの問いには異なるさまざまなレベルで答えることができるからである。そのひとつとして、行為者が社会的な確約を伴う合理的な行動に従事するとき、ものごとが行為者にどのように見え、どのように思われるかを記述する「現象学的」なレベルがある。また別のものとして、社会的あるいは「社会論的」なレベルがある。これは、行為への理由で欲求に依存しないものの創造に用いられる社会制度を論じ、特に、そうした制度がどのような機構を持ち、より広い社会の中でいかなる役割を演じるかを説明するレベルである。

上述の各レベルに関しても、私は後に多少述べることになるが、ここでは志向性の最も単純で基本的なレベルを論じることから始めたい。このレベルが、いわば原子的なレベルであり、現象学や社会学といった分子的なレベルに先立つものである。確約、誠実や不誠実、人間の制度の具体的な役割については、後の節で細部を詰めることにしよう。最初の時点では、人間の確約の最も単純で原始的な形式について、明晰な理解を得ることが大切である。確約の創造に関わる志向的現象は、いかなる充足条件を持つのだろうか。ではここに、共有の言語を話し理解することのできる、話者と聞き手がいるとしよう。彼らは、言明や依頼、約束などを行う制度に熟達しているとしよう。すると、主張や依頼、約束を行うといった、最も単純な種類の言語行為において、話者は充足条件に充足条件を課す。これを詳しく述べるため、主張を行うという例を注意深く検討して、そこに何が見出されるかに注目しよう。たとえば話者が、「雨が降っている」という文を発話して、雨が降っているという主張を行おうと意図するとしよう。彼の行為内意図は、部分的には、「雨が降っている」という発話をなすことである。つまりその発話は、彼の意図の充足条件のひとつである。しかし彼は、たんに文を発話するだけではない。彼は、雨が降っていると現に言っている。雨が降っていると現に意味している。だとすれば、彼はその発話がある真理条件を、すなわち雨が降っていることへの下向きの適合を持つ充足条件を、充足するように意図するのでなければならない。このように、意味するという彼の意図は、充足条件（発話）に充足条件（真理条件）を課すことなのである。彼の発話はいまや身分的機能を持ち、天気の状態を真か偽のいずれかの仕方で表象する。そして彼は、その真偽に関して中立であることはない。なぜならば、彼の主張は、それが真だという主張だからである。この種の身分的機能を課すこと、すなわち充足条件に充足条件を課すことは、すでにして確約である。なぜならば、その主張は、話者の自由で意図的な行為だったからである。彼は雨が降っているという主張を引き受けたのであり、ゆえにいまや、主張された命題が真であることへの確約を負う。主張という形で、充足条件に充足条件を意図的に課すとき、話者はその条件が充足されることへの責任を負うのである。そしてこの確約は、すでに、行為への理由で欲求に依存しないものにほかならない。話者はたとえば、自分の主張の論理的帰結を受け入れること、自分が言ったことを否定しないこと、自分が言ったことに証拠や正当化を与えうること、それを言うに際して誠実に話すことへの理由を創り出したことになる。これらのことはみな、主張をなすことの構成規則の結果であり、話者は充足条件に充足条件を課すとき、それらの規則に訴える。確約の創造は、行為への理由で欲求に依存しないものを創り出し、そして確約は、言語行為の構造に最初から組み込まれている。主張をなすことで、話者は命題に下向きの適合を持たせて提示する。だがそうすることにより、彼は上向きの適合を持つ確約を創り出す。雨が降っているという彼の主張は、実際に雨が降っているかどうか次第で、真か偽になる。しかし、彼の負う確約は、世界が実際に彼の言うとおりになっている場合、つまり雨が降っている場合にかぎり、充足されるのである。

これまでのところ、われわれは主張のみを考察してきた。だが実は、命題まるごとを内容とする言語行為であれば、その標準的な形式のどれもが、行為への理由で欲求に依存しないものの創造を伴う。なぜならば、充足条件を意図的に課すことは、さまざまな仕方で話者に確約や義務を負わせるからである。依頼や命令は、その命題内容が話者ではなく聞き手に課された条件に言及するものであるが、それらでさえやはり、話者にさまざまな仕方で確約を負わせる。たとえば、私があなたに部屋を出るよう命じるならば、私はあなたに部屋を出る許可を与えることや、あなたに部屋を出てほしいと思うことへの確約を負うのである。

では、確約とは何だろうか。この問いに答えるには、確約の論理構造に目を向けるとよいだろう。確約は、われわれが行為への理由に課した条件を満たすような事象的存在である。確約は、その命題内容と上向きの適合を持つ。たとえば、私が来週サンノゼへ行くことへの確約を負うならば、その命題内容は「私が来週サンノゼへ行くこと」であり、その適合の向きは上向きである。この確約は、その内容に合致するように世界が変化するとき、すなわち私が実際にサンノゼへ行くときにのみ、充足される。これで「必要十分条件」を与えようというのではないが、つぎのように言ってよいだろう。確約とは、ある一連の行為や方針（あるいは他の志向内容、というのも人はたとえば信念や欲求への確約を負うこともある）を採択し、その採択の本性によって、人にその一連の事柄を追求する理由が生じることである。たとえば私は、哲学を実践することへの確約を負っている。この確約が、ものごとがうまくいかない苦難の時期にあっても、私にそれを追求することへの理由を与える。同様に、人はカトリックの信仰に確約を負ったり、民主党に確約を負ったりしうる。サリーが、ジミーは「確約を負う」ことに消極的だと言うならば、その意味は、ある一定の行動や態度をとり続ける理由を与えるような方針を採択することに関して、彼が消極的だということである。このような理由は、欲求に依存するものではない。尤もこの点は、私が記述したたぐいの確約では、人がどのみちやりたいようなことを行う確約を負っているために、見えにくかったであろう。われわれはこの章で、おもにある特別な形式の確約に注目する。それは人が、充足条件に充足条件を課すことによって、他の人に対する確約を創り出す場合である。

ひとたび確約の論理構造が理解されたならば、言語行為の遂行によっていかにして確約を創り出すことができるのかも、いくらか容易に理解できるようになったことだろう。ただし、すべての確約が言語行為の遂行を通じて創り出されるわけではない。たとえば、人はある方針を貫こうという意図を堅固に採択するだけで、その方針への確約を負うことができる。しかし私はいま、公共的に創り出される確約で、通常他の人に向けられるものについて考えている。われわれは、ある別個の存在に充足条件を課すことによって、自らが負うべきそうした確約を創り出すことができる。それがどのようにしてであるかは、確約型の場合よりも主張型の場合の方がわかりにくいだろう。なぜならば、主張の場合、われわれは発話に下向きの適合を持つ充足条件を課しており、つまり真理を主張しているからである。しかし、われわれは真理を主張することにおいて、確約をわれわれ自身に課すことをも行っている。われわれは主張をなすことで、真理、誠実さ、証拠への責任を負うのである。そしてそのような責任は、確約一般と同様、上向きの適合を持つ。これらの責任が果たされるのは、世界の方で、発話が真であり、話者が誠実であり、話者が主張への証拠を持つ場合にかぎられる。

しかし、そのような確約や義務、責任はなぜ、行為者に拘束力を持つのだろうか。行為者はなぜ、合理的に言って、それらをただ無視するわけにいかないのだろうか。それらはなぜ、他のさまざまなものと同様の社会的構築物ではないのだろうか。それは、話者は自らの主張を自らが負う確約として創り出したという点で、その主張に対して特別な関係に立っているからである。彼は確約を引き受けることによって、自由かつ意図的に自らを拘束した。他人の主張ならば、彼はそれに確約を負ってはいないから、その真理性に無関心でいることもできる。しかし、自分の主張の真理性に無関心でいることはできない。なぜならば、それはまさに彼自身の負った確約にほかならないからである。

しかし、このように抽象的で欲求に依存しない確約は、いったいいかにして、二次的な欲求を生じさせることができるのだろうか。それはいったいいかにして、動機づけを行うことができるのだろうか。これには、証拠や証明、真理そのものさえもが、信じたくないものを信じることへの動機をどのように与えるか、考えてみればよい。たとえば多くの人が、ゲーデルの定理を信じたいと思わなかった。なぜならば、それは彼らの研究課題を台無しにするものだったからである。しかし、ひとたびその証明の妥当性を認識するや、合理的に言って、彼らに選択の余地はなかった。証明の妥当性を認識することは、すでに、それを受け入れる理由を認識することであり、それを受け入れる理由を認識することは、すでに、それを受け入れたいと思う理由を認識することなのである。この事例や、後に考察する他の事例から、欲求に依存しない理由も他の理由と同じように、動機づけを行うことがわかる。あるものを行為への妥当な理由として認識したならば、つまり、あなたを主体として上向きの適合を持つ事象的存在を認識したならば、あなたはそれをすでに、自分が行うべく確約を負ったことを行いたいと思うことへの根拠として認識したのである。真理を話したいとか約束を守りたいという私の欲求は、自分が言明をなしていることや約束をしたこと、言明や約束は確約や義務を創り出すこと、そして私は自らの確約や義務を果たすように求められること、これらを私が認識するという事実から導き出される。それは、歯を削りたいという私の欲求が、歯が治療を要するという認識と、自分の健康上の必要性に配慮したいという欲求から導き出されるのと、ちょうど同じである。

人は、欲求に依存する理由が二次的な欲求を動機づける仕方には、特に問題となる点はないと想定しがちである。しかし、欲求に依存する理由が動機づける仕方と、欲求に依存しない理由が動機づける仕方は、不可解さという点ではいい勝負である。私は、歯を治したいという自分の欲求が、歯を削る理由となることを認識し、ゆえに、歯を削りたいと思う理由となることを認識する。私は同様に、自分があなたにお金の借りがあるという事実が、それを返す理由となることを認識し、ゆえに、それを返したいと思う理由となることを認識する。いずれの場合にも、私を主体として上向きの適合を持つ妥当な事象的存在を認識することが、行為の遂行の理由となり、ゆえに、その行為を遂行したいと思う理由となるのである。

欲求に依存しない理由がいかに動機づけを与えうるかに関して、何も格別の問題はない。この点の理解を妨げているもののひとつは、動機は因果的十分条件となるものでなければならないとする、われわれの伝統に根差した発想である。行為者が現に正しい理由を手にしたならば、行為は必然的に生じ、行為者はその行為を遂行せざるをえないと考えた上で、動機を扱う論述はこれがどうしてそうなのかを示さねばならないと考えてしまうのは、われわれの伝統の悪い点である。この誤りは、飛躍を認識し損なうことから生じる。歯を削る必要性を認識することも、義務を認識することも、ちょうど同じようなものであり、いずれの場合にも結局、私はその理由をふまえて行為するとはかぎらない。だから、行為への理由で欲求に依存しないものの持つ動機づけの力を扱う論述は、そうした理由が行為を十分条件として引き起こすことを示そうと試みているのではない。なぜならば、そもそもそのようなことはないし、行為への合理的な理由のいかなるものも、そのようなことはしないからである。

動機を理解するための段取りとして、三人称的な視点と一人称的な視点の関係について、よくわかっておくことが重要である。三人称的な視点に立つと、あらゆる社会には多くの制度的機構があり、その社会の成員は他の成員から見て、さまざまな仕方でそれら制度的機構の持つ義務構造の拘束を受ける。彼らは夫や妻として、市民や納税者などとして拘束される。しかし、このように言ったところで、一人称的な視点については何も述べたことにならない。意識ある自我としての私は、なぜ、私が行うべく拘束されたり義務づけられたりしていると他の人がみなす事柄を、多少とも気にかけねばならないのだろうか。これにはつぎのように答えられる。すなわち、それら制度的機構の中で行為する私は、一人称的な視点に立てば、自発的かつ意図的に、欲求に依存しない理由を自分に対して創り出すことができるのである。たしかに、私がそのようなことをなしうるのは、制度的機構のおかげである。しかし、この点が重要なのだが、私がそのように創り出す義務や確約その他の動機づけ要因は、制度に由来するのではなく、私が意図的かつ自発的に、それらの義務や確約、責務を引き受けたことに由来する。この事実ゆえに、意識ある行為者としての私には、それら動機づけ要因を認識することが合理的に要求されうる。このことは、約束の場合には自明であろうし、言明の場合にも、それほど自明ではないにせよ同じく正しい。「約束します」という語句を発話した以上、私は、「たしかにそう言いはしたが、それがなぜ約束することを構成するのかわからない」と言うわけにはいかないし、約束をした以上、「たしかに約束はしたが、それでなぜ私が義務を負うことになるのかわからない」と言うわけにもいかない。これと同じように、「雨が降っている」と言ったならば、「たしかにそう言いはしたが、それがなぜ言明をなすことを構成するのかわからない」と言うことはできないし、言明をなしたからには、「たしかに言明はなしたが、それでなぜ真理への確約を負うことになるのかわからない」と言うこともできない。

ここまで、いささか急ぎ足で、この章で私が提示する主要な論証の概観を示した。これまでのところ、私はそれらを最も根源的な、原子的なレベルで論じたにすぎない。今後、より高いレベルへと進み、欲求に依存しない理由が行為を動機づけうる仕方に関する論証を、さらに立ち入って再述しよう。ではここで、主張についてこれまでに提示された説が、適切さに関するわれわれの条件をどのように満たすか、見てみよう。

1．この説は、完全に自然主義的である。われわれの能力は、もっと単純な動物、とりわけ霊長類の能力を拡張したものである。サルは志向性の能力を持つが、充足条件に充足条件を課しうるという、第二レベルの志向性の能力は持たない。サルには、充足条件に充足条件を課すことによって、雨が降っているという命題の真理性への確約を引き受ける能力はない。しかも、われわれはこれらのことを、同じ種の他の成員が認識しうるような仕方で、それゆえ当の確約を他の成員に伝達しうるような仕方で、行うことができる。われわれには、社会的に創り出された制度があるからである。サルにはそれが欠けている。

2．行為への理由で欲求に依存しないものの創造に用いられる道具立ては、言語行為の構成規則のひとそろいと、それらを現実の人間言語の意味論的構造に実現したものである。話者が主張をなし、命令を下し、約束を行うことを可能とするに足るだけの豊かな言語であれば、どのようなものでもよい。現実生活では、話者と聞き手はふつう、貨幣や財産、国民国家や結婚といった、他の制度的機構にも関わっている。これらの構造や機構は、言語的なものも非言語的なものも、たいへん複雑である。しかし、それらは何ら謎めいたものではない。私は他の場所で、それらについて詳細な記述を行った。(3)

3．行為への理由で欲求に依存しないものは、充足条件に充足条件を課すことによって創り出される。充足条件に充足条件を課すことは、すべて確約であり、そのような確約はすべて、行為への理由で欲求に依存しないものを創り出す。誓いや約束におけるように、充足条件が話者に言及し、命題内容が話者による何らかの自発的行為を特定する場合には、そのような充足条件を課すことによって、行為への理由で欲求に依存しないものが明示的に創り出される。他方、主張の場合、行為への確約は暗黙のものにとどまるが、それでも確約であることに変わりはない。発話に充足条件を課すことは、話者に確約を課すのである。

4．あなたが引き受ける確約は、あなたに対して拘束力を持つ。なぜならば、それはあなたの確約だからである。つまり、あなたは自由かつ意図的に主張を行い、ゆえにその真理性に確約を負ったのだから、その真理性や誠実さ、整合性や証拠、帰結に関して無関心だと言うことは、合理性の点で許されない。ここでは認識的合理性だけで十分である。あなたはただ、あなた自身が自ら創り出した確約と、その論理的帰結を認識すればよいのである。

5．そのような理由が動機づけとなりうるのは、あなたがそれを動機づけ要因として創り出したからである。あなたはつまり、命題内容を持つ事象的存在で、上向きの適合を持ち、あなたに対して拘束力のあるものを創り出した。あなたの意志を行使して、充足条件に充足条件を課したことにより、あなたはそれらの条件に関するかぎり、自らの意志を将来にわたって拘束した。このことは、約束を考えた方がいっそう自明になるであろうが、ほとんどすべての言語行為が約束の要素を備えている。哲学者は長いあいだ、約束をある種の主張として扱おうと苦心してきた。しかし、むしろ主張を、あることが事実だという一種の約束と考えた方が、まだしも正確だったであろう。

6．条件(1)から(5)への答えを述べるにあたって、私は実質のある外在的な原理に何ら言及しなかった点に注意してほしい。「真理を語るべきである」「嘘をつくべきではない」「主張は整合的でなければならない」といった諸原理は、主張の概念に内在的である。適切な確約を負うにあたって、外在的な道徳原理は何ら必要ない。真理への確約は、主張の志向性の持つ構造に組み込まれているのである。

2　動機づけと適合の向き

私はこれまで、人が確約を創り出し、それに動機づけられることがいかにして可能かについて、骨格となる論述を提示してきた。この節で、私はその論述にもう少し細部を付け加えたい。率直に言って、これまでの論述は当たり前のことを言っているだけで、たいして面白いわけですらないと思う。にもかかわらず、それに対してはたいへんな抵抗があるに違いない。なぜだろうか。抵抗の大部分は、そのような論述はそもそも無理だという、われわれの奇妙な哲学的伝統に発する。この伝統によると、事実と価値、「である」と「べき」のあいだには、厳格な区分けが存在せねばならない。この伝統は、事実からなる世界において、価値はいかなる位置を占めるか、規範性はいかなる源泉を持つかについて、数え切れないほどの著作を生み出した。さらに、その同じ伝統の中には、「倫理」とか「道徳」とか呼ばれる事柄に対する不健全な執着があり、著述家たちは、行為への理由にまともな関心を示すことがほとんどないまま、倫理というお気に入りの主題へと突き進んでしまう。彼らは事実を問題のないものとみなし、価値を説明を要するものとみなすのである。しかし、われわれ自身のような、生身の生物学的な動物の視点からものごとを考えれば、規範性などそれこそ至るところにある。世界はたしかに、おおかたわれわれに依存しない事実から成り立っている。だが、それらの事実を表象することを始めるやいなや、その表象が持つ適合の向きに関わりなく、規範はすでに入り込んでおり、しかもその規範は行為者に拘束力を持つ。志向性はすべて、規範的な構造を持つ。動物が信念を持つならば、信念は真理、合理性、整合性という規範に服する。動物が意図を持つならば、意図は成功するか失敗するかである。動物が知覚をするならば、その知覚は世界に関する正確な情報を与えることについて、成功するか失敗するかである。そして動物は、真理や成功、正確さについて、無関心でいるわけにはいかない。なぜならば、当の志向的状態は、まさにその動物の状態だからである。信念を持つのがあなたであれば、私はその信念の真偽に関して無関心でいることもできよう。だが、信念を持つのが私であるとき、同じように無関心でいるわけにはいかない。なぜならば、それは私の信念であり、信念には真理という規範的要求が組み込まれているからである。このように、動物の視点に立つと、規範性から逃れるすべはない。であるをただ表象しただけで、動物はべきを与えられてしまうのである。

人間という動物の特別な点は、規範性にあるのではなく、言語の使用を通じて公共的な確約のひとそろいを創り出す人間の能力にある。これを人間はふつう、話者が充足条件に充足条件を意図的に課すという、公共的な言語行為の遂行によって行う。そのような言語行為が可能なのは、話者が意味ある言語行為を遂行したり、それを他の話者/聴者に伝達したりするにあたって用いることのできる、制度的機構が存在するおかげである。話者はこの道具立てを用いることで、充足条件に充足条件を課し、確約を引き受けることができるのである。実際、確約を引き受けることは、逃れがたいことである。主張という言語行為は真理への確約であり、約束という言語行為は将来の行為への確約である。いずれも、話者が充足条件に充足条件を課すという事実から生じる。言語行為は話者に、第二の充足条件への確約を負わせる。主張であれば、話者は主張が真であることへの確約を負い、約束であれば、話者は自分が遂行すると約束した行為を実行することへの確約を負うのである。

ひとたび動機が創り出されたなら、それを認識することは、行為への内在的な理由を与える。この点について、よく理解することが大切である。外在的な動機づけ要因は、どれほどばかげたものであろうとも、受け入れられた以上、行為者に行為への内在的な理由を与えうる。私が不合理にも、机の背後にトラが隠れていると信じ込むに至ったとしよう。この場合、私は危険の存在を受け入れたのであり、したがって私には行為への理由がある。その理由がどれほど不合理なものであっても、このことに変わりはない。尤も、行為への理由で欲求に依存しないものに関するここでの論点は、つぎのことである。すなわち、行為者が意図的かつ自由に、そうした理由を創り出したなら、その理由を受け入れることは、認識的合理性に関わる事柄として合理的に要求される。

以前論じた、雨が降っているという言明を私がなす場合を考えてみよう。言明をなすときはつねに、私には、自分の言うことが真であるように言う理由がある。なぜならば、言明とはそもそも、表現された命題が真であることへの確約にほかならないからである。言明をなすことと、その真理性への確約を負うことのあいだに、飛躍は一切存在しない。つまり、第一に言明をなし、第二にその真理性に確約を負うというふうに、言語行為に二つの独立した特徴があるわけではない。あるのは言明をなすことだけであり、そのことがそれ自体、真理への確約なのである。「外はどんな天気だい」とあなたに聞かれ、私は「雨が降っている」と答えたとしよう。私はそのことによって、雨が降っているという命題の真理性に確約を負ったことになる。真理への確約は、私が嘘をついている場合、最も明らかになるだろう。私が、雨が降っているると実際に信じてはいないのに、嘘をついて「雨が降っている」と言ったとしよう。このとき私は、この発話をなしたことで、自分が真だと信じてはいない命題の真理性に確約を負ったことを了解する。それだからこそ、その発話は私にとって、嘘として理解可能なものとなるのである。そして、嘘が嘘として成功しうるのも、私が言明をなし、ゆえに表現された命題の真理性に確約を負ったものと、あなたが思い込むからこそである。似たような論点が、間違いに関しても言える。私は嘘をついたのではなく、本当に間違えたのだとしよう。雨が降っていると私は誠実に言ったのだが、やはり雨は降っていなかったのである。そのような場合にも、私の言語行為には悪い点がある。つまり、それは偽なのである。だが、真なる命題がひとつあれば、偽なるものもひとつあるというのに、それはなぜ悪いことなのだろうか。それが悪いのは、言明の目標は真となることであり、この言明は偽であるがゆえにその目標に届かないからである。言明をなすとき、私はその真理性に確約を負う。この場合、間違いを犯したことによって、私はその確約を損なったのである。

古典モデルには、これらの単純な事実を扱うすべがない。古典モデルでは、言明をなすという制度と、それに対して外在的な、真理を話すよう努めるべきだという原理との、二つの別個の現象があると言わざるをえない。言明をなすときに、真理を語ろうと努めることには、いかなる理由があるのだろうか。言明をなすことだけからは、何の理由も出てこないと、古典モデルの理論家は言わねばならないだろう。理由として可能なものは、嘘をついたら悪い帰結が生じるように感じられたとか、言明をなすこととは論理的に独立に、偽なるものは悪いという道徳原理を持っているとか、ただ真理を語りたくなったとか、その言明をなすことに対して外在的な、何かほかの理由があるといったことだけである。古典モデルでは、それらの理由はみな、言明をなすこと自体の本性とは独立である。私はそれと反対に、真理への確約は言明をなすことに内在的だという点を説明しなければ、言明とは何かを説明することなどできるわけがないと主張しているのである。

しかし、真理への確約はなぜ、言明をなすことに内在的なのだろうか。言明を行いながら、その真理性への確約は負わないような、言明をなすことに関する異なった種類の制度はなぜ不可能なのだろうか。確約の、どこがそんなにすごいのだろうか。ある意味では、通常の確約を負うことなしに、言語行為を遂行することも可能である。物語では、まさにそれが生じる。物語の場合、作者が文中で行う発話の真理性について、作者に責任を負わせる者などいない。だが、より根源的な形式では、実際になされる発話の真理条件に対して確約が生じる。物語のような事例は、そうした形式から派生したものとして、そしてそれに寄生するものとして、理解されるのである。それゆえ、なぜ、という最初の問いは残されたままである。そしてその答えは、意味そのものの本性から出てくる。雨が降っていると言うとき、雨が降っているという主張の真理性に私が確約を負うのは、雨が降っているという発話を行うに際して、私がその発話にある特定の充足条件を意図的に課したからである。私が、雨が降っていると真剣に主張しており、たんに発音の練習をしているのでも、芝居の稽古をしているのでも、詩の朗読をしているのでもないとき、私はその命題の真理性に確約を負う。なぜならば、「雨が降っている」という音声を、私の行為内意図が生じさせるという行為内意図の充足条件に対して、雨が降っているという充足条件を意図的に課したとき、私はその発話に対して、上の真理性への確約を意図的に課したからである。そして、これは繰り返しになるが、私がこのようなことを公共的にわかる仕方で行うことができるのは、言語および言語行為という人間の制度に私が参加しているという事実のおかげである。

ではここで、上で学んだことのいくつかを、より伝統的な意味での実践理性に適用してみたい。実践理性の多くの事例において、人はいま、ある行為を将来遂行することへの理由を創り出す。私が思うに、自発的で合理的な行為がいかにして、将来の行為への理由を創り出しうるかを理解したければ、ものごとを近くから見る以外に方法はない。そこで、日常生活で起こるたぐいの事例を考察しよう。私はバーに行き、ビールを注文する。私はビールを飲み、勘定のときになったとしよう。私は、自分の行動が、ビールの勘定を払う義務を自分に負わせることを意図した。その事実までは、認めてよいだろう。だが問題は、その事実からは独立の理由、たとえばビールの勘定を払う欲求や、動機集合の中にある他の何らかの適切な要素が、ビールの勘定を払う理由を持つためにさらに必要となるかどうかである。つまり、ビールの勘定を払う理由があるかどうかを知りたければ、私はまず、自らの動機集合を精査して、ビールの勘定を払う欲求があるかどうか、あるいは、自分の飲んだビールの支払いに関する何らかの一般原理を自分は持っているかどうか、確かめねばならないのだろうか。私には、その必要はない、というのが正解だと思われる。上のような事例では、ビールを注文し、それが来たときに飲んだことで、私はすでにその勘定を払う確約や義務を意図的に創り出したのであり、そうした確約や義務は理由の一種なのである。

上のようなわかりきった事例を取り扱うことができないのは、古典モデルの実にまずい点である。真理を語ることの場合と同様、古典モデルの擁護者は、自らの「動機集合」中に適切な欲求を見出し

称的な視点に立つと、自分にとっての理由の創造を自由に引き受けたことで、私はすでに、かくかくのことが自分にとっての理由であってほしいという欲求を表明した。私は自らの意志を現在自由に行使することを通じて、将来における自らの意志をすでに拘束したのである。結局、つぎのような問いにはすべて、自明の答えしかありえない。それはなぜ、理由なのだろうか。私はそれを、理由として創り出したからだ。それはなぜ、私にとっての理由なのだろうか。私はそれを、私にとっての理由として自由に創り出したからだ。

第一章と第三章で飛躍を論じた際、われわれは、効力ある理由はすべて行為者によって創り出されることを見出した。だが、将来の行為への理由で欲求に依存しないものを創り出すことの特異性は、私がいま、効力ある理由の行使により、私が将来行為することへの潜在的に効力ある理由を創り出す点にある。哲学の伝統は、問題をまさに逆転させていたのである。問題は、「私には、欲求に依存しない理由など、いったいいかにしてありえようか」ではない。問題はむしろ、「欲求に依存しない理由も含めて、私が自分に対して理由として創り出したのではないものが、いったいいかにして、私にとって何らかの理由となりえようか」である。自発的行為の遂行には、原因と、行為を実際に実行することのあいだに飛躍がある。この飛躍は、私が端的に行為を遂行することで乗り越えられる。そしてこの場合、行為の遂行自体が、それに続く行為への理由の創造となるのである。

私の記述した事例は、動機の点で、理由が欲求の根拠となりえており、その逆ではない。その事例は、日常の言葉に直すと、「私は勘定を払う義務を負っているから、勘定を払いたい」と記述するのが正しい。そして、理由と合理性および欲求の結びつきは、つぎのとおりである。すなわち、あるものを拘束力のある義務として認識することは、すでに、外在的な動機づけ要因としての存在論、つまり上向きの適合を持つ存在としての存在論を持つものを認識することである。そのような存在の妥当性を認識することは、すでに、行為への理由を認識することである。そして、あるものを行為への理由として認識することは、それをすでに、その行為の遂行を欲求する理由として認識することである。

3　動機の問題に対するカントの解決

カントは『道徳形而上学原論』において、(4)私が論じているものと形式的に似たような問題に直面した。もし、すべての行為が、その行為を遂行する欲求の現れなのだとしたら、欲求に依存しない理由はいかにして、行為を実際に動機づけることができるのか、というのが私の問いである。カントは彼の問いを、「純粋理性はいかにして実践的たりうるか」という形式で提起する。そしてカントはこれを説明して、それはわれわれがなぜ、定言命法に利害関心を持ちうるかという問題なのだと言う。利害関心とは、理性がそれによって実践的たらしめられる、つまり行為の意志を規定する原因たらしめられるもののことである。この問いに対するカントの答えは、私には不適切なものに思われる。彼はつぎのように言う。「理性それ自体が、合理的でありながら感覚的な影響を受ける存在に対して、それをする『べき』だと定めるような行為を、われわれが意志するには、つぎのことが必要だと認めざるをえない。すなわち理性は、義務を果たすことに喜びや満足の感覚を吹き込む力を持たねばならない。理性はそれゆえ、理性が合理的な諸原理に則って感性を規定しうるように、ある種の因果性を持たねばならない」(英訳 p. 128，邦訳一七一頁)。このように、カントの見解によると、純粋理性はある喜びの感覚を引き起こさねばならず、われわれが純粋理性の命じることに則って現に行為しうるのは、この喜びの感覚ゆえにほかならない。カントは、純粋理性がいったいいかにして、そうした喜びの感覚を引き起こすことができるのか、われわれには全く理解できないと認める。なぜならば、われわれが因果関係を見出しうるのは、経験の対象のあいだにおいてのみであり、純粋理性は経験の対象ではないからである。

私は、これはたいへん出来の悪い論証だと思う。カントの主張によると、われわれが行為への理由で欲求に依存しないものをふまえて行為するには、そうすることから何らかの仕方で「喜びの感覚」を得る必要があることになる。私の見るところ、カントは適合の向きを理解していない。つまり私の考えでは、「喜びの感覚」などなくとも、そうすべき妥当な理由のあることが認識されるだけで、われわれは多くの行為を遂行しうる。歯を削る場合も、約束を守る場合も、「喜びの感覚」の必要がない点に変わりはない。もちろん、歯を削ることや約束を守ることから、何らかの満足感が得られることはありえよう。だが、歯を削ったり約束を守ったりするにあたって、そのような感覚の得られる論理的な必要性はない。私の提示している見解では、理由の妥当性を認識することだけで、行為を動機づけるに十分である。喜びや欲求、満足などがそれに加えて必要となることはない。行為を遂行する動機が、まさに、行為を遂行したいと思う動機である。

これは、カントの論証およびこの本の論証、さらには古典モデルをめぐる論争一般にとって、決定的に重要な点である。カントは、古典モデルをさまざまな面で攻撃するものの、その最もよからぬ特徴のひとつを受け入れている。彼は、私がここでいま、ある行為の遂行に「喜びの感覚」を得るのでなければ、私がその行為をここでいま意図的かつ自発的に遂行することなどありえないと想定するのである。あらゆる行為が実は欲求を充足するためになされるのであり、しかもあらゆる行為がそれ自体、その行為を遂行する欲求の現れであるとしたら、いかなる行為の遂行にも、欲求の充足があらねばならないことになる。しかし、これは混乱の巣窟と言うべきもので、私はここでそれを整理してゆきたい。まず、行為が、欲求を充足するためになされる場合を考えてみよう。私は、歯を治したいと思うという欲求を充足するために、歯を削る。そして私が歯を削るのは、いまここで、歯を削りたいと思うからである。しかしだからといって、私の意図的行為に何らかの意味で「喜びの感覚」が必要であることには全くならない。歯を治したいという根本的な欲求は、歯を削りたいという二次的な欲求を動機づけることができ、こんどはその二次的な欲求が、行為を動機づけうる。だが、歯が治ることから得られる喜びや満足感が、歯を削るという活動に受け継がれることはないし、その必要もない。この事例では、私はあることを欲求することへの、欲求に依存する理由を持つ。だが、欲求に依存する理由が二次的な欲求を根拠づける仕方は、欲求に依存しない理由が二次的な欲求を根拠づける仕方と、全く同じである。約束を守りたいという私の欲求は、私が約束を行い、そのゆえに義務を負ったという、欲求に依存しない事実に由来する。ここで、私が約束を守る行為を意図的に遂行するために、約束を守ることから喜びの感覚がもたらされる必要はない。それは、歯を治したいという根本的な欲求を充足するために、歯を削ることから喜びの感覚がもたらされる必要がないのと同じである。カントの犯した誤りには、古典モデルの伝統に属する著述家の多くが潜在的にのみ犯した誤りが完全に顕在化されている。もし、あらゆる行為がその行為を遂行する欲求の現れであり、成功した行為のすべてが欲求の充足をもたらすとしたら、行為を動機づけうるものは欲求の充足、すなわち喜びの感覚以外にないことになりそうである。だが、これは誤りである。たしかに、行為はみな、その行為を遂行する欲求の現れである。しかしこの事実から、あらゆる行為が欲求を充足する目的でなされるということは帰結しない。また、行為を動機づけうるものが、喜びの感覚という意味での欲求の充足以外にないことも帰結しない。

4　特殊事例としての約束

これらの問題を論じるときには、約束に多くの時間を費やすことが多い。しかし私はここでむしろ、行為者の創り出す欲求に依存しない理由という現象は広汎にみられるという点を強調したい。それなしには、社会生活を理解することなど微塵もできず、約束はその中で、特殊かつ純粋なたぐいの事例にすぎない。だが、約束に関する論争の歴史を見ることはたいへん有意義である。約束を守る義務について説明し、標準的な誤謬のいくつかを示しておけば、私が論じたいことの説明にあたって有益であろう。問題はこうである。約束を守ることには、いかなる理由があるのだろうか。これに対しては、つぎのような自明の答えがあるだろう。約束とは定義上、義務の創造である。義務は定義上、行為への理由である。すると、さらにつぎの問いが出される。約束を守る義務は、いかなる源泉を持つのだろうか。

真理を語ることへの確約が、言明をなす行為に内在的であるのとちょうど同じように、約束を守る義務は、約束をする行為に内在的である。だが古典モデルには、この事実を取り扱うすべがない。約束は定義上、何かを行う義務を引き受けることである。古典モデルの伝統は、この事実を否定せざるをえない。しかしそれを否定するに際して、伝統の擁護者たちはふつう、いくつかのことを言わざるをえなくなり、それらは少々おかしなことであるばかりか、私の考えでは誤ったことである。私はこの節で、私が目にした最もありがちな誤謬の簡単な目録を示そう。

よくある主張だが、私に言わせれば誤っているもので、すぐに片付けられるものが三つある。第一は、約束を守ることには何らかの特別な道徳的義務があると考えることである。これは正しくない。少し考えてみれば、約束と、厳密な意味での道徳には、何ら特別な関係のないことがわかるだろう。たとえば、私があなたのパーティーに行くと約束をしたら、それは社会的な義務である。それが道徳的な義務でもあるかどうかは、事柄の性質次第である。私の行くようなパーティーであれば、たいてい、それは道徳的な義務ではない。たしかに、道徳上の深刻な問題に関わるような約束をすることもときにはある。しかし、約束それ自体には、約束がいささかなりとも道徳上の問題を伴うという帰結をもたらすものは何もない。約束の実践自体には、約束を守る義務がどれも道徳的義務とみなされるに十分なだけ深刻だということを保証するものは、何もないのである。道徳的に些末な事柄について約束をすることは、いくらでもあるだろう。

これと関連のある第二の誤りは、何か悪いことを行う約束をした場合、その約束を守る義務は全くないと考えることである。これは明らかに間違っている。そのような事例の記述としては、約束を守る義務はたしかにあるが、それは約束した行為が本性上悪いものであるため無効にされる、と言うのが正しい。この点は一致差異併用法によって証明できる。その行為を行うと約束した人と約束しなかった人には、差異がある。約束をした人は、約束をしなかった人が持たない理由を持つのである。[5]

第三の誤りは、私の見るところ、三つの中で最も悪い。それは、約束を守る義務は決定的な問答無用の義務ではなく、一応の義務にすぎないと考えることである。この見解は（サー・デイヴィド・ロスによって）[6]、義務はふつう相互に対立するから、それらをすべて果たすことはしばしば不可能である、という事実を回避しようとして定式化された。ロスによると、義務Aが義務Bを無効にするとき、Bは一応の義務にすぎず、正真正銘で問答無用の義務ではない。私は別の場所で、この見解は混乱していると詳しく論じたので[7]、ここでその論争を繰り返すのはやめておこう。ただ、これだけは言っておきたい。Bが何らかのより重要な義務によって無効にされるとき、そのことは、Bが全面的な義務や無条件の義務などでなかったことを示すのではない。無効にすべきものがそもそも実は存在しなかったのなら、それを無効にすることはできないだろう。「一応の」は文に対する認識論的な修飾語であり、義務の種類に対する述語ではない。ゆえにそれは、義務が相互に対立して一方が他方を無効にするという現象を記述するのに適切な用語ではありえない。「一応の義務」の理論は、だめな哲学以下であり、文法的にだめなのである。

思うに、約束を守る義務に関して、最もよくみられる深刻な誤謬は、つぎのようなものである。それらはすべて、それぞれ異なった仕方で、古典モデルの受容に由来する。

誤謬その1：約束を守る義務は、分別によるものである。約束を守る理由は、もしそれを守らなかったら、将来約束をしたときに信じてもらえないだろうからである。

ヒュームがこの見解を保持していたことはよく知られている。しかしこれに対しては、決定的で、しかも同じくらいよく知られた反論がある。すなわちこの説によると、生きている人が誰も私の約束を知らない場合、私にそれを守る義務は全くないことになってしまう。この見解では、死の床にある父に息子が内密になす今際の約束には、何の義務も伴わない。息子はその約束について、誰にも言わなくてよいからである。

しかも、将来信じてもらえなくなるというのは、いったいなぜだろうか。それは、義務を引き受けたにもかかわらず、それを実行しなかったからにほかならない。義務を果たさず、それが不信の根拠となることは、たんに期待を裏切ったこととはまるで似ていない。有名な例を挙げると、カントはいつもきっかり時間どおりに散歩をしたので、近所の人はそれで時計を合わせることができたほどである。だが、もし彼がいつもの時間どおりに散歩をしなかったとしたら、彼は期待を裏切ったことにはなるだろうが、義務に背いた人が抱かせるのと同様の不信を抱かせることはないだろう。約束の場合、不信はたんに期待が損なわれたことから生じるのではなく、約束をする人が言質を与えたという事実に起因するのである。

誤謬その2：約束を守る義務は、人は自分の約束を守るべきであるという道徳原理の受容から導き出される。そのような受容がなければ、行為者に約束を守る理由はなく、あったとしてもせいぜい分別による理由だけである。

この誤りは、言明をなす際の真理への確約に関して見出された誤りと同じである。古典モデルは、約束における義務を約束の行為にとって外在的なものにしようとする。だがそうすると、約束とは何であるかを説明することができなくなってしまう。これは、言明することと、言明の真理性に確約を負うことの関係を純粋に外在的なものにしようとすると、言明とは何であるかを説明できなくなるのと同じである。つまり、この反論に決定的に答えるには、約束と義務の関係は内在的であることを指摘すればよい。約束は定義上、義務を引き受ける行為である。義務を引き受けることに訴えずに、約束とは何かを説明することはできない。

言明をなすことの場合、真理への確約が最も余すところなく明かされるのは、故意に嘘をつく人の事例においてであることをわれわれは見た。それと同様に、約束の場合、義務が約束の行為に内在的であることが最も明らかに示されうるのは、不誠実な約束をする人の事例においてであろう。私が不誠実な約束、守る意図のない約束をしたとしよう。そのような場合も、約束をした時点で、私は約束したことを行うべく自らを拘束し、その義務を引き受けたことになる。そして、そのことが理解されているからこそ、私の欺瞞行為は私自身に十全に理解可能なものとなり、また、おそらく後には約束をされた人にも、それが不正直な行為であったことがわかるのである。約束をするとき、私は将来何が起こるかについて、当て推量を言ったり予測を立てたりしているのではない。私は将来自分が何をするかについて、自らの意志を拘束するのである。私の不正直な約束は、約束として、ただし私が義務を引き受けながら、自分が引き受けた義務を果たす意図がなかったものとして、私に理解される。

誤謬その3（誤謬その2の洗練された形態）：もし本当に、義務が約束に内在的であるならば、約束を守る義務は約束という制度から導き出されるほかはない。人が約束をしたという事実は制度的事実であり、およそいかなる義務も、その制度から導出されるほかないのである。だがそうだとすると、あらゆる制度が同様の身分を持ってしまうことは、いかにして防げるのだろうか。奴隷制は、約束と同じく制度である。ゆえに、約束が欲求に依存しない理由を創り出すという見解が正しければ、奴隷もまた、約束をする者と同じだけ、義務を負うことになる。しかしこれはばかげたことである。すると、欲求に依存しないものとして約束を見る見解はばかげた結果を招くから、誤っているに違いない。この点を正しく捉えるには、つぎのことを捉えねばならない。すなわち、たしかに義務の根拠は制度なのであるが、それはわれわれが、制度と独立に、人は自分の約束を守るべきだという原理を受け入れるからにほかならない。制度に賛成するか、それを何らかの仕方で是認するか、あるいはそれを肯定的に評価するのでないかぎり、約束に義務は伴わないのである。われわれはふつう、約束を守るように育てられ、したがってその制度に肯定的な態度をとるように育てられてきた。それゆえ、義務の源泉として、われわれによるその制度の是認が欠かせないことに気づかない。制度としては、約束も奴隷制も同等である。目下の論争に関わる相違と言えば、われわれがたまたま、一方はよいが他方は悪いと思っていることだけである。

義務は、約束の行為に内在的ではない。義務は、約束の行為に対してわれわれが持つ態度から、外在的に導出されるのである。「汝、己の約束を破ることなかれ」という原理をわれわれが受け入れることによってのみ、約束の義務は創り出されうる。

この反論には、この問題に関する古典モデルの見解が凝縮されている。それに対して、最も簡単な答えはつぎのとおりである。約束を守る義務は、約束の制度から導き出されるのではない。私が約束をするとき、約束の制度は媒体にすぎず、それは私が理由の創造にあたって用いる道具にすぎない。約束を守る義務は、約束において私は自由かつ自発的に、自分にとっての理由を創り出すという事実に由来する。意志の自由な行使は意志を拘束することができ、これは「制度」や「道徳的態度」、「評価的発話」と何の関係もない論理的な論点である。だからこそ、分別による理由を除けば、奴隷が奴隷所有者に従う理由はない。奴隷は、自らの自由を行使して自分の意志を拘束したのではない。外在的に見ると、奴隷も契約労働者も、何ら違いはないように見えるかもしれない。両者が同じ報酬を受けることさえあるだろう。だが内在的には大幅な相違がある。契約労働者は自分にとっての理由を創り出したのに対して、奴隷はそのようなものを創り出していないのである。約束の義務が約束の制度に由来すると考えることは、日本語を話すことで私が引き受ける義務は日本語の制度に由来するはずだと考えるのと同じくらい、間違ったことである。それはあたかも、日本語というものが何らかの意味でよいものだと思うのでなければ、私はそれを話すことで何の義務も負わないと言うようなものである。古典モデルによると、約束を守る義務はつねに、約束自体にとって外在的なものである。私が約束を守る義務を負うとすれば、それは私が(a)約束という制度はよいものだと思うからか、(b)人は自分の約束を守るべきだという道徳原理を保持しているからか、このいずれかのゆえにほかならない。これらいずれの見解に対しても、簡単な論駁がある。それらは、当の条件が欠けているとき、約束を守る義務は一切ないという帰結を生じるのである。つまり、約束という制度をよいものだと思わない人や、人は自分の約束を守るべきだという道徳原理を保持しない人には、約束を守る理由は何ひとつない。私の見るところ、これはばかげたことである。そして私は、それがいかにばかげたことか、この本を通じて各所で指摘してきた。

誤謬その4：実は、これら「約束」「義務」などの語にはすべて、二つの意味がある。それは記述的な意味と評価的な意味である。これらの語を記述的な意味で用いるとき、われわれはただ事実を報告しているだけであり、行為への理由を現に是認しているわけではない。だが、それらの語を評価的な意味で用いるときには、たんに事実を述べる以上のことが含まれる。なぜならばその場合、われわれは何らかの道徳的判断を行っているはずであり、そうした道徳的判断が事実から自ずと帰結することはありえないからである。したがって実は、この議論全体に体系的な両義性があったことになる。それは、語の記述的な意味と評価的な意味のあいだの両義性である。

誤謬その4への答えは簡潔にとどめよう。それらの語にはそうした二つの意味などなく、それは「犬」「猫」「家」「木」に二つの意味がないのと同じである。もちろん人はいつでも、通常の確約を伴わない仕方で語を用いることができる。「あれは家だ」と言う代わりに「あれは人が『家』と呼ぶものだ」と言えば、私はそれが実際に家であるかどうかについての確約を負わずにすむ（ただし私は、人がそれをそう呼んでいることについて確約を負う）。私は同様に、「彼は約束をした」「彼は義務を引き受けた」と言う場合にも、「約束」や「義務」といった語をかぎ括弧に入れて、語の文字どおりの意味が担う確約を取り除くことができる。しかしこの可能性は、それらの語に二つの意味があるとか、その文字どおりの使用に両義性があるといったことを示すものではない。「約束」の文字どおりの意味によれば、約束をした人はそのことによって、あることを行う義務を引き受けたのである。これらの語に余計な意味を措定しようとすることは、こうした事柄からの逃避である。

5　この説の一般化――欲求に依存しない理由の社会的役割

私はこの章でこれまで、行為への理由で欲求に依存しないものに関して、その創造の原子的構造と私が呼んだものの記述を試みてきた。私はまた、主張と約束に固有の特徴のいくつかを論じつつ、約束という制度に関する哲学の伝統における議論を批判すべく努めてきた。私はさらに、行為への理由で欲求に依存しないものの「現象学的レベル」についても簡潔に論じた。人はそこにおいて、自分の行為が将来自分があることを行うことへの理由を創り出すという条件のもとで、行為するのである。私はこれから、欲求に依存しない理由が社会生活一般の中で、原子的構造のレベルよりも高いレベルで果たす役割について、より一般的な説を述べることを試みたい。私はとりわけ、欲求に依存しない理由の創造が、言語を所有し制度的機構の中でことを運ぶ自由で合理的な自我によって、なぜかくも広汎になされているかを説明したい。それはあなたが結婚するときにも、バーでビールを注文したり家を購入したりするときにも、大学のコースに入学したり歯医者に予約を入れたりするときにも生じることである。それらにおいて、あなたは制度的機構を援用し、自分が将来あることを行う理由を創り出す。しかもそれは、将来の時点であなたがそれを行う欲求を持つか否かにかかわらず、それを行う理由なのである。そしてこのとき、それがあなたにとっての理由であるのは、あなたがそれを自分にとっての理由として自発的に創り出したからである。

実践的合理性において理由の果たす役割に関する一般的な説は、少なくとも以下の五つの特徴を理解することを含む。それらは、(1)自由、(2)時間性、(3)自我および一人称的視点、(4)言語および他の制度的機構、(5)合理性である。それらを順番に考察してゆこう。

自由

私はすでに、合理性は自由の前提と外延が等しいと論じた。それらは同じものではないが、行為が合理的な評価を受けうるのは、行為が自由であるとき、そしてそのときにかぎられる。この結びつきにはつぎのようなわけがある。すなわち、合理性は違いをもたらすことができるのでなければならない。合理性が可能なのは、一連の行為として合理的なものや不合理なものがあったとき、それらのあいだに真の選択の余地がある場合にかぎられる。行為が完全に決められているならば、合理性は何の違いももたらしえない。合理性には出る幕すらないのである。古典モデルの言うように、行為がすっかり信念と欲求によって引き起こされる人がいたとしたら、その人は合理性のおよそ範囲外で、強いられて行為することになるだろう。それに対して、同じ信念と欲求であっても、それらをふまえて自由に行為する人、それらを自由に効力ある理由たらしめる人は、合理性の範囲の中で行為する。行為の自由、飛躍、合理性の適用可能性は、外延が一致するのである。

私は自由に行為し、充足条件に充足条件を課すことで、理由を創り出すことができる。それは、自分が将来あることを行う理由であり、しかも、その時点になったときに私がそれを行いたいと思うか否かにかかわらず、それを行う理由である。意志をいま拘束する能力が、将来の行為への理由を創り出しうるのは、それが自由の表出であるからにほかならない。

時間性

理論理性の言明が時制を持たないのに対して、実践理性の言明は本質的に時制を持つ。「私はBを実現させたいから、私は行為Aを行うことにしよう」は、将来への言及を本質的に伴う。これに対して、「仮説Hは証拠Eによって実証される」は、時制を本質的に持つことはない。後者は、むろん個別の例において個別の歴史状況に言及することはあっても、時間に関係のないものである。人間以外の動物にとって、本当に存在するのは差し迫った理由だけである。言語なしに、時間を秩序づけることはできないからである。

自我および一人称的視点

われわれが考察する事例では、つぎの点を押さえておくことがたいへん重要である。すなわち、われわれが検討しているのは、自らに対する理由を創り出すことに従事する合理的な自我の行動にみられる論理構造である。自由な行為者は、自分が将来どう感じるかにかかわらず自分を将来拘束するような理由を、いま創り出すことができる。その過程を説明することは、外在的な視点や三人称的な視点をとるかぎり不可能である。

言語および他の制度的機構

欲求に依存しない理由を創り出すには、行為者は言語を持つ必要がある。たしかに、原始的な前言語的存在が充足条件に充足条件を課すことも、想像できなくはないだろう。しかし、そうした理由の体系的な創造や、他の人への伝達となると、人間言語の特徴をなすたぐいの規約的な記号装置が必要である。さらに、行為への理由で欲求に依存しないものの創造には義務関係が関与するが、これをわれわれが表象しうることが社会的関係によって要求される。そして、要求された仕方で時間を秩序づけるためにも、言語は必要となる。つまりわれわれは、人の現在の行為が将来の行為への理由を創り出すという事実を表象するすべを持たねばならず、また、そこで問題となる時間的関係ならびに義務関係を表象する言語的手段を持たねばならないのである。

狭い意味での言語に加えて、すなわち、言明をなすことや約束をすることといった言語行為に加えて、欲求に依存しない理由の創造においては、言語外の制度的機構もはたらいている。たとえば、社会に財産という制度があって初めて、欲求に依存しない理由で財産に関わるものは存在しうる。同様に、社会に結婚という制度があって初めて、欲求に依存しない理由で結婚という制度に関わるものも存在しうる。ただし、つぎの点は繰り返し強調しておくべきであろう。すなわち、理由は制度から導き出されるのではない。むしろ制度は、人がその中で理由を創り出すための枠組みや機構を提供するのである。理由は、自由で自発的な行為を通じて、行為者が自らの意志を拘束するという事実から導出される。

合理性

欲求に依存しない理由の創造という実践が、社会の中で少しでも効力を持ちうるには、その効力は、それに関与する行為者の合理性に依拠するのでなければならない。私のかつての行動が、私の現在の行動への理由を創り出したことを私が認識しうるのは、私が合理的な行為者であるからにほかならない。

五つの要素すべてを組み合わせる

では、これらの点を一般的な説にまとめることを試みよう。まず、われわれは時間をいかに管理するのだろうか。自明の答えとして、われわれはいま何らかのことを行い、もしわれわれがいまその行為をしなかったならば生じなかったような仕方で、将来ものごとが生じるようにするということがあるだろう。目覚まし時計をかけるのは、まさにそれである。午前六時に起きる理由のあることがわかっており、だが午前六時には眠っているであろうから、その理由をふまえて行為することができないだろうこともわかっている。それゆえいま、目覚まし時計をかけて、将来、理由をふまえて行為することができるようにするのである。だがここで、私は目覚まし時計を持っておらず、他の人に起こしてもらおうとする必要があるとしよう。午前六時に目覚まし時計をかけることと、午前六時に起こしてくれるように誰かに頼むことには、どのような違いがあるのだろうか。どちらの場合にも、私はいまあることを行って、私が明日午前六時に起きることをもたらす。相違は、目覚まし時計の場合、創り出されるのは原因だけであるのに対して、後者の場合には行為への理由の新しいものが創り出される点である。これがどのようにしてであるか、さまざまな種類の事例を見てゆこう。もし私がその人を信頼していなかったとしたら、私は「午前六時に起こしてくれたら五ドルあげよう」と言うかもしれない。この場合、私は約束をしたのであり、それは条件つきの約束で、その人に五ドルあげるというものである。そして、相手がこの申し出を受けた場合、彼は私が五ドル払うという条件で私を起こす約束をしたことになる。これは契約の典型で、当事者のそれぞれは条件つきの約束を行い、他方の当事者から利益を受けるのがその条件である。

より現実的に、私がたんに、私を起こしてくれる約束を彼から取り付ける場合がある。「午前六時に起こしてくれ」と私は言い、「よろしい」と彼は言う。この文脈では、彼は無条件の約束を行い、欲求に依存しない理由を創り出したのである。

第三の種類の事例は、約束がなされることを全く必要としない。私はその人をまるで信用していないとしよう。だが私は、彼が毎朝午前六時に朝食を作ることを知っている。そこで私は、朝食の材料すべての置き場所を工夫して、彼が私を起こすことなくそれを手に入れることができないようにしてしまう。たとえば、私はそれを自分の部屋に持ち込んで、ドアに鍵をかけるのである。彼は朝食が欲しければ、私を起こすべくドアを叩くしかない。このような第三の種類の事例においても、私を起こす理由は創り出される。しかしそれは、分別による理由か欲求に依存する理由である。彼は、「私は朝食が欲しい。彼を起こさないかぎり朝食は手に入らない。だから彼を起こそう」と推論せねばならない。

これら三通りのやり方は、状況次第で、いずれも同じくらいうまくゆくだろう。だが私は、そのうち第三のものがどれほど異様なことであるかに注意を促したい。もし、われわれが他の人々から協力を得るやり方が、われわれが彼らにやってもらいたいことを、彼らがわれわれに関わりなくやりたくなるような局面へと、彼らを導いてゆくこと以外にないのだとしたら、人間の社会生活はそのほとんどの形式が不可能になってしまうだろう。社会という舞台で時間を管理しうるには、われわれ自身を含む共同体の諸成員がとる将来の行動について、理にかなった予測を立てることを正当化する手法の創造が必要である。もしわれわれが、ケーラーのサルがそうであるように、欲求しか持たなかったならば、われわれが時間を管理することによって、自分自身の行動を管理したり他の自我と調整したりできるようにすることは、およそ不可能だったであろう。行動を管理し調整するには、欲求と同じ論理構造を持ちながら、欲求に依存しない存在のひとそろいを創り出すことが必要である。つまり、行為への理由を与えてくれるような、すなわち行為者を主体として上向きの適合を持つ命題内容を与えてくれるような、外在的な動機づけ要因を創り出すことが必要である。そのような存在が、合理的な自我に対して拘束力を持ちうるのは、当の合理的な自我がそれを自由に、自らに対して拘束力を持つものとして創り出すことによるほかはない。

言語および他の制度的機構の役割に話を転じよう。制度的事実の諸特徴には、分析を要するものが数多くある。私はそれらのいくつかについて、他の場所で分析を試みたので、ここでそれを繰り返すことはしない[8]。ただ、ここでの議論にとってたいへん重要な特徴がひとつある。制度的事実に関しては、志向性と存在論のあいだに通常みられる関係が逆転する。通常の場合、ものごとがどうであるかは、ものごとがどう思われるか、どう見えるかに論理的に先立つ。それゆえ、ある物体が重く見えることをわれわれが理解するのは、物体が重いとはいかなることかを理解しているからである。しかし制度的実在の場合には、存在論が志向性から導き出される。あるタイプのものが貨幣であるためには、人々がそれを貨幣だと考えるのでなければならない。他方、もし十分に多くの人がそれを貨幣だと考え、それにふさわしい他の諸態度を持つとともにそれにふさわしく行為し、しかもそのタイプのものが、そうした態度によって設けられた他の諸条件、たとえば偽造品でないといったことをすべて満たすならば、それは貨幣である。われわれみなが、ある特定の種類のものを貨幣だと考え、それを貨幣として用い、認識し、扱うように協力するならば、それは貨幣なのである。ここでは「思われる」が「である」に先立つ。この現象の重要さは、いくら強調しても足りないほどである。私の口から発せられる音は、物理的なもののひとつとして見たならば、いささかつまらない音響的な突発現象にすぎない。だが、それには驚くべき特徴が備わっている。すなわち、われわれはそれを日本語の文だと考え、その発話を言語行為だと考えるのである。われわれみなが、それを文であり言語行為であると考え、それを文や言語行為として用い、解釈し、認識し、応答し、概して扱うように協力するならば、それはわれわれがそう用い、認識し、扱い、解釈するとおりのものとなる。（私はいま、たいへん簡略的な述べ方をしている。私はいかなる面においても、これらの現象が単純だと示唆するつもりはない。）われわれはこのようなとき、何らかのありのままの実在を、ある身分を持つものとして扱うことによって、制度的実在を創り出す。問題となっている存在、すなわち貨幣や財産、政府や結婚、大学、言語行為などはみな、ある記述のレベルでは、山や雪だまりと同じありのままの物理現象である。しかしわれわれは、共同的志向性によってそれらに身分を課す。そしてその身分とともに、それを課すことなしには遂行しえない機能を課すのである。

つぎの段階では、われわれがこのような制度的現象の創造により、行為への理由の創造をもなしうることを見る。私には、たいして面白くもない紙切れを財布に大事にしまっておく理由がある。なぜならば、それがただの紙切れではないことを知っているからである。それには米国通貨としての価値がある。このように、制度的機構があると、それなしには存在しえないような行為への理由がたくさん得られる。こうして、「そうであるように思われる」は行為への理由を創り出すことができる。というのも、制度的実在に関して、そうであるように思われることは（適切に理解されれば）、そうであることにほかならないからである。誰かからお金を借りたり、バーでビールを注文したり、結婚したりクラブに加入したりすれば、私は制度的機構を用いて行為への理由を創り出したことになり、その理由は制度的機構の中に存在する。

しかしこれだけでは、最も重要な問いに答えたことにならない。その問いとは、そうした機構を用いて欲求に依存しない理由を創り出すことが、いかにして可能かである。私には、お金を欲するたいへんもっともな理由がある。だがそれは、お金で買えるものに対する私の欲求に由来するゆえ、すべて欲求に依存するものである。それでは、お金を払う義務、他人に借金を返す義務、かくかくの機会にお金を渡すという約束を果たす義務は、どうであろうか。人の集団がある制度を創り出し、その唯一の機能は、私が彼らにお金を与えることにあったとしよう。これだけでは、私には彼らにお金を与える義務は何ひとつない。なぜならば、彼らは自分たちが理由と考えるものを創り出したかもしれないにせよ、それはまだ、私にとっての理由ではないからである。すると、私が制度的実在を用いて、欲求に依存しない私にとっての理由を創り出すことは、いかにして可能であろうか。

この点に至って、自由ならびに一人称的視点という特徴を導入する必要が生じる。疑問はいまや、私がつぎのような理由を自分に対して創り出すことが、いかにして可能かである。それはすなわち、私を将来拘束するような理由であるが、しかもそれは、私が行う理由を創り出した当のものごとを、その時点になったら私はもはや行う欲求を持たなかったとしても、私を拘束する理由なのである。私の考えでは、現象を三人称的な視点から見るかぎり、この問いに答えるすべはない。これを三人称的な視点から見ると、ある人が自分の口から一連の音を発しただけである。彼は、「私はあなたを午前六時に起こす約束をする」と言ったのである。彼がそうしたことは、いったいいかにして、彼の意志を拘束する理由の創造となりえようか。この問いに答える唯一の方法は、私がそれらの音を自分の口から発するとき、私は何が起きていると考えているのか、私は何をしようとしているのか、私の意図は何なのかを、一人称的な視点から見ることである。そして、ひとたびものごとを一人称的な視点から見れば、われわれの難問への解決も見えてくるだろう。「私はあなたを午前六時に起こす約束をする」と言うとき、私は自らを、ある特別な種類の欲求に依存しない理由を自由に創り出すものとみなす。それはすなわち、私が午前六時にあなたを起こすという義務である。まさにこれこそが、約束の眼目であり、実に約束とはそれに尽きる。それはある種の義務を意図的に創り出すことであり、そのような義務は定義上、行為者が後に持つ欲求に依存しない。だが私がこれまでに述べたことは、私がある意図とともに音を発し、そしてその意図を持つゆえに、私にはものごとがかくかくであるように思われるということだけである。しかし、「そうであるように思われる」から「そうである」を得ることは、いかにしてなされるのだろうか。この問いに答えるには、私がつい先ほど制度的機構について述べたことに立ち戻る必要がある。すなわち、そのような機構においては、思われるがであるに先立つという特徴がみられる。私には、自分が約束を創り出しているものと思われるとしよう。というのもそれこそが、私が現に行ったことを行うに際しての私の意図だったからである。そしてあなたには、自分が約束を受けたものと思われるとしよう。さらに、（私が他の場所で詳細に数え上げたが、ここで数え上げることはしない）[9] 約束の創造の可能性に課された他の諸条件が、すべて備わっているとしよう。この場合、私は約束を創り出したのである。私は自らを将来拘束する新たな存在を意図的に創り出した。それは欲求に依存しない、私にとっての理由である。というのも、私はそれをそのようなものとして、自由かつ意図的に創り出したからである。

　意志を拘束する能力が、将来の行為への理由をいま創り出すのは、それがいま、私の自由の表出であるからにほかならない。先に述べたように、このことは、契約者も奴隷も制度的機構の中で行為する点では同じであるにもかかわらず、奴隷にはなぜ、欲求に依存する理由を除いて奴隷所有者に従う理由がないかを示す。奴隷の持つ理由は、分別による理由だけである。奴隷は、自分が行為する理由の創造において自由を行使したことがない。制度的機構の中で、行為者がいかにして、行為への外在的な理由の創造をなしうるかを見るには、制度的機構には、行為者がその中で自分に対して自由に理由を創り出す可能性があることを見ることがたいへん重要である。そうすれば、彼は自由かつ自発的に、それを理由として自分に対して創り出したのだから、それが彼にとっての理由であることに疑問の余地はありえない。このことはもちろん、それが他のいかなる理由をも無効にするような理由だという意味ではない。むしろ、実生活の状況ではつねに、いかなる行為にも、それを行うことへの理由と行わないことへの理由がたくさんあり、それらが互いに競合しがちであることをわれわれは知っている。そのときが訪れても、行為者は自らの約束を、ものごとを行う理由や行わない理由で、それと競合する他のあらゆるものと天秤にかけねばならないかもしれない。

われわれはこれまで、時間、制度的機構、一人称的視点、自由という四つの特徴を考察してきた。ここで、第五のものである合理性に向かおう。合理的に行為する能力は、一般的な能力のひとそろいである。それには、整合性を認識したり整合的にことを運んだりする能力、推論、証拠の認識をはじめ、他の多くのものが含まれる。合理性の特徴のうち、ここでの議論にとって重要なものとして、行為への理由によってさまざまな仕方でことを運ぶ能力がある。このような言い方は曖昧に響くであろうが、それを明らかにすることはわれわれのつぎの重要課題であるから、ここではこれでよいだろう。

私が、欲求に依存しない理由を自分に対して創り出す意図で自由に行為し、（約束であれ、ビールの注文であれ何であれ、それに課された）条件をすべて満たし、それゆえ本当に理由の創造に成功したとしよう。すると、そのときが訪れたら、そうした理由のあることを認識するために、私は何を必要とするであろうか。私が事実のすべてを知っていると前提すると、先立って創り出された理由の拘束がいま及んでいることを認めるには、認識的合理性で十分である。ここではつぎの点が重要である。現時点で拘束力のある理由であるべく過去に創り出された理由が、まさに現時点で拘束力のある理由であることを理解するにあたって、約束やビールを飲むことについての道徳原理が何かほかに必要となることはない。義務の創造と存続について、すべての事実を認めながら、行為への理由があることを否定するならば、それは純然たる論理的不整合である。

6　まとめと結論

この章で私は、人間がいかにして、行為への理由で欲求に依存しないものを創り出し、それをふまえて行為するよう動機づけられうるかを示そうと努めた。行為者がそのような理由を創り出したという主張や、そのような理由は行為の動機として合理的な形式のものだという主張には、それぞれいかなる事実が対応するのであろうか。私はこれらの問題を、三つのレベルで論じようと試みた。第一の最も基礎的なレベルは、根源的な志向性の原子的構造のレベルで、そこにおいて行為者は、充足条件に充足条件を課すことによって確約を負うことができる。第二のレベルは「現象学」のレベルで、ものごとが行為者にどう思われるか、どう見えるかが論じられる。行為者には、自らの意志の自由かつ意図的な行使を通じて、自分が確約を引き受けるように思われる。それによって、彼は自分の将来の意志を拘束し、彼は将来、その行為の遂行を欲求するかどうかにかかわらず、その行為への理由を持つ。そして第三のレベルは社会一般のレベルである。行為への理由で欲求に依存しないもののそうした体系があることには、どのような社会的機能があるのだろうか。

人間が欲求に依存しない理由を創り出し、それをふまえて行為するよう動機づけられうるという主張には、つぎの基礎的事実が対応する。

1．そのような制度的事実の創造に足るだけの機構が存在せねばならない。それらの機構は必ず言語的であるが、他の諸制度にも関わる場合もある。そうした機構のおかげで、われわれは家を買ったりビールを注文したり、大学に入学したりすることができるようになる。

2．それらの機構の中で、行為者が適切な意図で行為することは、欲求に依存しない理由の創造に十分である。つまり行為者が、自らの行為がそうした理由を創り出すという意図で行為し、状況が他の点で適切であれば、彼はそうした理由を創り出したことになる。ここで決定的な意図は、それを理由たらしめることの意図である。理由は制度に由来するのではない。制度は、そうした理由の創造にあたって手段を提供するにすぎない。

3．そのような理由の創造における志向性の論理形式は、つねに、充足条件に充足条件を課すことである。約束は、行為への理由で欲求に依存しないものを創り出すことの事例中、いわば最も純粋なものである。だが約束には、言語行為の中でむしろ特殊と言える面もある。すなわち、約束をする人が命題内容の主体となる点、充足条件に自己言及の要素が課される点である。約束の充足条件は、話者が何かを行うだけのことではなく、話者がそうすると約束したがゆえにそれを行うことである。それゆえ、約束には自己言及の要素がある。この要素は他の一定の言語行為にはなく、たとえば主張には存在しない。

4．ひとたび義務が創り出されると、自らの後の行動を拘束するものとして行為者がそれを認識することが、認識的合理性によって要求される。義務は、行為への理由としての構造を持つ。それは上向きの適合を持ち、行為者を主体とする事象的存在である。

5．行為への妥当な理由で欲求に依存しないものがひとたび創り出されると、それは、行為を遂行する欲求を動機づけることができる。それはちょうど、他のどんな理由の認識も、行為を遂行する欲求を動機づけうるのと同じである。あることを行う妥当な理由を認識することは、すでに、それを行いたいと思う妥当な理由を認識することである。

第六章への付論——内在的および外在的な理由

外在的な理由など存在せず、行為者にとっての理由はみな、彼の動機集合に内在的なものでなければならないというバーナード・ウィリアムズの主張に、私は反対した。この見解への反対意見には、むろんさまざまなものがありえよう。私の反対のおもな論点は、行為者の動機集合に外在的な事実でありながら、行為者がそれを行為への理由として認識することが合理性によって要求され、しかも、彼にそれを理由として認識するよう促すものがその時点での彼の動機集合に何もなくても、その要求に変わりのないようなものがありうるというものであった。私がとりわけ注意を払った事実は、長期的な分別に関する事実と、行為者が引き受けた義務のような、欲求に依存しない理由の存在に関する事実の二種類である。

内在主義の教義の特徴で、特に言及すべきものが最後にもうひとつある。内在主義のある解釈によると、外在的な理由は存在しないという主張は同語反復的に真になる。そして私は、それに異論を挟もうとしているとは思われたくない。問題は、正しい同語反復的な取り方が、容易に誤った実質的な取り方として解釈されうる点にある。（私はウィリアムズ自身がこの混同を犯したと示唆しているのではない。）私はこの付論で、ほんのわずかにではあるが、この同語反復的な取り方を述べた上で、それを実質的な取り方と対比させたい。

内在主義を支持すべく試みられた根本的な論証は、行為者に内在的な理由がなかったならば、行為者はどこからも推論を行うことができないだろうというものである。外在的な理由は定義上、行為者に外在的なものであるから、そこから推論を行うべく用いることはできない。この論証の系であり、ある意味ではこの論証の最も強力な述べ方でもあるものによると、実際に行為者を行為へと動機づけることのできるものは内在的な理由だけであるから、行為者の行為を理由によって説明しうるには、その理由は内在的なものでなければならない。すると、内在主義には二つの論証があり、それらは密接に関連している。その一方は推論の過程に関するもので、他方は動機に関するものである。これらのいずれにも、同語反復的な定式化が可能であり、私はもちろん、同語反復的な定式化には反対しない。

同語反復A、推論：理由に基づいて心の中で推論を行うには、行為者は心の中に、そこから推論を行う理由を持たねばならない。

動機のテーゼの同語反復的な取り方は、つぎのとおりである。

同語反復B、動機：心の中の理由に動機づけられるには、行為者は心の中に、彼を動機づける理由を持たねばならない。

いずれの同語反復も、実質的なものに再定式化することが可能であるが、それらは私の見るところ、もはや同語反復ではなく偽になる。実質的な再定式化は、合理性に関して内在主義者と外在主義者の意見が分かれる点をはらんでいる。

実質テーゼA：ある事実または事象的存在Rが、行為者Xにとっての理由であるためには、Rはすでに、Xの動機集合Sの一部分であるか、それに表象されているのでなければならない。

Bの同語反復的でない取り方は、つぎのとおりである。

実質テーゼB：合理的な動機はすべて、ウィリアムズによるSの記述にあるような、広義に解された欲求である。

内在主義の実質的な取り方は、すぐに反例にぶつかる。テーゼAからは直ちに、長期的な分別による利益に関する事実や、引き受けたことや義務に関する事実のような、行為者の持つ行為への理由で欲求に依存しないものに関する事実は、行為者がそれらの事実に気づいている場合ですら、行為者がそれらの事実をふまえて行為することを促すものが動機集合中にないかぎり、行為への理由とはなりえないことが帰結する。そしてテーゼBからは直ちに、行為者の人生のあらゆる時点において、行為のいかなるタイプTに関しても、行為者がまさにその時点で広義に解された欲求を持ち、それがタイプTの行為を行う欲求であるか、あるいはその欲求から、それを充足するための手段としてタイプTの行為を行うことへと至る健全な熟慮の道筋があるか、いずれかでないかぎり、行為者にはタイプTの行為を遂行する理由がないことが帰結する。われわれは、このことが偽である事例、すなわち、これらの条件が満たされないにもかかわらず、行為者に行為を遂行する理由がある事例をたくさん見てきた。

それゆえ、内在主義者と外在主義者の争点は、行為への理由で欲求に依存しないものが存在するかどうかである。理由には、行為者の動機集合の中にあるものに訴えかける力があろうとなかろうと、行為者がそれを動機として認識することが合理性だけから要求されるようなものがあるだろうか、それが問題である。内在主義者によれば、行為への理由はすべて、広義に解された欲求に基づかねばならない。外在主義者によれば、行為への理由には、それ自体が何かを行う欲求の根拠となりうるにもかかわらず、それ自体は欲求でもなければ欲求に基づくのでもないようなものがある。たとえば、私は自分の約束を守る欲求を持ちうるが、これは私がそれを義務として認識するからである。私があらかじめ、自分の約束をすべて守ろうという欲求を持っていなければ、それを守りたいと思う理由がなくなってしまうわけではない。

ウィリアムズはときおり、義務の認識はすでに行為への内在的な理由であるかのように語る。しかし、この主張は両義的である。Aは自分の負う義務があることを知っていると言うことは、少なくとも二つの異なる可能性を許容する。

1. Aは、自分の負う義務があることを知っている。彼はそれを、行為への妥当な理由として認識し、ゆえに、行為したいと思う理由として認識する。
2. Aは、自分の負う義務があることを知っている。だが、彼はそれを全く意に介さない。彼の動機集合には、彼にそれをふまえて行為するよう促すものが存在しない。

内在主義者と外在主義者の争点は、ここにはっきりと見て取れる。外在主義者は、上のいずれの場合にも、行為への理由があると考える。つまり、いずれの場合にも行為への理由で欲求に依存しないものがある。内在主義者は、(1)の場合にのみ、行為への理由があると考える。しかも外在主義者に言わせれば、事例(1)は内在主義によって不適切に記述されている。拘束力のある義務を妥当な理由として認識することを、内在主義者はすでに行為への欲求であると考えるのに対して、外在主義者はそれを欲求の根拠であると考え、それ自体は行為への理由で欲求に依存しないものであるとみなす。

ここできっと、内在主義者の観点を擁護する者は、外在的な理由がはたらきうるのは結局、それを拘束力のある義務として認識する能力を行為者が持つ場合にかぎられると論じるだろう。このことから、内在主義の第三の同語反復的な取り方へと導かれる。

同語反復C：内在的な性向の能力を行使する際、行為者が外在的な理由を理由として認識するには、行為者はそれを理由として認識する内在的な能力を持たねばならない。

これは容易に、同語反復的でない実質的な取り方に再解釈されてしまうが、これはその取り方のもとでは偽である。

実質C：いかなる外在的な事実も、それが行為者にとっての理由たりうるには、行為者はそれを理由として認識する内在的な性向を持たねばならない。

実質的なものが同語反復的なものといかに混同されうるかは容易にわかる。だが、それらは全く別のものである。同語反復的なものは、能力を行使するには、行為者はその能力を持たねばならないとだけ言っている。実質的な取り方は、あるものが妥当な理由であるには、それをそのようなものとして認識するよう促す性向が、行為者になければならないと言っている。これは誤りだと私は論じてきた。欲求に依存しない理由がありうること、すなわち、動機集合中の欲求や性向にかかわらず合理的な行為者を拘束するような理由のありうることは、合理性の概念の一部分である。

第七章　意志の弱さ

人が熟慮の過程を経て、よく考えた末の意思決定に到達した結果、あることを行う堅固で無条件の意図を形成したにもかかわらず、そのときが来ると、意志の弱さゆえにそれを行わないことは、たまにあるどころか実によく起こることである。もし、熟慮と意図の関係が因果的であるとともに合理的または論理的であり、つまり、合理的な過程が意図を引き起こすのであり、しかももし、こんどは意図が志向的因果によって行為を引き起こすのであるならば、意志の弱さの真の事例となるものは、いったいいかにしてありうるのだろうか。行為者が、あることを行う全面的、包括的で無条件の意図を形成し、彼がそれを行うことを妨げるものが何もないにもかかわらず、彼がそれを行わないことは、いかにして可能であろうか。驚いたことに、多くの哲学者が、そのようなことは不可能だと考え、それが不可能であることを示すとともに一見意志の弱さの事例と思われるものが実はそうでないことを示すべく、巧妙な論証を考案してきた。実にとんでもないことである。そうしたことは可能なばかりでなく、きわめてよくあることだろう。何の変哲もないたぐいの事例をひとつ示そう。学生が、火曜日の晩に学期末レポートを書こうという堅固で無条件の意図を形成する。彼がそうすることを妨げるものは何もない。にもかかわらず、真夜中になってみると、その晩はテレビを見てビールを飲んでいるうちに過ぎてしまっていた。こうしたことが何ら特別でないことは、教員であれば誰でも証言できるだろう。実際われわれは、ギリシア人がアクラシアと呼んだ、意志の弱さに関する論述は、アクラシアが実生活においてたいへんよくあることであり、それに論理的な誤りは何も伴わないという事実を許容するのでないかぎり、適切なものではありえないという条件を立てるべきである。これまでの諸章で、われわれは意図と行為のあいだに飛躍を見出した。この飛躍が、意志の弱さへの説明を与えてくれるだろう。

では、アクラシアはいかにして可能であろうか。この疑問を逆転させて、こう問うてみよう。それは実生活においてかくもありふれたことなのに、その可能性を不思議に思ったり、ましてや疑わしいと思ったりする人が、どうしているのだろうか。私の見るところ、ここには行為の先行者と行為の遂行との関係を誤解するという根本的な誤りがあり、その誤りは哲学に長い歴史を有している。合理的な行為の場合、行為の心理的先行者がすべてきちんとそろっているならば、すなわち、それらが適切な種類の欲求、意図、価値判断などであるならば、行為は必然的に帰結せざるをえないと考える長い哲学的伝統がある。何人かの著述家によれば、行為が生じることは分析的真理ですらある。因果的必然性というこの考えの典型的な言明が、J・S・ミルにみられる。

……実際、確定した道徳的先行者から意欲が帰結することには、物理的結果が物理的原因から帰結するのと同じだけの斉一性と（状況に関する十分な知識がある場合には）確実さがある。そうした道徳的先行者とは、欲求や忌避、習慣や傾向性であり、それに、それら内的誘因を行為へともたらすに適した外的状況が組み合わされる……。意欲は道徳的結果であり、物理的な結果が物理的な原因から帰結するのと同じ確実さと斉一性で、それに応じた道徳的原因から帰結する。(1)

明らかに、このような見解をとる者は誰であれ、意志の弱さを難問と感じるであろう。なぜならば、原因が適切な種類のものであるとき、行為が生じることには因果的必然性があることになるからである。二〇世紀の分析哲学には、意志の弱さの純粋な事例は決して現実に生じることがなく、そのようなものが生じることは不可能だとする伝統がある。R・M・ヘアの説によると、(2)行為者が自らの公言した道徳的信条に背いて行為したならば、このことは、自分が持っていると主張した道徳的信条を彼が実は持っていなかったことを示す。ドナルド・デイヴィドソンの説によると、(3)行為者が自らの意図に反して行為したならば、彼はその行為を遂行する無条件の意図を実は持っていなかったのである。ヘアもデイヴィドソンも、あることを行うことを支持する一定の種類の評価的判断を下す者は、（むろん、それを妨げられる場合などを除いて）そのことを必然的に行わざるをえないという基本的な考えを何らかの形で抱いている。この見解では、したがって、当の行為が遂行されなかったならば、適切な種類の評価的判断がそもそもなされなかったことが帰結する。デイヴィドソンの説では、その判断は一応の、または条件つきの価値判断にすぎなかったことになる。ヘアの説では、当の評価は道徳的な評価ではありえなかったことになる。

これらの事例すべてにみられる一般的なパターンは、行為の先行者に一定の合理的な構造があれば、行為は因果的必然性によって帰結するとみなされる点である。デイヴィドソンはつぎの二つの原理を是認する。

（P1）ある行為者が、yを行いたいと思う以上にxを行いたいと思い、自分はxやyを自由に行いうると信じるならば、彼がxまたはyを意図的に行うとしたら、彼はxを意図的に行う（前掲書 p. 23、邦訳三一頁）。

また、

（P2）行為者が、yを行うよりもxを行う方がよいと判断するならば、彼はyを行いたいと思う以上にxを行いたいと思う（前掲書）。

これらを合わせると、つぎのことが帰結する。すなわち、yよりもxを行う方がよいと判断する行為者は、xまたはyを意図的に行うとしたら、xを意図的に行う。これら二つの原理は、意志の弱い行為が存在するという原理と相容れないように思われる。その原理をデイヴィドソンはつぎのように述べる。

（P３）自制を欠いた行為が存在する（前掲書）。

これはつまり、行為者が、yよりもxを行う方がよいと判断し、自分はどちらも自由に行いうると信じながら、xではなくyを意図的に行うような行為が存在するということである。

この一見したところのパラドクスに対して、ディヴィドソンはつぎのように述べることで解決を図る。すなわち、行為者がxではなくyを行い、自らの最良の判断に背いて行為したように見える事例は、実は、xがよりよい行為だという無条件の判断を行為者が下さなかった事例なのである。ヘアの見解はこれよりも若干複雑であるが、基本的な考えは変わらない。彼の考えによると、命法つまり命令を受け入れたならば、その命法の受容が行為の遂行をもたらすという帰結には、因果的必然性がある。そして彼の見解によると、道徳的判断を受け入れることは命法を受け入れることなのである。ヘアはこのように言う。「私はこう提案しよう。人が『私はXを行うべきである』という判断を価値判断として用いているか否かのテストは、『彼は、自分がその判断に同意するならば、〈私にXをさせよ〉という命令にも同意せねばならないことを認識しているか、それともしていないか』である」[4]。ヘアはまた、「自らに向けて発せられた二人称の命令に誠実に同意し、いまがそれを遂行するときであり、それを行う（物理的ならびに心理的な）力があるならば、いまやそれを遂行せずにいることはできない、と言うことは同語反復的である」とも述べる[5]。

いずれの著者にも、行為の因果的な先行者が適切であれば、行為は引き起こされざるをえないから、一見アクラシアの事例と思われるものは、実は先行する心理的状態という形式をとる行為の原因に何か欠陥があった場合なのだという見解がみられる。

これらの著述家はみな、飛躍の存在を否定するに至っている。意志の弱さの問題がかくも深刻な形で持ち上がるのも、厳密な意味におけるアクラシアの事例の実在を、暗黙にであれ明示的にであれ否定せざるをえなくなるのも、そのためである。ゆえに、私と伝統とのあいだの論争は、深いところでは飛躍に関する論争である。古典モデルが飛躍の存在を否定するのに対して、私は反対に、飛躍はわれわれの意識生活における自明の事実だと考える。私は飛躍の存在の論証を先の諸章ですでに提示したから、ここでそれを繰り返すことはやめよう。この章では、それとは異なる方法を採りたい。私は、アクラシアに対するヘアやデイヴィドソンの取り組みは、むしろ、古典モデルのこの特徴の誤りを示すある種の背理法になっていると思う。私の見解では、自由な行為の場合、行為の先行者として、道徳的判断、無条件の価値判断、堅固で無条件の意図など、およそいかなる種類のものがあろうとも、意志の弱さはつねに可能である。したがって、それが可能でないという結論が得られたならば、そこに至るどこかに誤りがあったのだから、いったん来た道を戻り、誤りへと導いた前提を修正せねばならない。そしてこの場合、誤った前提は飛躍の否定である。デイヴィドソンの説はより新しいものであるから、私はもっぱらそれに注意を傾けることにしよう。

意志の弱い行為が存在するというテーゼは、正確にはいかなるものであろうか。われわれは、それが（P1）および（P2）と本当に相容れないかどうかが明確にわかるように、そのテーゼを述べる必要がある。デイヴィドソンはそれをつぎの形式で述べる。

（P３）自制を欠いた行為が存在する。

しかし、「自制を欠いた」行為とは何であろうか。私には、このテーゼはつぎのように解釈するのが自然だと思われる。すなわち、行為者が、yを行うよりもxを行う方がよいと無条件に判断し、自分はいずれを行うこともできると信じながら、xではなくyを意図的に行うような行為が存在する。このテーゼはたしかに（P１）および（P２）の連言と相容れず、私はそのテーゼは正しいと思う。デイヴィドソンはそれが正しいことを否定し、一見「自制を欠いた」ものに見える事例で本当に起きていることは、行為者がyよりもxを行う方がよいという無条件の判断を下したことではなく、yよりもxの方がよいという条件つきまたは一応の判断を下しただけのことであると言う。行為者は「すべてを考慮に入れた上で」yよりもxの方がよいと判断したのだが、デイヴィドソンによると、この「すべてを考慮に入れた上で」は文字どおり「すべてを考慮に入れた上で」を意味するのではなく、「たまたま行為者の念頭にあった一定の考慮事項のひとそろいと相対的に」という程度の意味にすぎないのである。

デイヴィドソンのテーゼに関してまず注意すべきことは、意志の弱い行為者が、自分が現に遂行する行為以外の行為の遂行を支持するような無条件の評価的判断を下すことができないという主張には、何ら独立の論証が与えられていない点である。彼のテーゼを動機づける独立の理由は何も与えられないし、条件つきの判断がなされただけであることを示す事例もひとつとして考察されない。むしろ、一応の条件つきの評価という概念は、（P１）（P２）および（P３）のあいだに一見存在する不整合を克服するための手段として導入されたのである。意志の弱い行為の事例において、行為者は、自分が遂行しなかった行為を行うことを支持する無条件の判断を下しておらず、一応の「すべてを考慮に入れた上で」の判断を下したにすぎないのであれば、たしかに不整合は取り除かれる。なぜならば、その場合（P3）はつぎのように解されるからである。

（*P3）行為者はときおり、yよりもxを行う方がよいという、条件つきで一応の判断を下し、自分はいずれを行うこともできると信じながら、yを意図的に行うことがある。

このように解されれば、（P1）（P2）および（P3）は整合的になる。

では、この解決法はいかなる論理的な身分を持つのであろうか。意志の弱い行為には、それに先立ってつねに、条件つきの価値判断（または、ディヴィドソンがこれと同じものとみなす、条件つきの意図）があるというのがその主張である。表面上、これは経験的な仮説のように見える。つまり、意志の弱さの経験と、無条件ではなく条件つきの価値判断を下すことのあいだに、一〇〇パーセントの相関関係が存在するのである。しかし、もしこれが経験的な仮説のつもりだとしたら、それは経験的な証拠にほとんどないし全く基づくことなくなされた、途方もなく先走った主張である。

意志の弱い行為者は無条件の判断を下さなかったという主張には、独立の論証が与えられていないという事実を仮に除外するとしても、それとは別に、さらに悪い問題がある。それは、いかなる形式の判断がなされようと、行為者はやはり意志の弱さを示しうるという問題である。行為者は、「私は無条件に、yよりもxの方がよいと思う」と言い、それにもかかわらず、xではなくyを行うことがあってよい。私の見るところ、これを切り抜ける唯一の手段は、論証を循環的なものにして、人が無条件の判断をなしたかどうかの基準を、彼が実際に当の行為を意図的に遂行したかどうかに求めることである。循環はつぎの点にある。意志の弱い行為に先立って存在するものはつねに、無条件ではなく条件つきの意図である、というのがテーゼである。ところがその論証はと言えば、もし行為に先立って無条件の意図があったならば、本来の行為が生じたはずだから、行為が意志の弱いものであった以上、それに先立って存在したものは無条件ではなく条件つきの意図だったことにならざるをえない、というものなのである。私の考えでは、この循環はディヴィドソンの論文に暗黙に含まれたものである。ディヴィドソンにとって、行為者があることを意図的に行うのは、それを行うことを支持する全面的で無条件の評価的判断を彼が下すとき、そしてそのときにかぎられる。それゆえこの見方からは、yよりもxの方がよいと行為者が言い、それにもかかわらず彼がxではなくyを意図的に行うならば、その判断は無条件のものでありえないことが自明な形で帰結する。しかしこれでは、一難去ってまた一難ということになるだろう。なぜならば、全面的で無条件の評価的判断を下すということの日常的ないかなる意味においても、そのような判断を下しておきながら、そうするのが最もよいと判断したまさにそのことを行わないということは不可能だと言うならば、それは明らかに偽だからである。まさにそれこそが、意志の弱さの問題にほかならない。人はしばしば、全面的で無条件の判断を下しておきながら、そうするのが最もよいと判断したまさにそのことを行わないものである。ディヴィドソンは、行為者はそのような場合つねに、全面的で無条件の判断を下し損ねたのだと宣言することによって、意志の弱さの問題をむりやり片付けてしまうのである。

これはいったいどういうことであろうか。私の診断では、意志の弱さの事例はみな条件つきの価値判断の事例であるという、一見経験的な主張に見えるものは、実は経験的なものではない。むしろデイヴィドソンは、（P1）から（P3）がみな真だと想定し、（P1）と（P2）には問題がないから、（P1）および（P2）と整合的になるような（P3）の解釈がなければならないと想定する。条件つきの価値判断に関する主張は、まさにその解釈である。

しかし、この解決法はばかげた帰結をもたらす。それをこれから詳しく述べよう。実生活で典型的に生じるたぐいの、意志の弱さの事例を考えてみよう。私は、その事案に関与する事実で私の知っているものすべてを考慮に入れた後、今夜の夕食会ではワインを飲まない方がよいと決意したとしよう。そのわけは、夕食会のあとで意志の弱さについて研究をしたいためだとしておこう。しかし実際には、私は夕食会でワインを飲んでしまうとしよう。供されたワインはいささか心をそそるものであったから、ひとときの弱さに負けて、私はそれを飲んでしまうのである。デイヴィドソンの説では、私の志向的状態でこの事例に関与するものは、つぎのものですべてであることになる。

1．すべてを考慮に入れた上で、ワインを飲まない方がよい、という条件つきの判断を下した。

2．ワインを飲む方がよい、という無条件の判断を下した。

そしてこのゆえに、私はワインを飲んだ。

ではこの説は、どこが悪いのだろうか。ワインを飲む方がよいという無条件の価値判断を私が下したはずだと言うことは、端的に偽なのである。私はただワインを飲んだだけであり、そのことが、私の行為を意志の弱さの事例たらしめる。ワインを飲まない方がよいという無条件の判断に逆らって、私はワインを飲んだ。それゆえこの説は、正しいことを行おうという私の意図は無条件のものではなく、一応のまたは条件つきのものにすぎなかったはずだという偽なる主張に、私がよからぬことを行ったとき、私はその時点でそれが行うべき正しいことだという無条件の判断を下したはずだという偽なる主張を重ねることで辻褄を合わせている。これらの主張は、いずれも誤りである。私は無条件の価値判断を下し、なおかつ、意志の弱い行為において、それに反することを行いうる。このとき、その意志の弱い行為に、それが行うべき正しいことだという判断が伴う必要はない。

意志の弱さの問題は、一見したところ相容れない二つの判断をいかにして融和させうるかという問題ではない。問題はむしろ、ただひとつの判断を下しておきながら、その判断に反して行為することがいかにして可能かである。そしてその答えは、行為をするために別の判断を下す必要はないというものである。私は端的に行為することができる。つまりこの種の事例では、私は事前の意図や先立つ熟慮なしに、行為内意図を持つのである。

この議論の全体から示されることは、（P1）と（P2）の連言が偽だということである。人は、そうするのが最もよいと判断することをみな、本当に行いたいと思うわけではない。さらに、決心をしてあることを本当に行いたいと思ったとしても、だからといってそれを必ず行うわけではない。私には、そうするのが最もよいと判断するものごとがたくさんあり、本当にやりたいと思うものごともあるが、それらをする能力と機会があるにもかかわらず、私はそれらを実際には行わないのである。

私の見るところ、デイヴィドソンの論文で鍵となる文は、つぎのものである。「rがある人にとって、pだと思うことの理由であるとしたら、私の考えでは、彼がrだと思うことは、彼がpだと思うことの原因であらねばならない。しかしここが最も重要な点であるが、彼がrだと思うことが、彼がpだと思うことを引き起こしながら、rが彼にとって理由とならないこともありうる。それどころか行為者は、rがpを退ける理由になると考えることさえあるだろう」[6]。この論述を、ワインを飲む例に当てはめてみよう。私は理由のひとそろいrを保持している。それらの理由は、私がpだと思うこと、すなわちワインを飲む方がよいと思うことを引き起こす。しかしそれらの理由は、本当はワインを飲むことの理由になりはしないのに、私がワインを飲む方がよいと思うことを引き起こしている。実際この事例では、私はそれらが、ワインを飲む方がよいという主張を退ける理由になると考えているのである。

これは私には、ひとときの意志の弱さゆえ、よりよい判断に逆らってワインを飲んだときに起きたことの論述として、微塵の説得力もないように感じられる。ワインを飲まない方がよいという無条件の判断がなされたのだが、ワインを目にして心をそそられ、誘惑に抗しきれなかったという方が、よほど説得力のある論述であろう。後に、これをさらに詳しく説明しよう。

このような混乱に陥ったのは、いったいどうしてであろうか。デイヴィドソンは他の多くの哲学者と同様[7]、合理的に動機づけられた行為では、行為の心理的先行者と行為の意図的な遂行とのあいだに、あるいは少なくとも前者と行為の遂行の意図的な試みとのあいだに、何らかの必然的な因果関係があり、行為はある種の因果的必然性によってその先行者から帰結すると考える。しかしこれは、飛躍の存在を否定することであり、誤りである。ひとたび飛躍の存在を否定するや、われわれの検討してきた困難のあらゆるものが、とりわけ、厳密な意味での意志の弱さは不可能だという困難が待ち構えている。

上のような、適切な心理的先行者は因果的必然性によって当の行為をもたらすという主張に対して、そのような事例が本当にあるかどうか、問うてみよう。心理的先行者が、行為を生ずるにあたって因果的に十分であるような事例はあるだろうか。私の見るところ、そのような事例が数多くあることは実に明白である。しかし、それらは通常のたぐいの自発的行為ではなく、概してむしろ自由意志の存在しない場合である。たとえば、薬物中毒者が薬物の使用への心理的先行者を持ち、彼はそれに抗することができないから、それは彼が薬物を使用することを保証するに因果的に十分だという場合がありえよう。すでに見たように、このような事例では、おなじみの飛躍は存在しない。行為は本当に、先行する十分な心理的原因によって因果的に決定されている。ところで、われわれはいまでは、これらの心理的原因が相応の神経生物学に根拠づけられることのきわめて有力な証拠を手にしている。人が中毒を満たすことを渇望するとき、中脳辺縁ドーパミン系が活性化する。この系は扁桃体および前帯状皮質から両側頭葉の先端に至り、最新の見解の少なくともいくつかによれば、その活性化こそが、中毒行動の神経学的対応物である。

およそいかなる評価的判断を下そうとも、その判断をふまえて行為しないことができるではないかという明白な反論が、通常の事例に関しては可能である。繰り返しになるが、アクラシアの問題とは、中毒や強迫観念、妄想といった場合を除いて、十全な意識ある合理的な行為者は、いかなる先行者（適切な道徳的判断、無条件の意図など、どのようなものであれ）を持とうとも、その先行者の記述から行為の遂行が自明な形で帰結するような論点先取が犯されていなければ、いつでもその先行者の内容に則ることなく行為しうるというものである。しかもこれは、何も珍しいことではなく、始終生じることである。減量しよう、禁煙しよう、新年の決意をすべて守ろうなどと試みたことのある人に、尋ねてみるがよい。

アクラシアが存在しうることを不可解に思わせるものは、粗っぽく述べると、因果に関する誤った見方に由来する誤謬である。因果をもし、たとえばビリヤード球が他のビリヤード球に衝突するモデルで考えたり、歯車が他の歯車を動かすモデルで考えたりするならば、原因があって結果がないことはとうてい不可能に思えるだろう。意図が行動を引き起こすというのに、意図があるにもかかわらず行為者が意図した行為に着手しなかったならば、それは他の原因が介入したからか、当の意図がわれわれの考えたタイプのものでなかったからか、そういったこと以外にありえない。

しかし、志向的因果はいくつかの重要な面で、ビリヤード球の因果とは似ていない。いずれも因果の事例ではあるが、欲求と意図の場合、通常の自発的行為では、原因があっても行為者は行為を強制されることがない。行為者は、理由や意図をふまえて行為する必要がある。第一章および第三章で見たように、自発的行為には飛躍がある。それは、熟慮の過程と意図の形成のあいだにある一定量の弛みである。また、意図と実際の着手のあいだにも別の飛躍がある。

志向性に関しては、一人称的な視点から考えるのが最もよい。では私にとって、意図を形成したのにそれをふまえて行為しないとは、どのようなことであろうか。そのようなとき、私はいつも、それをふまえて行為することを妨げられ、意識的あるいは無意識的な原因に強制されて、意図に反して行為するのだろうか。もちろん、そんなことはない。では、そのような場合はいつも、私の意図は何らかの仕方で欠陥のあるものだったり、条件つきであったり不適切であったり、全面的でも無条件でも無制限でもなく、一応の条件つきの意図にすぎなかったりするのだろうか。もちろん、そんなこともない。われわれみなが知っているように、どれほど強い無条件の意図があり、何も介入するものがなくても、行為はなされないことがあってよいのである。

アクラシアがいかに生じるかを理解するには、アクラシアでない通常の事例において、行為がいかに進行するかを思い起こす必要がある。ある意図を形成したとき、私はやはり、自分が形成したその意図をふまえて行為せねばならない。ビリヤード球の場合のように、ただ行為が生じるのを待って傍観していればよいというわけにはいかない。ここでは一人称的な視点だけが真に重要であり、その視点から見ると、行為はたんに生じるものではなく、たんに起きる出来事ではない。一人称的な視点から見て、それは行われるのである。つまり、それはたとえば引き受けられ、開始され、遂行されるのである。決心するだけでは十分でなく、それをやはり行わねばならない。意図と行為のあいだにこの飛躍があるからこそ、少なくともいくつかの事例に関して、意志の弱さの可能性と、さらにはその不可避性さえもが認められる。欲求その他の動機づけ要因のあいだで、相互の対立が不可避であるがゆえに、計画的な行為の多くにおいて、行為者は当の行為を遂行するときが来ると、自分が行うべく決心したものごとを行いたくないという欲求に直面しうる。

アクラシアが本当に不可能だったとしたら、どういうことになるだろうか。人がある行為を遂行する無条件の意図をひとたび形成したならば（そして、それを遂行することを支持する全面的な価値判断を形成すること、それを遂行せよという道徳的指令を自らに向けて発することなど、満たす必要があると思われる他の先行条件をすべて満たしたならば）、何らかの他の原因がその意図の因果的な力を打ち負かしたり、当の意図が弱まって行為を引き起こす力を失ったりしないかぎり、因果的必然性によって行為が帰結するような世界を想像してみよう。もしこれが、世界が現に動作する仕方であったならば、われわれは自らの意図をふまえて行為する必要がなくなるであろう。われわれは、いわば意図が自ずと行為に結実するのを待てばよいだろう。ものごとがどうなるか、傍観していればよいだろう。だがそうすることはできず、われわれはつねに、行為をせねばならないのである。

　アクラシアとは要するに、ある種の自由の兆候にほかならない。すると、それをよりよく理解するには、その自由をさらに探究するのがよいだろう。意思決定に関するある古典的な見方によると、われわれはしばしば、「選択の分岐点」に到達するものである。その分岐点で、われわれは一定の選択肢を示され、そこから選ぶことができたり、場合によっては選ばねばならなかったりする。私はこの見方に代えて、われわれの人生では、通常の意識ある目覚めた瞬間のいずれにおいても、無制限どころか厳密に言えば無限の選択肢が示されていると提案したい。選択の分岐点はつねにあり、選択肢は無限なのである。この章を執筆しているまさにこの瞬間、私は足の指をもじもじさせることもできるし、左手を動かすこともできれば右手を動かすこともできるし、ティンブクトゥに向けて出発することもできる。いかなる通常の意識的で自由な行為の経験も、その行為を遂行せず、代わりに何か別のことを行う可能性をその中に含んでいる。それらの選択肢の多くは、無駄であったり望ましくなかったり、ばかげていたりすらするため、考慮に値しないだろう。だが可能性の範囲の中には、われわれが実際に行いたいようなものもいくつか入っている。たとえば、もう一杯飲むとか、就寝するとか散歩に出るとか、たんに仕事をやめて小説を読むとかである。

アクラシアには異なるさまざまな形式があるが、アクラシアの典型的な生じ方のひとつはつぎのようなものである。熟慮の結果、われわれはある意図を形成する。しかし、いかなる時点においても、とりうる選択肢には無制限の幅があるから、その意図をふまえて行為すべきときが来ると、他の選択肢のいくつかが、心をそそるものになったり他の根拠から興味を引くものになったりする。われわれが理由があって行う行為の多くには、その行為を行わず、代わりに何か別のことを行う理由が存在する。そこで、われわれはしばしば、もともとの意図ではなく、それらの理由をふまえて行為するのである。アクラシアの問題への解決は、このように単純である。われわれにはまず決して、とりうる選択肢がひとつしかないことはない。ある特定のことに心を決めても、他の選択肢は心を惹くものであり続ける。

すると、これらすべての対立する要求があるというのに、われわれが自らの最良の判断をふまえて行為することが多少ともあることこそ、むしろ不可解だと思われるかもしれない。しかし、熟慮や事前の意図といったものがそもそもなぜあるのかを思い起こせば、これはそれほど不可解ではなくなる。それらの眼目の大部分は、行動を統制することにある。健全な行動とは、ひとつひとつがその場その場の考慮に動機づけられた、たんなる自然発生的な行為の集まりではない。われわれは、熟慮を通じて事前の意図を形成することにより、自らの生活に秩序をもたらし、長期的な目標をより多く充足できるようにするのである。

アクラシアと自己欺瞞の類比は、よく指摘されることである。実際、それらには一定の類比が成り立つ。アクラシアに特徴的な形式のひとつは、責務と欲求の衝突である。これとちょうど同じように、自己欺瞞に特徴的な形式のひとつは、証拠と欲求の衝突である。たとえば恋する男は、そうでないという明白な証拠にもかかわらず、最愛の人が自分に誠実であると自らを欺く。なぜならば、彼は彼女の誠実さをどうしても信じたいからである。しかし、アクラシアと自己欺瞞には、たいへん重要な相違もあり、それはおもに適合の向きに関連する。意志の弱い人は、すべてのものごとを表に出してもかまわない。つまり、彼は自らに、「そう、私はもう一本の煙草を吸うべきではないと知っている。私は煙草をやめる固い決意をしたのだ。しかしそれでも、どうしてももう一本吸いたい。だから、自らのよりよい判断に逆らって、もう一本吸うことにしよう」と言ってよい。しかし、自己欺瞞を犯す人は自らに、「そう、私は自分が信じている命題がたしかに偽だと知っているが、私はどうしてもそれを信じたい。だから、自らのよりよい判断と知識に逆らって、それを信じ続けることにしよう」と言うわけにはいかない。そのような状態は自己欺瞞ではなく、端的に不合理であり、おそらく不整合ですらあるだろう。偽だと知っていることを信じたいという欲求を充足するには、行為者はその知識を抑圧せねばならない。「アクラシア」とは、志向的状態のあいだにある種の対立が存在し、よからぬ側が勝つことにつけられた名である。他方「自己欺瞞」は、そもそもある種の対立の名ではなく、ありがたくない側を抑圧することによって対立を回避することの一形式である。それは対立の隠蔽の一形式であり、その対立はときには、表面化することを許されたならば維持しえないような不整合ですらあるだろう。対立の形式は、つぎのようになる。

私はｐであることの圧倒的な証拠を手にしているが（あるいはことによると、ｐであることを知ってさえいるが）、どうしてもｐではないと信じたい。

対立がこの形式で現れたならば、欲求が勝利することは不可能である。欲求が勝利するには、対立そのものを抑圧する必要がある。だからこそ、それは自己欺瞞なのである。アクラシアはある形式の対立ではあるが、論理的不整合の一形式ではない。他方、自己欺瞞は、表面化することを許されたならばある形式の不整合となったであろうものを隠蔽する方法である。このようなわけで、自己欺瞞は無意識の概念を論理的に必要とする。アクラシアはそうではない。ただしアクラシアはしばしば、対立を取り除くために、自己欺瞞の助力を得ることがある。たとえば愛煙家は自らに、「喫煙は実はそれほど悪いことではないし、それが癌を引き起こすという主張は証明されたことがない」などと言う。相違点をまとめよう。アクラシアと自己欺瞞は、実は構造上似ていない。アクラシアは通常、つぎの形式を持つ。

Ａを行うのが最もよく、Ａを行うという意思決定をしたのに、自発的かつ意図的に、Ｂを行う。

ここには論理的な不条理や不整合は全くない。存在するのは、行為への理由で互いに相容れないものの対立である。このとき行為者は、ある理由をふまえて意図的かつ自発的に行為するのだが、彼はその理由が、それをふまえて行為する理由としてはよからぬものだと信じており、その点で、その行為は不合理なのである。

自己欺瞞は通常、つぎの形式を持つ。

行為者は、pでないと信じるという意識的な状態を持つ。それとともに、pであることの圧倒的な証拠を手にしつつ、どうしてもpでないと信じたいという、無意識の状態を持つ。

このように、自己欺瞞は不合理性を伴い、場合によっては論理的不整合さえ伴う。それが成り立ちうるのは、要素の一方が意識から抑圧されるときにかぎられる。

意志の弱い行為において、自我は、まさにその同じ自我がそれをふまえて行為すべき最もよい理由ではないと判断した理由をふまえて行為し、その自我がそれをふまえて行為すべき最もよい理由だと判断したまさにその理由に背いて行為する。このパターンは異なるさまざまな形式をとることができ、異なるさまざまな度合いの意志の弱さがある。意志の弱さの事例では、自我は何らかの強い欲求に打ち負かされており、自我がそれをふまえて行為した欲求は、行為への真に十分な因果的条件を与えたのだと考えたくなるものである。たしかにそのような場合もあるが、それは典型的な場合ではない。典型的な事例では、意志の弱い行為にも、意志の強い行為と同じだけの飛躍が存在する。私は、もう一杯のワインを飲むのはやめるべきだという判断にもかかわらず、もう一杯のワインを飲んだ。しかし、もう一杯のワインを手にしたことは、強制されたのでも強要されたのでも決定されていたのでもなく、その点では、最良の判断に従って行為したときの意志の強い行為と何も違いはない。飛躍はいずれのたぐいの事例でも、同じであるか、同じでありうる。このゆえにこそ、意志の弱い行為であることは、その行為を不合理なものたらしめるのである。本当に選択の余地があるときに、悪い選択だと知りながら悪い選択をすることは、不合理なことである。私の見るところ、「弱さ」という比喩はこれらの事例にたいへんふさわしい。なぜならば、ここでの問題は自我に関わることだからである。ここでの問題は、私の欲求や確信が弱かったことに関わるのではなく、自らの意思決定を実行するに際して、私自身が弱かったことに関わるのである。

私の示した説によれば、意志の弱さの問題は、哲学における深刻な問題ではない。それは、行為の因果的な先行者に関して、われわれが誤った想定のひとそろいを立てるときにのみ、深刻なものとなるのである。尤も、飛躍を異なった視点から見ることを可能にしてくれた点で、この問題はよい参考になった。ただし、つぎの疑問がまだ残っている。すなわち、飛躍の神経生物学的な実在は、いかなるものであろうか、あるいは、いかなるものでありえようか。私はこの疑問を最終章までとっておくことにしよう。

第八章　実践理性の演繹的論理学はなぜ存在しないのか

1　実践理性の論理学

われわれがよく聞かされるところでは、実践理性とは何を行うべきかについての推論であり、理論理性とは何を信ずべきかについての推論である。だが、もしそうだとすると、演繹的な理論理性にはさしあたり、その演繹的な論理構造の論述として一般に受け入れられたものがあるのに対して、実践理性にはそれに相当するものが存在しないことは、不可解に思われるはずである。どうすれば自らの目標を最もよく達成できるかを見出す過程も、自らの信念から帰結することを見出す過程も、合理的なものだという点ではどのみち何ら変わりはないだろう。では、その一方にはかくも強力な論理学がありながら、他方にはそれがないように見えるのは、なぜであろうか。理論的三段論法を編み出したのは、アリストテレスだと言ってよいだろう。そして、影響力の点ではそれよりも一般に劣るが、彼は実践的三段論法をも編み出した。理論的三段論法や広く演繹的論理学には、受容された理論があるのに、実践的三段論法にはそれと同じように受容された理論が存在しないのは、なぜだろうか。

これがいかなる問題かを理解するには、理論理性の場合にそれが解決されたものとされるのが、いかにしてであるかを復習するとよいだろう。われわれは、論理的関係についての問いを哲学的心理学についての問いから分け隔てねばならない。演繹的論理学における偉大な進歩は、一九世紀、フレーゲが哲学的心理学（「思考の法則」）についての問いを論理的関係についての問いから切り離したときにもたらされたのであった。フレーゲ以降、論理的関係さえ正しく把握すれば、哲学的心理学は比較的簡単なはずだと思われるようになった。たとえば、ひとたび命題間の論理的帰結関係が理解されるならば、信念についての問いでそれに対応するものの多くはかなり容易であろう。「すべての人間は死すべきものである」と「ソクラテスは人間である」という前提が組み合わされて、「ソクラテスは死すべきものである」という結論が帰結することを知るならば、それらの前提を信じる者はこの結論への確約を負うこと、それらの前提が真だと知る者はこの結論の真理性を推論することを正当化されることなどは、すでに知ったことになるのである。つまり、理論理性の中では、前提、結論、論理的帰結といった「論理的」概念と、信念、確約、推論といった「心理的」概念のあいだに、相当堅固な並行関係があるように思われる。そのような堅固な並行関係がある理由は、心理的状態が命題内容を持ち、ゆえに命題間の論理的関係にみられる一定の諸特徴を受け継ぐからである。論理的帰結は真理保存的であり、信念とは真理への確約であるから、論理的帰結の諸特徴は信念の負う確約に対応づけられうる。qがpの論理的帰結であり、私がpと信じるならば、私はqの真理性への確約を負うのである。主張に関する論理学においてきわめて有用であった暗黙の原理は、論理的関係さえ正しく把握すれば、哲学的心理学のほとんどは自ずとついてくるというものである。

では、論理的関係と哲学的心理学のあいだに上の区別を認めるならば、実践理性の場合、それはどのようになるのだろうか。実践理性における論理的関係とは何であり、それは哲学的心理学にいかに関与するのだろうか。論理的関係に関する問いのいくつかは、つぎのようなものであろう。実践的論証の形式的な論理構造は、いかなるものであろうか。とりわけ、演繹的な「理論」理性の場合に可能であるように、実践理性の形式的妥当性の定義を得ることはできるのだろうか。実践論理学と、主張に関する論理学では、推論の規則として同じものがみられるのだろうか、それとも違ったものが必要となるのだろうか。熟慮の哲学的心理学に関する問いは、この本で論じてきた多くの問題に関連するであろう。その問題とはとりわけ、実践的推論に現れる志向的状態の性格や、志向的状態が熟慮の論理構造に対して、行為に対して、そして行為への理由一般に対して持つ関係である。熟慮に現れるのはどのような種類の志向的状態であり、それら志向的状態相互の関係はどのようなものであろうか。行為への理由となりうるのは、どのような種類のものであろうか。動機の本性とはいかなるものであり、熟慮は実際、どのようにして行為を動機づけるのであろうか。

論理学の理論と哲学的心理学の区別を受けて、われわれの問うている問いはつぎのものである。「実践的な妥当性の形式的なパターンには、理論理性で特徴的にみられるように、妥当な実践的論証の前提の受容が、結論の受容への確約を負わせるようなものがあるだろうか」。すでに見たように、理論理性では、妥当な論証の前提を信じることが、その結論を信じることへの確約を負わせる。これと同様に、実践理性における結論として、欲求や意図に確約を負うということはありうるだろうか。思うに、実践理性の形式論理学の目標は、実践的推論の妥当な形式のひとそろいを手に入れることであらねばなるまい。そのような企てがうまくいったかどうかのテストは、妥当な理論的推論の前提を受け入れる行為者が、その結論を信じることへの確約を負うのと同じように、妥当な実践的推論とみなされるものの前提を受け入れる行為者が、その結論を欲したり意図したりすることへの確約を負うかどうかであろう。

2　実践理性の形式的な三つのパターン

手始めに、実践理性の形式的な論理構造を述べるべくなされた、いくつかの試みを考察しよう。私はここで、いわゆる手段と目的の推論に議論を限定することにしたい。というのも、この問題を論じている著述家のほとんどは古典モデルの伝統に属しており、彼らは実践理性とは、目的を達成するための手段について熟慮することにほかならないと考えるからである。たいへん奇妙なことに、手段と目的の推論の持つ形式的構造を述べることは、決して容易なことでもなければ異論の余地のないことでもなく、それが何であるかについての一般的な合意も存在しない。哲学の文献を見ると、そのような推論の形式的なモデルとして、呆れるほど多様なものが挙げられており、それに固有の要素は何であるべきか、欲求か、意図か、命令か、命法か、規範か、ノエマか、行為か、でなければ何かについてすら、根源的な意見の相違が存在する。(1) そのような多様性のみられる理由は、それらの著述家が、推論の要素は事象的なものであり、事象的なものはさまざまな形をとって現れうるという事実に直面しているからであろう。多くの哲学者が、説明と熟慮の信念欲求モデルについていささか饒舌に語っているが、そのモデルの構造は、正確に言うといかなるものであるべきなのだろうか。アントニー・ケニーは、実践理性の構造は理論理性とはおよそ異なるものだと示唆し、つぎの例を挙げている。

私は四時一五分にロンドンにいなければならない。
二時三〇分の列車に間に合えば、四時一五分にロンドンにいることになる。
ゆえに、二時三〇分の列車に間に合うようにしよう。(2)

前提の持つ適合の向きが両方向に及んでいるから、「↑」と「↓」をそれぞれ上向きおよび下向きの適合に当て、「E」と「M」を目的と手段に当てるならば、この形式の論証一般をつぎのような記号法によって表現することができる。

↑（E）
↓（もしMならば、E）
ゆえに、↑（M）

「前提」として信念と欲求がある場合、この推論のパターンはつぎのように表現できる。

欲求（私はEを達成する）
信念（もしMを行えば、私はEを達成することになる）
ゆえに、欲求（私はMを行う）

しかし、これが正しいわけはないだろう。なぜならば、この形式の二つの前提が、人にその結論を受け入れる確約を負わせるようなことはないからである。この形式の論証の結論として、欲求への確約や、ましてや意図への確約が得られることなどありはしない。それを理解するには、考えうるEの多くが実につまらないものであり、Mの多くがばかばかしいものであることに注意すればよい。たとえば、私はこの地下鉄がもっと空いていることを欲し、私が他の乗客を皆殺しにするならば、この地下鉄はもっと空くと信じている。だがこのことは、他の乗客を皆殺しにする欲求への確約を私に負わせなどしない。もちろん、混雑した地下鉄で殺しの欲求を抱くこともあってよい。しかし、合理性はただ他の信念と欲求に基づいて、私に殺す欲求への確約を負わせるのだと主張することは、ばかげたことであろう。このパターンが明かしうるのはせいぜい、欲求を形成することの可能的な動機にとどまるであろう。適切な信念と欲求を持つ者は、Mを欲求することの可能的な動機を持つ。しかし、そのような欲求への確約は生じない。

このパターンがうまくいかないのは、前提の命題内容と結論の命題内容のあいだに帰結関係がないからだと言われることがある。たしかに、命題内容だけを見れば、この推論は後件肯定の誤謬を犯している。哲学者の中には、実践理性の標準的な形式は、手段が目的の達成の必要条件である場合にこそ見出されると考える者もいる。彼らはそこで、つぎのようなもの（またはそれを少し変えたもの）を是認する。

↑（私は目的Ｅを達成する）

↓（Ｅを達成する唯一の方法は、手段Ｍである）（これはときおり、「ＭはＥの必要条件である」「Ｅを達成するには、Ｍを行わねばならない」と述べられる）

ゆえに、↑（私はＭを行う）

この場合は、前提の充足によって結論の充足が保証される。だがやはり、前提を受け入れたからといって、結論にある欲求や意図への確約を負うことはない。実生活の例を通じてこのパターンについて考えてみれば、実践理性の一般的な論述として、これが全く話にならないことがわかるだろう。一般に、いかなる目的を達成するにも、多くのばからしいものを含むたくさんの手段がある。他方、手段がひとつしかない希な事例において、その手段がまるで考えるに値せぬほどばかげていることもありえよう。あなたの持つ目的を、何でもよいから挙げてみよう。パリへ行きたい、お金持ちになりたい、共和党員と結婚したいなどである。たとえばパリの例だと、行くにはいろいろな方法がある。歩く、泳ぐ、飛行機、船、カヤック、ロケットなどが可能である。地中にトンネルを掘ってもよいし、月経由や北極経由で行ってもよい。ひとつの目的にひとつの手段しかないことは、あったとしてもごく希な事例である。私の知るかぎり、インフルエンザの症状を速やかに取り除く方法は、死ぬこと以外にない。それゆえ、上のモデルに従うと、もし私がインフルエンザの症状を直ちに取り除きたいと欲し、その唯一の方法は死ぬことだと信じるならば、私は自らの死を欲することへの確約を負うことになる。このモデルは最初のものと同様、適用することがほとんどできない。手段と目的の推論は、たいてい必要条件についてのものではないし、そうであるときですら、目的を欲することは手段を欲することへの確約を負わせるものではないのである(3)。

これらのうち第一の事例では、前提と結論の命題内容のあいだに帰結関係はなかった。他方、第二のものでは、それがあった。帰結関係が二次的な欲求への確約を生じさせないという事実は、信念だけに関わる論理と、信念欲求の複合に関わる論理のあいだにある、重要な対比を明らかにしてくれる。私がpと、pならばqの、両方を信じるならば、私はqという信念への確約を負う。しかし、私がpを欲し、pならばqを信じても、私はqを欲することへの確約を負わない。では、この相違が存在するのはなぜであろうか。それを理解するとき、われわれは実践理性のまともな論理学が存在しないのはなぜかを理解することへ向けて、大きな一歩を踏み出したことになるだろう。

もう一度、実践理性の形式的な論理モデルを組み立てるべく試みてみよう。概して、あなたが欲求や意図、目標を持つとき、あなたはどんな手段でもよいから求めるわけではない。唯一の手段を探すわけでもない。あなたは最もよい手段を（アリストテレスが「最もよいか最も容易な」手段を求めると言うように）求めるのである。そして、あなたが合理的ならば、よい手段や少なくとも理にかなった手段がなかったら、そもそもの目標を断念するだろう。しかも、あなたは目標をただ持つということはなく、合理的であるならば、自らの目標を値踏みし選択するものであるが、では、それは何に照らしてそうするのだろうか。この点には後に立ち戻る必要があるだろう。ここではまず、あなたがある目標を真剣に選択し、それを理にかなったものだと値踏みしたとしよう。あなたは真剣にパリへ行きたいと思った。つまり、そうする「決心をした」。そして、そこへ行く最もよい方法を思案し、飛行機で行くのが最もよい方法だと結論した。手段と目的の推論の論理の形式的なモデルで、このような事例にふさわしいものはあるだろうか。

この論証の形式は、つぎのとおりだと思われる。

欲求（私はパリへ行く）
信念（すべてを考慮に入れた上で、最もよい方法は、飛行機で行くことである）
ゆえに、欲求（私は飛行機で行く）

私が強く主張してきたように、論理的関係に関わる問いを哲学的心理学に関わる問いから切り離すならば、この論証は論理的な観点から見て、現状では省略三段論法であることがわかるだろう。それを形式的に妥当なものにするには、つぎの形式の前提がさらに必要である。

欲求（もし私がパリへ行くならば、私はすべてを考慮に入れた上で、最もよい方法で行く）

この前提を付加すれば、この論証は古典論理の基準で妥当なものとなる。Ｐ＝私はパリへ行く、Ｑ

＝私は最もよい方法で行く、R＝私は飛行機で行く、としよう。するとこの論証はつぎの形式である。

P
P→Q
Q↔R

∴R

この論証は、前提の二つと結論が真理値を持たないから、真理保存的ではない。しかし、このことはたいして問題ではない。というのも、この論証は充足保存的であり、真理とは充足の特殊事例にすぎないからである。真理とは、言葉から世界への適合の向きを持つ表象が充足されることである。

だがやはり、先の諸事例と同様、ここでも論理的関係は哲学的心理学にうまく対応しないように思われる。合理的な人がこれらの前提すべてを持ったなら、その人は飛行機で行く欲求を持たねばならないとか、そのような欲求を持つことへの確約を負わねばならないということは、とうてい自明のことではあるまい。しかもわれわれは、それを説得力あるものとするために、「すべてを考慮に入れた上で、最もよい方法で」ものごとを行いたいという点について、いかがわしい感じの前提を導入せねばならなかった。実際、この種の実践的論証の構造を形式的に述べるいかなる試みも、概してそのような前提を必要とするように思われる。しかし、それが何を意味するのかは、決して明らかでない。

「最もよい方法」「すべてを考慮に入れた上で」とは、それぞれいかなる意味であろうか。さらに、理論理性の標準的な事例には、そうした前提に類するものなど何もないことに注意すべきである。すべての人間は死すべきものである、ならびに、ソクラテスは人間である、という信念から、ソクラテスは死すべきものである、という結論へと推論するとき、すべてを考慮に入れて何を信じるのが最もよいか、といったことについての前提など何も必要ない。

手段と目的の推論の伝統的な見方は、アリストテレスにまで遡る。私はその見方の形式的な論理モデルを見出すべく、できるかぎり好意的な試みを行おうとしてきた。しかし以上が、私にできるせいぜいのところである。私はまた、その形式的構造を述べることを試みたが、これは、私がこれまで見てきた他の諸形態を改良したもののつもりである。だが私は、それはやはり絶望的に不適切だと思う。いくつかの試みが不首尾に終わった後、私はしぶしぶながら、実践理性の形式論理学で、哲学的心理学の事実に見合うものを得ることは不可能だとの結論に至った。それがなぜかを示すため、私はここで、欲求の本性に議論を転じよう。当面の議論にとって、欲求の特徴として本質的なものは、それが上向きの適合を持つことである。欲求の特徴として私が挙げるものの多くは、義務や必要性、確約など、他の事象的存在で上向きの適合を持つものにも共通する特徴である。しかし、私は平易さを重んじて、議論のほとんどを欲求に関するものとして述べ、それを後に、上向きの適合を持つ他の事象的存在にも一般化することにしよう。

3　欲求の構造

実践的推論の論理学として私が示した改訂版のどこが弱いかを理解し、実践的推論の形式論理学には概してどのような障壁があるのかを理解するには、欲求の一般的特徴のいくつかを探究するとともに、とりわけ、欲求と信念の相違を探究せねばならない。私はここで、第二章で与えた志向性の一般的な論述と、さらに、志向性の理論の持つ他の諸特徴で、私が同名の本の中で提示したものを用いることにする。[4] 具体的に言うと、私はつぎのことを前提とする。すなわち、欲求に関する文の表面的な文法に反して、欲求はみな命題まるごとを志向内容とすること（たとえば、「私はあなたの車が欲しい」は、「私は、私があなたの車を所有することを欲する」といった意味となる）、信念が心から世界への適合の向きを持つのに対して、欲求は世界から心への適合の向きを持つこと、ならびに、意図には志向内容に制約があるが、欲求にはそれがないことである。この最後の点は、意図は行為者の将来または現在の行為に関するものでなければならず、意図には因果的自己言及がその志向内容に組み込まれている必要があるのに対して、欲求にはそのような因果的条件はなく、過去、現在、未来のいかなるものごとに関するものであってもよいということである。私はさらに、de re と de dicto の区別に関する通常の論述は救いようのなく混乱したものであり、欲求は内包的だという見解もそれと同様だと前提する。適切に解されるならば、de re と de dicto の区別は欲求についての文の種類における区別であり、欲求の種類における区別ではない。欲求や信念などはみな一般に内包的だという主張は、端的に偽である。欲求や信念などについての文は、一般に内包的である。欲求や信念そのものは、一般に内包的ではなく、ただいくつかの風変わりな事例でそうなりうるだけである。(5)

ある事態を欲求することが、何か他の欲求を充足するためになされる場合、それぞれの欲求はより大きな欲求の一部分であることを忘れないでおくとよい。私が郵便物を取るために研究室に行きたいならば、たしかに、私は欲する（私は研究室に行く）、という単純な内容の欲求がある。しかしそれは、私は欲する（私は研究室に行くという仕方で郵便物を取る）、という内容を持つより大きな欲求の一部分である。この特徴は意図にもみられる。私が、ｂを行うためにａを行うと意図するならば、私は、私は意図する（私はａを行うという手段でｂを行う）、という形式の複合的な意図を持つ。この点については後にさらに述べよう。

欲すること（求めること、望むことなど）に関する特徴で、信念との相違点をなす第一のものは、つぎのことである。すなわち、行為者は、整合的にかつ承知の上で、ｐであることを欲するとともにｐでないことを欲することが可能である。他方、これと同じ仕方で、整合的にかつ承知の上で、ｐであると信じるとともにｐでないと信じることは可能でない。これは、自らの知らない要因のせいで同時に充足できないようになっている欲求を、行為者が整合的に抱きうるという主張よりも、さらに強い主張である。たとえばオイディプスは、「わが許嫁」という記述のもとである女と結婚したいと思い、「わが母」という記述のもとではいかなる女とも結婚したくないと思うのだが、実は同一の女が両方の記述を満たすということがありうる。しかし私の主張しているのは、オイディプスは整合的に、同一の記述のもとで、イオカステと結婚したいと思いつつイオカステと結婚したくないと思いうるということである。この事例の標準的なものは、彼に彼女と結婚したいと思う一定の理由があり、かつ、そうしたくないと思う理由もあるような場合である。たとえば彼は、彼女が美しく知的だと思うから彼女と結婚したいと思い、同時に、彼女はいびきをかくし指の関節を鳴らすから彼女と結婚したくないと思うことがあるだろう。こうした事例はよくある。それどころか、人はある同一の特徴を、望ましく思うと同時に望ましくないと思うこともありうることは、指摘しておくべき重要な点である。彼は彼女の美しさと知性を、魅力的であるとともに不愉快に思い、彼女のいびきと指の関節鳴らしの癖を、厭わしく思うとともにいとおしく思うかもしれない。(彼が内心、こう思うところを想像してみるがよい。「彼女がかくも美しく知的であるのは、すばらしいことだ。だが同時に、それには少々辟易しないでもない。日がな一日、美しく知的におわしますのだから。彼女のいびきと指の関節鳴らしを聞くのは、不愉快なものだが、同時にそれにはどこかいとおしいところがある。とても人間味があるのだ」。)人間のあり方とは、このようなものである。

互いに相容れない欲求を、合理的かつ整合的に持つことの可能性は、欲求が連言に関して閉じていないという望ましからぬ論理的帰結をもたらす。つまり、私がpであることを欲し、しかもpでないことを欲するからといって、私が〈pかつpでない〉ことを欲するという帰結は生じない。たとえば、私はいまバークレーにいたいと思い、しかも、いまパリにいたいと思う。しかし、これらが相容れない欲求であると知っていれば、合理性が私に〈私がいま、バークレーとパリに同時にいる〉ことを欲する確約を負わせることはない。

互いに相容れない欲求を、合理的かつ整合的に持つことの可能性と、それが実践理性にもたらす帰結を理解するには、もう少し深く探究を進める必要がある。根本的な欲求と、二次的または導出された欲求の区別は、古典モデルの見方をはじめ慣例的になされてきたものであり、私もそれはおおむね正しいと思う。私が旅行会社に「私は飛行機の切符を買いたい」と言うことは、文字どおり正しい。だが私は、飛行機の切符への情欲や憧憬、渇望や情熱など何も持ち合わせていない。それは「目的」のための「手段」にすぎないのである。ある欲求と相対的には根本的な欲求が、別のものと相対的には二次的である場合もある。パリへ行く欲求は、飛行機の切符を買う欲求と相対的には根本的だが、ルーヴルを訪れる欲求と相対的には二次的である。このように、根本的な欲求と二次的な欲求の区別はつねに、ある構造と相対的であり、それは、欲求が他の欲求や他の何らかの動機づけ要因に動機づけられるという構造である。まさにこのような描写が、実践理性の古典的な見方には組み込まれている。こうした事例では、いま述べたように、二次的な欲求の完全な特定は根本的な欲求に言及する。私はただ切符を買いたいのではなく、パリへ行くために切符を買いたいのである。

二次的な欲求の持つ性格が理解できれば、十全に合理的な行為者が相互に対立する欲求を形成しうる仕方には、少なくとも二通りのものがあることがわかるだろう。第一に、すでに見たように、行為者は端的に相対立する心の傾きを持つ場合がある。だが第二に、行為者は、根本的な欲求の整合的なひとそろいと、それらを充足する最もよい手段についての信念から、相対立する欲求を形成することもありうる。例として、推論によって飛行機でパリへ行きたいと思うに至る男を考えてみよう。そのような男には、飛行機で行くという二次的な欲求があり、それはパリへ行く欲求と、飛行機で行くのが最もよい方法だという信念に動機づけられている。しかしその同じ男は、つぎのような実践的推論をも組み立てたかもしれない。すなわち、私は、気分が悪くなったり怖い思いをしたりすることは何もしたくない。だが、飛行機でどこかへ行けば、私は気分が悪くなったり怖い思いをしたりする。ゆえに、私はどこへも飛行機で行きたくない。ゆえに、私は飛行機でパリへ行くことはしたくない。これを私が先に示唆した実践的推論のパターンに従うように述べることは至極容易である。すなわち、すべてを考慮に入れた上で、気分が悪くなったり怖い思いをしたりすることを避けたいという私の欲求を充足する最もよい方法は、飛行機でパリへ行かないことである。これが実践的推論のひとつとして述べられうる以上、同じ人が、現に持っている信念の整合的なひとそろいと、根本的な欲求の整合的なひとそろいから、実践理性の二つの相互に独立した連鎖を経て、互いに相容れない二次的な欲求を合理的に形成することがありうるであろう。「前提」の整合的なひとそろいが、相容れない二次的な欲求を「結論」として生み出すのである。これは、信念と欲求からなされる推論の特徴として、パラドクシカルなものでも偶然的なものでもない。むしろ、実践理性と理論理性のあいだに存在する、ある本質的な相違からの帰結である。

この相違をさらに深く探究しよう。一般に、欲求のひとそろいを持つならば、それが根本的な欲求の整合的なひとそろいであるときですら、互いに相容れない欲求を持ったり、少なくともそのようなものを持つよう合理的に動機づけられたりすることは、避けられないことである。この点をもう少し正確に述べよう。すなわち、ある人の一生の、任意の時点における欲求と信念のひとそろいをとり、信念が真だという想定のもとで、根本的な欲求からどのような二次的な欲求が合理的に動機づけられうるかを算出すれば、相容れない欲求がきっと見出されるであろう。このことをどうすれば証明できるか、私にはわからない。だが、それを明らかにするために用いることのできる例ならば、いくらでもある。パリへ飛行機で行く例を考えてみよう。飛行機で、気分が悪くなったり怖い思いをしたりすることが仮になくても、私はどのみちお金を使いたくない。飛行機に座りたくないし、機内食を食べたり空港で列に並んだり、隣の座席の人と肘をぶつけ合ったりすることもしたくない。実際、パリへ飛行機で行く欲求を充足することが、文字どおりの意味で、あるいは比喩的に、私に支払わせる代償は、このほかにも私のやりたくないものごとばかりである。同じ一連の推論から、パリへ飛行機で行きたいという欲求の形成へと導かれもすれば、パリへ飛行機で行きたくないという欲求の形成へと導かれもするのである。

少なくともいくつかの文献では、これに対する可能なひとつの答えが暗黙のものとなっている。それは、選好の概念に訴えることである。すなわち、私はパリへ飛行機で行き不愉快な思いをすることを、パリへ飛行機で行かずに快適に過ごすことよりも選好するのである。しかしこの答えは、このかぎりでは差し支えないものの、選好が実践的推論に先立って与えられることを含意する点で誤っている。私の考えではむしろ、選好はふつう、実践的推論の成果である。そして、順序づけられた選好はふつう実践理性の成果であるから、その普遍的な前提として扱われるわけにはいかない。合理的な人は欲求の整合的なひとそろいを持たねばならないと考えるのが誤りであるのと同じく、合理的な人は熟慮に先立って欲求の（組み合わせの）順位ある順序づけを持たねばならないと考えるのも誤りである。

このことから、つぎの結論が示唆される。すなわち、実践的推論に関する議論を手段と目的の事例にかぎった場合でさえ、実践理性は、相互に対立する欲求や、相互に対立する他の種類の動機（つまり、上向きの適合を持つ事象的なもの）の裁定を本質的に含むことになるのに対して、理論理性が同様に、相対立する信念の裁定を本質的に含むことはない。実践的推論は典型的に、対立する欲求や義務、確約や必要性、要求、責務の裁定に関わる。だからこそ、実践的推論の古典モデルの見方を説得力ある説として示そうと試みるに際して、われわれは、「すべてを考慮に入れた上で、最もよい方法」で行きたいということについての段階を必要とした。この「最もよい」は、当の事案に関与する、相対立する欲求や他の動機づけ要因すべてを、最もよく調停するものという意味にほかならないのだから、そのような段階のあることは、手段と目的の理性の過程を合理的に再構成することの特徴をなすものである。しかしこのことは、私が与えた古典的な見方の定式化が、結局のところ問題の矮小化にすぎないという帰結をもたらす。なぜならば、困難な部分の分析がなされていないからである。というのも、われわれはいったい、しかじかのことが「すべてを考慮に入れた上で、あることを行う最もよい方法」だという結論に、いかにしてたどりつくのだろうか。また、妥当な導出が相互に競合し、得られた結論どうしが互いに相容れないものとなったとき、それらを調停するにはどうすればよいのだろうか。

古典モデルの見方にあるような、目的のための手段に関する推論だけが、人の手にしているものであったならば、論証を通じて行為のよりどころをなしうる結論に達するには、他のそうした推論の連鎖をも片端から行った上で、相対立する理由のあいだで決着をつける何らかの方法を見出さねばなるまい。古典的な見方は、望ましい目的への手段はいかなるものであれ、少なくともその目的に至るかぎりにおいて望ましいという、正しい原理に根差している。問題は、実生活では、他のさまざまな種類の根拠から、手段のいかなるものも望ましからぬものでありうるばかりか、たいていは望ましからぬものであるにもかかわらず、そのような対立をいかにして裁定するかを示すすべが、このモデルにはない点である。

事情がこれよりもさらに困難であることは、先に道すがら注意を促した、欲求のもうひとつの特徴を考えてみればすぐにわかる。pと信じ、かつ、pならばqと信じる人は、qの真理性への確約を負う[6]。しかし、pを欲し、pならばqと信じる人は、qを欲することへの確約を負うわけではない。pを求め、pならばqと信じながら、qを求めることへの確約を負わないこともあってよい。たとえば、ある男女がからだを交えたいと思いつつ、そうしたら女の妊娠を招くと信じるにもかかわらず、女の妊娠を望むのではないことがあったとしても、論理的には何も悪くない。

欲求および、欲求と信念の区別に関するこれらの点を、つぎのようにまとめることができるだろう。欲求には二つの固有な特徴があり、それらゆえに、実践理性の形式論理学として、理論理性の形式論理学とされるものに匹敵するものを築くことは不可能である。第一の特徴は、「不整合の必然性」と名付けることができよう。実生活を送るいかなる合理的な存在も、欲求や他の種類の動機づけ要因で、互いに相容れないものを持たないわけにはいかない。第二のものは、「欲求の分離不可能性」と名付けてよいだろう。「前提」となる信念や欲求のひとそろいは、必ずしも、相応の欲求を「結論」として持つ確約を行為者に負わせることはなく、そのことは、前提の命題内容から結論の命題内容が帰結する場合ですら変わりない。これら二つのテーゼを合わせれば、実践理性の演繹的論理構造の論述として、多少とも説得力のあるものが哲学の文献にまるで存在しないという事実を明かすに十分であろう。

これらから、つぎのような教訓が得られる。私には、実践理性の形式的な演繹的論理構造の探究は、そもそも的外れなものとしか思えない。そうしたモデルは、ほとんどないし完全に適用を欠く。あるいはもし、それを実生活に適用できるように取り繕うとしたら、それは、相対立する欲求や、行為への相対立する理由一般を調停し、その調停に基づいて合理的な欲求を形成することという、実践的な熟慮の本質的な特徴を矮小化することによってでしかありえない。いかなるひとつの推論に対しても、その演繹的なモデルを構成することはいつでもできる。しかし、pであることを欲するとともにpでないことを欲するときや、pであることをもたらす義務を負うとともにpでないことをもたらす義務を負うときのように、その推論の本質的な特徴がpであることとpでないことの両方を含む場合、演繹的論理学から得られるものはない。なぜならば、演繹的論理学はそのような不整合に対処することができないからである。するとそのモデルは、そのような不整合は存在しないと偽るか、あるいは(「すべてを考慮に入れた上で、最もよい方法で」)それは解決されると偽るか、このいずれかの道をとらざるをえない。第一の道は、私が冒頭で批判したモデルによってとられたものであり、第二の道は、私の示した改訂版によってとられたものである。古典モデルの見方は、相矛盾する欲求、義務、必要性などの可能性、それどころか不可避性のゆえに、熟慮の構造のモデルとしては得るところがない。しかも、これをいい加減なものに緩めて、問題を矮小化するほどまでにしてみたところで、論証の結論として欲求への確約を得ることはどのみちできない。肯定式は、欲求と信念の組み合わせから、結論を欲求することへの確約を生み出すようにははたらかないのである。

肯定式は、欲求と欲求の組み合わせに対してならばうまくはたらくのだろうか。これは、手段と目的の推論に関して標準的に主題となる事柄ではないものの、考えるに値する問いである。私の考えでは、あなたがｐであることを欲し、ｐならばｑであることを欲するならば、あなたはｑであることを欲することへの確約を負う。ただしあなたはそのとき、ｑでないことをも合理的に欲しうる。私は、自分が大金持ちになることを欲し、そして公益の観点から、大金持ちには重税が課されることを欲するとしよう。このとき私は、論理的に言って、自分が金持ちになったら重税を課されるという欲求への確約を負う。私はたしかにそのような欲求への確約を負うが、しかし私はそれと同時に、自分が重税を課されることを欲しないかもしれない。つまり私は、自分がやはり持っているもうひとつの欲求と相容れない欲求への確約を負うのである。

4　欲求と信念の相違の説明

これらの相違が存在するのは、いったいなぜであろうか。欲求の哲学的心理学のいかなる点によって、欲求は信念と論理的にかくも異なったものとなるのだろうか。この問いへの答えはどのみち同語反復的なものであり、ゆえにがっかりするようなものであらざるをえないが、ともあれそれはつぎのとおりである。

欲求も信念もともに命題内容を持ち、適合の向きを持つ。いずれも充足条件を表象し、しかもその充足条件をある特定の相のもとで表象する。では、欲求と信念の論理的性質の相違は、いかなる相違からもたらされるのだろうか。その相違は二つの相互に関連する特徴に由来し、それは適合の向きの相違と確約の相違である。信念の仕事は、ものごとがどうであるかを表象することであり（下向きの適合）、信念を保持する者はその真理性への確約を負う。これを信念が行うか行わないかに応じて、信念は真となったり偽となったりする。欲求の仕事は、ものごとがどうであるかを表象することではなく、ものごとがどうであってほしいかを表象することである。そして、仮にものごとがそうであってほしいと思うとおりにならなかったとしても、欲求は、ものごとがどうであってほしいかを表象することに成功しうる。信念では、命題内容が、ある事態を現に成立しているものとして表象する。しかし欲求では、命題内容は現実の事態をではなく、欲求された事態を表象するようにはたらくのであり、その事態は現実のものだったり、現実のものでなかったり、可能なものだったり不可能なものだったり、いかようでもありうる。そして命題内容は、行為者が望ましいと思う相のもとで、その事態を表象する。欲求は充足されなくても、欲求として、何か欠陥があるとは言えない。これに対して、充足されない信念は、信念として、何か欠陥がある。つまり、それは偽であり、ものごとがどうであるかを表象するという仕事を果たしていないのである。欲求は、ものごとがそうであってほしいと思うとおりにならない場合でも、つまり、その成功の条件が満たされない場合でも、ものごとがどうであってほしいかを表象するという仕事に成功する。おおまかに言うと、信念が偽なときは、信念が悪いのであるが、欲求が充足されないときは、世界が悪いのである。

欲求の二つの論理的な特徴、つまり不整合性と分離不可能性は、いずれも欲求の持つつぎの根底的な特徴に由来する。すなわち、欲求とは、ある相のもとにおける（可能な、現実の、あるいは不可能な）諸事態への心の傾きである。同一の事態に対して同一の相のもとで、人が心が傾くとともに心を背けるという可能性は、必ずしも不合理性を伴うものではない。また、人がある事態にある相のもとで心が傾き、その事態の成立がもたらす帰結についての知識があった場合、合理的であるかぎりその帰結に対しても心が傾くはずかというと、そのような保証はない。

しかし、これに対応する点を信念について述べようとしても、うまくいかない。信念とは、諸事態の成立に対する、ある相のもとにおける確信である。しかし人は合理的であるかぎり、ひとつの事態について同一の相のもとで、それが成立しているとともに成立していないと確信することはできない。また、人がある事態の成立にある相のもとで確信を抱き、しかもその事態の成立がもたらす帰結について知識があるならば、合理的であるかぎり、その帰結にも確信を抱く（あるいは少なくとも、その帰結への確約を負う）であろうことが保証される。信念の持つこれらの特徴が、下向きの適合および確約という二つの特徴から生じたものであることは、よく強調しておかねばならない。これは、下向きの適合だけでは足りない。ものごとがどうであろうかについて人が形成する仮説も、下向きの適合を持つ。しかし人は、整合的かつ合理的に、互いに相容れない信念を保持することはできないのに対して、整合的かつ合理的に、互いに相容れない仮説を抱くことはできる。これは、信念も仮説も下向きの適合を伴う点では同じだが、信念は仮説と異なり、確約という付加的な特徴を持つからである。

欲求のこれらの特徴は、世界から言葉への適合の向きを持つ他の種類の表象にも当てはまる。不整合性および分離不可能性という特徴は、欲求のみならず必要性や義務に関しても成り立つ。私は整合的に、互いに相容れない必要性や義務を持ちうるし、私は必ずしも、自らの必要性の帰結をも必要とするわけでもなければ、自らの義務の帰結をも達成するよう義務づけられるわけでもない。これらの現象のどれについても、その例を探すことは容易であろう。私はある症状を和らげるためにある薬を飲むことを必要とするかもしれないが、その薬は別の症状を悪化させるゆえ、私にはそれを控える必要もある。私は大学で自分のクラスに出向く義務を負うが、一年前に交わした約束のゆえ、別の大学で講義を行う義務をも負っている。私は心臓病の防止のためにアスピリンを飲む必要があるが、アスピリンは胃に悪いから、それを控えることも必要である。ジョーンズは、自ら交わした約束のゆえ、スミスと結婚する義務を負う。しかし、スミスと結婚すれば両親を悲しませることになるものの、彼女は両親を悲しませる義務を負っているわけではない。なお、これら「義務」「必要性」などの概念すべてが持つ指示的不透明性が、諸文献においてどれほど無視されているかは注目に値する。

この説に反対して、つぎのように言う人がいるかもしれない。「私が何かを信じるとき、私が信じるのはそれが真だということである。だから、私が何かを信じるとともに、それが真であるためにはある別のものが真でなければならないと知っているならば、私の信念と知識は、その別のものが真であることへの確約をも私に負わせずにはいない。しかし欲求もこれと同じでないわけがあるだろうか。もし私が、何かを欲するとき、私が欲するのは何かが生じること、何かが事実となることである。だが、もし私が、それが生じたり事実となったりするには、ある別のことが生じたり事実となったりするのでなければならないと知っているならば、私は当然、その別のことを欲することへの確約を負うはずであろう」。しかし、この類比は成り立たない。私があなたの虫歯を治すために歯を削りたいと欲し、歯を削れば痛みが引き起こされると知っているとしても、だからといって、私は痛みを引き起こすことへの確約を負うことなど全くないし、ましてや痛みを引き起こしたいと欲することへの確約を負うことはない。この相違の証明は至極単純である。もし、私が痛みを引き起こすことがないならば、それは私の信念のひとつが偽であったことを示す。だが、私の欲求のいずれかが充足されなかったことにはならない。

　私が何かを欲するとき、私はそれをある特定の相のもとでのみ欲する。「それはそうだが、私が何かを信じるときも、私はそれをある特定の相のもとでのみ信じる。信念に関する文は、欲求に関する文とちょうど同じだけ不透明である」。そのとおりだが、つぎの点に違いがある。あるものがある特定の相のもとで欲されるとき、一般に、それを望ましいものとするのはまさにその相である。実際、その相と欲求の理由とのあいだに成り立つ関係は、信念の場合と大きく異なる。なぜならば、あるものを欲する理由を特定することは、一般に、欲求の内容を特定することにほかならないからである。これに対して、ある信念をそれに基づいて保持する証拠の特定は、一般に、それ自体が信念の特定の一部分となることはない。信念への理由が信じられる命題に対して立つ関係は、欲する理由の内容が欲求の内容を表す命題に対して立つ関係とは異なる。欲する理由の言明は一般に、欲されるものの一部分を述べるものだからである。人がある理由で何かを欲するならば、その理由は、欲求の内容の一部分である。たとえば私が、庭の草木が育つようにと雨の降ることを欲するならば、私は雨の降ることを欲するとともに庭の草木が育つことを欲する。私が雨が降るだろうと信じ、雨は庭の草木を育てると信じるならば、私は雨が降るだろうと信じるとともに庭の草木が育つだろうと信じる。だがそれでも、ここには決定的な相違がある。私が、庭の草木が育つようにと雨の降ることを欲するならば、雨の降ることを欲する理由は、複雑な欲求全体の全内容の一部分である。他方、私が雨が降るだろうと信じるとともに雨は庭の草木を育てると信じることの理由は、気象学、天気予報の信頼性、植物の生育において湿気の果たす役割などに関する多くの証拠と関係がある。それらの考慮事項はすべて、私の信念が真であることの証拠に含まれるものの、それら自体が当の信念の内容をなすことはない。しかし欲求の場合には、理由は当の現象がいかなる相のもとで欲求されているかを述べるのだから、理由の果たす役割は証拠のそれと大きく異なる。要するに、理由は複雑な欲求の持つ内容の一部分なのである。

まとめよう。信念は、心から世界への適合の向きを持つ。そして信念を抱く者は、その適合が実際に成り立っていることへの確約、すなわち信念が真であることへの確約を負う。欲求は、世界から心への適合の向きを持つ。そして欲求を抱く者は、それが充足されることへの確約を何ら負わなくてよい。欲求の仕事は、ものごとがどうであるかをではなく、ものごとがどうであってほしいかを表象することである。「ものごとがどうであるかへの確約」という概念のゆえに、相矛盾する信念を意識的に抱くという端的な可能性は断たれ、また、自らの信念の帰結に対しても確約を負うことが求められる。しかし、ものごとがどうであってほしいかが問題であるときには、そのような障害や要求は存在しない。形式的な類似性がある程度みられるとはいえ、信念は実は、論理的特徴においても現象学的特徴においても、欲求と根本的に異なるのである。

これらの理由により、実践理性とは何を行うかについての推論だという考えから、それと同じように、理論理性とは何を信じるかについての推論であると考えてしまうと、人は誤りに陥りやすい。何を信じるべきかは、何が生じているかに依存する。したがって、理論的推論は派生的にのみ、何を信じるかに関わるのであり、それがおもに関わるのは、むしろ何が生じているか、一定の前提のもとで何が生じているはずかである。しかもわれわれにはいまや、理論理性の「論理学」なるものが存在すると考えることさえもが、誤解を招くものであることがわかるだろう。存在するのは、ただの論理学である。それは論理的関係、たとえば命題間の論理的関係を扱う。たしかに論理学は、実践理性の合理的な構造よりも、理論理性の合理的な構造について、より多くを語ってくれる。それは、信念に課される合理的な制約と、命題間の論理的関係とのあいだに、密接な結びつきがあるからである。先に述べたとおり、この結びつきは、信念は真であるべきだという事実に由来する。他方、欲求の構造と論理学の構造とのあいだには、そのような密接な結びつきはない。欲求の持つ上向きの適合ゆえに、すべての事実が与えられたあとですら、われわれは相対立する欲求を持つことがあってよいし、現に持つのである。

5　意図の固有な特徴

私はこれまで欲求に専念してきたが、意図はいくつかの重要な点で欲求と異なる。欲求と同様、意図は上向きの適合を持つ。しかし欲求と違って、意図はつねに行為者をその主題とし、因果的自己言及を示す。意図が実行されるのは、その意図を実行するという仕方で行為がなされるときだけである。

この理由により、意図には欲求と大きく異なる論理的制約が課される。互いに相容れない欲求を持つことに、論理的な不整合はないのに対して、それと同じように互いに相容れない意図を持つことには、論理的な不整合がある。意図は行為を引き起こすようにしつらえられたものであるから、不整合があってははたらきえないのである。命令や約束など、因果的自己言及を示す他の動機づけ要因もまた、世界から心への適合の向きを持つにもかかわらず、やはり不整合が禁止されるという点で意図と同じである。ある程度までは、話者がよく考えた上で、「私はあなたに去ってほしいと同時にとどまってほしい」と言うことは許される。しかし、「去れ」と言うと同時に「とどまれ」と言うならばそれは不合理であるし、去る意図ととどまる意図を同時に形成したり、去る約束ととどまる約束を同時にしたりすることも、同じく不合理である。相容れない意図を持つこと、相容れない約束をすること、相容れない命令を下すことは、整合的になしうることではない。なぜならば、意図や命令、約束とは、行為を引き起こすようにしつらえられたものであり、不整合な行為というものはありえないからである。同じ理由により、意図や命令、約束は、当の行為が可能だという信念への確約を行為者に負わせるが、互いに相容れない二つの行為を両方とも実行することは不可能である。欲求や義務には、一般にそのような条件はない。人は、相容れない欲求を抱いたり、相容れない義務を負ったりすることがあってよい。

この特徴は、意図に関しては分離の原理が可能であることを示すのだろうか。pを意図し、pならばqと信じるならば、qを意図することへの確約を負うのだろうか。そうではないだろう。しかし、この問いは見た目の印象よりも扱いにくく、しかもカントの有名な原理と関連があるので、私はここでカントを論じることにしよう。

6 「目的を意志する者は手段を意志する」

目的を意志する者は手段を意志するという、カントの名高い教義に多少とも言及することなくしては、実践理性の論理学に関する議論は不完全なままにとどまるだろう。この教義はわれわれに、実践理性の演繹的な論理的原理を与えてくれるのだろうか。すなわち、少なくとも、手段Mが目的Eを達成するための必要条件である場合には、「私は目的Eを意志する」という言明は、論理的に、「私は手段Mを意志する」への確約を負わせるのだろうか。このことは、qがpの論理的帰結である場合に、「私はpと信じる」が「私はqと信じる」への確約を負わせる仕方と類比的なのだろうか。

これは、「意志する」ということで何が意味されるかに完全に依存する。私がすでに述べた理由からして、この教義はある申し分なく自然な解釈のもとで、端的に偽である。意志することが、将来における一連の行為で従事可能なものに対して、強い欲求や賛成的態度を持つことにほかならないとしたら、目的を意志するときには手段を意志することへの確約を論理的に負うなどといったことは、端的にない。先に示唆したように、さまざまな理由から、手段が言語道断なものであることはよくある。私はインフルエンザの症状を取り除きたいと切望するが、既知の治療法はなく、症状を取り除く唯一の方法は自殺することである。だが私はそれでも、自殺を意志することへの確約など負うまい。

このように、「意志する」を欲求と解釈するならば、カントの原理は偽であることになる。しかしこれを意図と解釈し、事前の意図と行為内意図の両方であるとしてみよう。私はEを行う事前の意図を持ち、Mを行うことがEを行うことの必要条件だと信じているとしよう。このとき私は、Mを行う意図への確約を負うであろうか。ここでは、それを行うことがMを行うことを伴うと私が知っている、ある事柄を行う確約を負うことと、Mを意図的に行う確約を負うことを、区別する必要がありそうである。私がEを行おうと意図し、かつ、Eを行うことは必然的にMを行うことを伴うと私が知っているという事実からは、私がMを伴うある事柄を意図的に行う確約を負うことが、自明に帰結する。しかしだからといって、私はMを意図的に行う確約を負う必要は全くない。あなたの歯を治す意図という、前に出てきた例を考えてみればよい。それにはつぎの前提がある。

意図（私はあなたの歯を治す）
信念（もし私があなたの歯を治すならば、私はあなたに痛みを引き起こす）

しかしこのことから、私がつぎの結論への確約を負うことはない。

意図（私はあなたに痛みを引き起こす）

意図は私に、ある一連の行為への確約を負わせる。しかしそれは、当のもともとの意図の実行に伴うと私が知っているあらゆる事柄に関して、それを行うことへの確約を私に負わせるわけではない。

したがって、私がpを生ぜしめる意図を持ち、しかも、pならばqという信念を持つとしても、その事実は、qを生ぜしめる意図を持つことへの確約を私に負わせるわけではない。この主張に至る論証を、上の例を用いて述べると、私があなたに痛みを引き起こすとき、私は意図的にそうするのではなく、それは私の意図的行為の副産物にすぎないのである。そしてこんどは、この論点の論証は、私があなたに痛みを引き起こすことがなくても、私は自分が行おうとしたことを行わなかったことにはならないのだから、あなたに痛みを引き起こすことは、私の意図の充足条件の一部分でもなければ、私の意図の充足条件に含意されるものでもないというものである。あなたの歯を治すとき、私はそれがあなたに痛みを引き起こすという堅固な信念を持っているかもしれない。しかし私はだからといって、あなたに痛みを引き起こす意図への確約を負うことはない。このことの決定的な証明は、成功や失敗として勘定されるものは何かと問うことによって得られる。私があなたに痛みを引き起こすことに失敗しても、私のもともとの意図が失敗したことにはならない。私の信念のひとつが偽と判明しただけである。したがって一般に、(目的を達成する意図を持つという意味で) 目的を意志する者は、そのことによって、その意図を実行することの一部分として生じると知られた事柄のすべてを意志することになるとは、全く言えない。

しかし、カントの原理が真であるような種類の事例もある。私があなたの歯を治す行為内意図を持ち、しかも、私が意図的にあなたの歯を削ることが、歯を治すことの必要条件だと信じているとしよう。あなたに痛みを引き起こすことは歯を治すことの付帯的な一部分であったのに対して、歯を削ることは歯を治すことの付帯的な一部分ではないから、この事例は先の事例とは異なる。それはむしろ、もともとの意図が実行されうるために、意図されねばならない手段なのである。したがって、カントの原理には、それを正しいものとするような自然な解釈があることになる。その解釈はつぎのとおりである。

私が目的Eを意図し、Eを達成するにはMを意図的に行う必要があると知っているならば、私はMを行うことを意図する確約を負う。この意味で、「目的を意志する者」は、手段を意志することへの確約を負うと言えそうである。

7 結論

この議論から得られる教訓は、きわめて簡潔に述べることができる。演繹的論理学は、命題や述語、集合などのあいだの論理的関係を扱うものである。厳密な意味において、実践理性の演繹的論理学といったものは存在しない。しかしそれならば、厳密な意味において、理論理性の演繹的論理学といったものも存在しない。理論理性で生じる論理的関係は、演繹的論理学に対応づけることが可能であり、これは信念に関して、確約と適合の向きがうまく連携しているためである。実践理性では、この種のことは不可能である。この相違は、なぜ存在するのだろうか。二つの重要な点で、欲求は信念と異なる。欲求は、上向きの適合を持つ。また、信念を持つ人は、その信念が真であることへの確約を負うのに対して、欲求を持つ人は、その欲求が充足されることへの確約を負わない。このことから、先にふれた欲求の二つの特徴がもたらされる。すなわち、不整合の必然性と、欲求の分離不可能性である。意図は、もう少し信念に似ている。なぜならば、当の意図が充足されることへの確約を伴うからである。とはいえ、意図を持つ人は、当の意図の達成から帰結する事柄のすべてに関して、それを達成することを意図する確約を負うわけではない。目的を達成するには必然的に意図せねばならない手段に関してのみ、確約を負うにすぎない。こうした理由により、理論理性の演繹的論理学は、ある限定的な意味において存在しうると言えようが、「実践理性の演繹的論理学」は、その意味においてすら存在しないのである。

第九章　意識、自由な行為、脳

1　意識と脳

この本はおもに、飛躍と、それが合理性の研究に対して持つ関連性についてのものである。この飛躍は人間の意識の特徴であるから、その意味で、この本は意識に関わる。飛躍は自発的行為の意識が持つ特徴であり、それがために、行為はそれを決定する心理的な因果的十分条件を持つものとしては経験されない。これは、行為が少なくとも心理的には自由だと言うことで意味されることの一部分である。飛躍の心理的な実在性には、疑問の余地がない。だがそれは、他の意味においても経験的に実在するのであろうか。それは神経生物学的な実在性を持つのであろうか。もし、人間の自由が本当に存在するならば、それは脳の機能が示す特徴のひとつであらねばなるまい。この章の目標は、意欲の意識に関する説、すなわち自由な行為の意識に関する説を、意識一般に関する説の中に位置づけ、こんどはその後者を、脳の機能に関する説の中に位置づけることである。

われわれは哲学における伝統的な問題の議論へと進もうとしているのであるから、ここでいったん一歩下がって、なぜそのような問題がまだ存在するのかと問うてみるのはよい考えである。私は第一章で、そうした問題が生じるのはふつう、一見したところ不整合な二つの見解のあいだで対立があり、そのいずれをも手放しえないとわれわれが感じるときだと述べた。この場合、自由意志があるという信念は、飛躍の意識経験に基づいている。だがわれわれは、宇宙は閉じた物理的体系であり、それは物理学の法則によって完全に決定されるという根源的な形而上学的前提をも持ち合わせている。では、どうすればよいのだろうか。まず注目すべきは、量子力学レベルの最も根源的な物理学の法則は、決定論的ではないことである。つぎに注目すべきは、物理学の法則は実は何も決定などしないことである。法則とは、さまざまな物理的な量のあいだの関係を記述する言明の集合であり、それらの言明は具体的な状況において、因果的十分条件を記述するものであったりそうでなかったりする。さらに注目すべきは、宇宙が閉じた物理的体系だという主張は、仮に明確な意味を持つとしても、何世紀にもわたる取り決めによって真とされた命題だということである。あるものが経験世界に実際に存在し、それを多少とも理解できると思うやいなや、われわれはそれを「物理的」と呼ぶ。すると、実在世界の一部分である以上、意識、志向性、合理性もまた、他のあらゆるものと同様、「物理的」な現象である。これらの点を考慮すれば、われわれの問題が解かれるには至らないまでも、われわれはより制約の少ない仕方で問題を考えることができるようになる。では、意識はいかにして「物理的」な宇宙と調和するのかと問うことから始めよう。

過去一〇年ほどのあいだに、哲学と脳科学では、意識について、また意識と脳の関係について、ある見方が登場するとともに広く受け入れられるようになってきた。それは、伝統的な意味における二元論とも唯物論とも、鋭く対立する。それはとりわけ、意識についての見方のうち、意識状態の還元不可能な主観性を否定しようと試みたり、意識を行動やコンピュータのプログラム、何らかのシステムの機能的状態に還元しようと試みたりするものと対立する。意識に関するその見方は、広く受け入れられるようになりつつあるものの、まだ議論の余地を残すものである。

その見方によると、意識とは、実在的な生物学的現象である。意識は、内的で質的で、主観的で統合された、直観や気づき、思考、感覚の諸状態からなる。それらの状態は、われわれが朝、夢なき眠りから目覚めるとともに始まり、再び無意識へと落ちゆくまで、一日じゅう続く。この説では、夢は目覚めているときの通常の意識と多くの点で異なるものの、やはり意識の一形式である。この見方によると、意識の鍵を握る特徴は、質的であること、主観的であること、そして統合されていることである。それがどのようにしてであるか、いまから説明しよう。それぞれの意識状態には、その状態特有の質的な感じがある。そのタイプの状態にあるということが、どのようなことであるか、どのような感じであるかという事柄が存在するのである。このことは、ビールの味やバラの香り、空の青さを見ることについて当てはまるのと同じだけ、二たす二は四といった思考についても当てはまる。知覚であれ思考過程であれ、あらゆる意識状態が、私が説明しようとしている意味において、質的である。それらはさらに、人間や動物という主体に経験される形でのみ存在するという意味で、主観的である。それに加えて、強調に値する特徴がもうひとつある。すなわち、ビールの味やバラの香りといった意識経験は、つねに、統合された意識野の一部分として現れる。たとえば私はいま、背中にシャツの圧迫感を感じ、口にコーヒーのあと味を感じ、目前のコンピュータ画面の視覚的な感じを抱いているだけではない。私はそれらすべてを、統合されたひとつの意識野の部分として抱いているのである。

このように定義された意識と、脳の過程とのあいだには、いかなる関係があるのだろうか。これは伝統的な心身問題として認識されるであろう。そして心身問題は、その哲学的な形式においては、むしろ容易に解決がつくものと思われる（尤もその神経生物学的な形式においては、意外にもそうではない）。それはこうである。われわれの意識状態はすべて、脳内の低レベルのニューロン過程によって引き起こされる。意識状態はそれ自体、脳の特徴なのである。このことは、痛みの場合にきわめて明瞭にわかるだろう。私の現在の痛みは、一連のニューロンの発火によって引き起こされる。ニューロンの発火は、末梢神経の末端に始まり、脊柱を上がってリッサウアー路を通り、視床や脳のその他の基部領域に至る。それらの一部分は知覚皮質のとりわけゾーン１へと広がり、そしてこの連鎖が最終的に、私が痛みを感じることを引き起こす。こうした痛みとは、何であろうか。痛みはそれ自体、脳の上位レベルの特徴、システム的特徴にほかならない。意識野の総体における、痛みの主観的かつ質的な経験は、脳をはじめとする中枢神経系における神経生物学的な過程によって引き起こされる。統合された意識野の要素としての痛みの経験は、それ自体、人間の脳を構成するニューロンおよび他の細胞からなるシステムの特徴なのである。

これらの意識経験を引き起こすニューロンの過程とは、正確には何なのであろうか。目下の時点で、われわれはこの問いへの答えを知らない。進捗はあるものの、なかなかはかどっていない。私の知るかぎり、現在のところ、意識の問題への一般的な取り組みとして、少なくとも二つのものがある。この議論の主要な論題に入るには、そのそれぞれについて若干述べておく必要があるだろう。第一の取り組みは、「建築用ブロック方式」と呼ぶのがよいだろう。その考えによると、われわれの意識野はひとそろいの互いに独立した構成要素からなっており、そのそれぞれが個別の意識経験である。それらの要素は、家の建築用ブロックが家を構成するのと同じような仕方で、意識野の全体を構成する。建築用ブロック研究計画の背後にある想定は、建築用ブロックがどのようにはたらくかが、どれかひとつでよいから正しくわかったならば、たとえば、われわれがどのように赤色を視覚的に経験するかが正しくわかったならば、そこから意識の問題全体への鍵が得られるかもしれないというものである。なぜならば、赤の意識経験が生成されるメカニズムは、音や味の経験が生成されるメカニズムとおそらく似ているだろうからである。それぞれの感覚経験に対して、ニューロンの側で意識に対応するもの（NCC）を探し出し、その後、そこから意識一般の説へと一般化しようという発想である。

他所で説明を試みた理由により[1]、私は、建築用ブロック方式は誤りだと思う。建築用ブロックのそれぞれは、すでに意識を持つ主体の中でしか生じない。すでに意識を持つ主体だけが、たとえば赤の経験を持ちうるのだから、赤の経験を生成するメカニズムの発見を試みることによって、意識を生成するメカニズムを発見することはできないだろう。建築用ブロック方式によると、その他の点では意識のない主体に、たとえば赤の経験のようなひとつの建築用ブロックに関してNCCを生成することができれば、その主体には、他の意識状態のないところに突然、赤の閃光が生じるものと予測される。これは経験的仮説として可能ではあるが、脳がいかにはたらくかについてわれわれが知っていることをもとにすると、およそありそうにないことに思われる。むしろ、意識のない脳と意識のある脳とが、神経生理学的なふるまいにおいていかに異なるかを見出すことができれば、脳がどのようにして意識を引き起こすかについて、われわれはきっと理解できるようになるだろう。われわれが本当に知りたいことは、そもそも主体はどのようにして意識あるものとなるかである。ひとたび主体に意識が生じれば、個別の経験を引き起こすことによって、既存の統合された意識野を変容させることは可能であろう。

　これ以外に、もうひとつの研究路線があり、私はそれを「統合野方式」と呼ぶ。意識を小さなレンガ、すなわち建築用ブロックのひとそろいからなるものと考える代わりに、われわれは、私が先に言及した統合を真剣に受け止め、意識野の全体をひとつの統合と考えるべきである。個々の知覚入力は、意識を創り出すものではなく、前もって存在する意識を変容させるものとみなされるべきである。この説によると、われわれは、たとえば赤のＮＣＣを探すのではなく、意識のある脳と意識のない脳の違いを見出そうと努めるのがよい。

　私の提示する説では、先にふれた三つの特徴、すなわち質的であること、主観的であること、そして統合されていることとは、異なる三つの特徴ではなく、同一の特徴の異なる諸側面である。ある特徴が、私の説明した意味で質的であるならば、それは主観的であらねばならない。なぜならば、ここで言われている質的であるものは、概念上、主体に経験されるものだからである。そして、主観的で質的な経験があるならば、それは必然的に統合されたものである。このことは、やはり思考実験によってわかるだろう。あなたの現在の意識状態が、ばらばらにされて一七個の断片になったと想像してみよう。このときあなたは、一七個の部分を持つひとつの意識野を想像しているのではないだろう。想像されているのは、一七個の異なる意識野である。質的であること、主観的であること、統合されていることは、相異なる諸特徴ではなく、すべてひとつの特徴の諸側面であり、その特徴こそが意識の本質そのものである。

2　意識と自発的行為

意識野の持つ性格を探究するにつれて、ある驚くべき事実が明らかになってくる。それは、知覚経験の質的性格と自発的行為の質的性格には、顕著で劇的な相違があることである。知覚経験の場合、私は外的な環境に引き起こされる経験を受動的に受け取る。たとえば私が自分の手を顔の前にかざすなら、手が見えるかどうかは私の意のままにならない。顔前の手の視覚経験を私の中に引き起こすには、知覚器官と外的な刺激だけで十分である。このことに関して、私に選択の余地はなく、原因は経験を生ぜしめるに十分である。

他方、もし私が右手を頭上に上げようと決めるなら、それは完全に私の思うままである。右手を上げるも左手を上げるも、それぞれをどれだけ高く上げるかも、すべて意のままである。自発的行為に伴う意識的な感じは、知覚とは全く異なる。私はむろん、知覚に自発的な要素が全くないと示唆しているのではない。それはあるだろう。たとえばゲシュタルトの転換の例では、人はアヒルからウサギへ、そして再びアヒルへ、自らの知覚を随意に切り替えることができる。私はここでただ、自発的行為の驚くべき特徴で、知覚経験と著しい対比を示すもののいくつかに注意を促しておきたいだけである。

われわれが論じてきた飛躍は、自発的行為にのみ存在する。第一の飛躍は意思決定の理由と意思決定とのあいだに、第二の飛躍は意思決定とその執行とのあいだに、第三の飛躍は行為の開始とそれを完了まで継続することとのあいだに、それぞれ存在する。私の見るところ、根底において、これら三つの飛躍はみな同じ現象の現れである。なぜならば、それらはみな意欲の意識の現れだからである。

第三章で見たように、行為者が理由をふまえて自発的に行為する場合、人間行動の説明の論理構造は、還元不可能な自我の措定を必要とする。われわれはここで、この純粋に形式的な自我の概念に、そのように解された自我は統合された意識野を必要とするという論点を付け加えることができるだろう。自我を措定することは、自由で合理的な行為という現象を理解可能なものとするために必要であった。だが、そのように措定された自我は、統合された意識野を必要とする。自我は意識野と同一ではないが、理由に基づいて意思決定を行い、それらの意思決定を実行すべく行為するという自我のはたらきは、知覚や記憶のような認知的な要素と、熟慮や行為のような意欲的な要素の両方を含む、統合された意識野を必要とするのである。なぜかと言えば、心をばらばらの知覚からなるヒューム的な束として想像しようとすると、束では自我のはたらく余地がなく、意思決定において自我がはたらくには、束の異なる要素のそれぞれに、異なる自我が伴わねばならぬことになってしまうからである。

3　自由意志

では、これまでに得られた知見を適用して、意志の自由の伝統的な問題を論じることにしよう。疑いなく、「自由意志」や「決定論」には異なるさまざまな意味があるだろう。だがここの議論において、意志の自由の問題が生じるのは、意識野のわれわれが飛躍を経験する部分に関してである。それらの事例は伝統的に「意欲」と呼ばれてきた。私が飛躍の経験と呼んだたぐいの経験が存在することに、疑問の余地はない。すなわち、われわれが自分自身の通常の自発的行為を経験するときには、他にも選択肢となる行為の可能性が開かれているという感覚があり、行為の心理的先行者が行為を決定するに十分ではないという感覚がある。この説では、自由意志の問題が生じるのは意識に関してのみであり、しかもそれは意欲ないし自主性の意識に関してのみであって、知覚的な意識には生じない点に注意すべきである。

それでは、意志の自由の問題とは、正確にいかなるものであろうか。自由意志は通常、決定論の対極にあるものとみなされる。行為に関する決定論のテーゼは、あらゆる行為は先行する因果的十分条件によって決定されているというものである。あらゆる行為にとって、その行為のその文脈における因果的条件は、その行為をもたらすに十分なのである。つまり、行為に関するかぎり、ものごとが実際に生じる以外の仕方で生じることはありえない。「自由意志論」とも呼ばれる自由意志のテーゼは、少なくともいくつかの行為に関して、その行為に先行する因果的条件は、行為をもたらすに因果的に十分ではないと述べる。行為が現に生じ、それが理由をもって生じたとしても、行為者はやはり、行為の同じ因果的先行者のもとで、何か別のことを行いえたというのである。

自由意志という論題について、現在最も広く受け入れられている見解は、「両立主義」と呼ばれるものである。両立主義の見解によると、われわれが用語を的確に理解するならば、意志の自由は決定論と完全に両立可能である。行為が決定されていると言うことは、それが他のあらゆる出来事と同様、原因を持つと言うことにほかならない。そして、行為が自由であると言うことは、それがある一定の種類の原因によって決められており、他の種類の原因によってではないと言うことにほかならない。それゆえ、もし私が頭に銃を突きつけられ、手を上げるように言われるならば、私の行為は自由ではない。だが私がもし、いわゆる「自由に」「自分自身の自由意志により」投票するために手を挙げるならば、私の行為は自由である。しかし、いずれの場合にも、つまり投票の場合にも頭に銃を突きつけられる場合にも、私の行為は因果的には完全に決定されている。

私の見るところ、両立主義は自由意志の問題の争点を捉え損ねている。私の定義では、自由意志論と決定論は明らかに相容れない。繰り返すと、決定論者は、「あらゆる行為に先立って、その行為を決定する因果的十分条件がある」と言う。そして自由意志論者はこれの否定、すなわち「行為の中には、それに先行する因果的条件がその行為を決定するに十分ではないものがある」を主張するのである。

両立主義が正しくなるような、「自由」および「決定された」の意味があることは確かだろう。たとえば、人々が「自由」を要求する旗を振りかざして通りを行進するとき、彼らはふつう、物理学の法則には特に関心を抱いていない。彼らが求めているものは通常、自らの行為に対する政府の規制を少なくするといったことである。彼らにとって、自らの行為の因果的先行者は重要でない。しかし、外在的な制約の欠如を意味するこの意味での「自由」は、私が述べた意志の自由の問題とは関係がない。自由意志にまつわる興味深い哲学的問題で、両立主義が実質的な答えを与えてくれるようなものを、私は考えることができない。

われわれは、飛躍の経験があるがゆえに、私の言う意味での意志の自由を確信するに至る。したがって、意志の自由の問題は、つぎのように提示されうる。すなわち、そのような経験には、実在の側のいかなるものが対応するのであろうか。われわれが自らの行為を、それに先行する因果的に十分な心理的条件を持たないものとして経験することを認めるとして、われわれはどうして、その心理的な事実を真剣に受け止めるべきなのだろうか。心理的なレベルだけでは因果的に十分でないとしても、心理的なものの神経生物学的な基盤が、行為の決定に因果的に十分であることはありえないのだろうか。また、無意識の心理的原因が行為を決定していることは、ありえないのだろうか。飛躍の心理的な実在性を認めても、自由意志の問題は残されたままである。実際、自由意志の問題とは何であり、われわれはそれをいかにして解決に導けばよいのだろうか。

この問題を完全に明らかにするために、つぎの例を考えてみよう。私が時刻t_1に、目の前のテーブルに置かれたブルゴーニュとボルドーの二杯の赤ワインから、好きな方を選ぶという選択を与えられたとしよう。私はどちらにも惹かれるが、十秒後の時刻t_2に、ブルゴーニュに決めて手を伸ばし、テーブルからグラスを取って中身に口をつける。これを行為Aと呼び、それはt_2に始まってt_3に至る数秒間、続くものとしよう。話を単純にするため、意思決定とその執行のあいだに心理的な時間差はないものとする。つまり、私がt_2にブルゴーニュに決めるやいなや、行為内意図が始動し、私はグラスに手を伸ばすのである。（もちろん実時間では、行為内意図の始まりから筋肉運動が実際に始まるまでに、約二〇〇ミリ秒の時間差がある。）さらにこれは、飛躍の伴う自発的行為であるとしよう。私は強迫観念など、行為を決定する十分な原因に突き動かされているのではない。行為の決定に十分な無意識の心理的原因は、この例において存在しないものと端的に取り決めよう。意識的なものも無意識的なものも含めて、私にはたらきかける心理的諸原因が行為Aを決定するに十分ではないという意味で、私の行為は自由である。このことは正確に言うと、いかなる意味であろうか。それは少なくとも、つぎのことを意味する。t_1において私にはたらきかける心理的原因のすべてと、その因果的な力のすべてを、この事例に関連するあらゆる心理法則とともに完全に特定しても、それは、行為Aのいかなる記述のもとにおいても、私がその行為を遂行するという帰結を持つに十分ではない。それは、「ＪＲＳはブルゴーニュを選ぶ」という帰結を持たないだけでなく、「手がこちらの向きへ動き、指がこの物体を包み込む」という帰結も持たない。この点で、t_1における心理的原因は、通常の物理的原因と異なる。私がもし、ブルゴーニュに手を伸ばす途中で不注意に、テーブルの上の空いたグラスをひっくり返したら、グラスにはたらきかける原因の記述を衝突の瞬間から始めたものは、グラスが床に落ちるという帰結を持つに十分であろう。

　私は先に、これらの心理的な過程自体は、すべて脳によって引き起こされ脳に実現されていると述べた。それゆえt_1において、赤ワインのグラス二杯の意識的な知覚と、それらの相対的な値打ちについての意識的な思案は、脳の低レベルの神経生物学的な過程によって引き起こされ、脳の組織に実現されている。すると、ここにつぎの問題がある。ほかの知覚など、ほかの入力が脳に生じていないとして、t_1で私に生じている神経生物学的な過程は、t_2における私の脳の全状態を決定するにあたって因果的に十分であろうか。そして、t_2における私の脳の全状態は、t_2からt_3にかけて生じる脳の過程を持続させるにあたって因果的に十分であろうか。もしそうだとすると、行為Aにはある記述があり、その記述のもとでその行為は、先行する十分な因果的条件を持つことになる。なぜならば、t_2における私の脳状態は、行為Aの身体的な部分を構成する筋肉収縮の開始を、神経伝達物質が引き起こすというものであったわけだし、t_2からt_3にかけての過程の持続は、筋肉収縮の持続を引き起こし、t_3における行為の完了をもたらすに十分なものだったからである。それゆえ、意志の自由の問題はつぎの点に帰着する。関連のある外的な刺激がほかに脳へと入ってくることがないとすると、神経生物学的に記述されたt_1における脳状態は、t_2における脳状態を決定するに因果的に十分であろうか。そしてt_2の状態は、それをt_3の状態へともたらすに十分であろうか。もしこの事例や、他の相応に類似した事例すべてに関して、これらの問いへの答えが肯定的なものであるならば、われわれに自由意志は存在しない。心理的に実在する飛躍には、それに対応する神経生物学的な実在がなく、意志の自由は壮大な幻想である。他方、もしこの問いへの答えが否定的なものであるならば、意識の役割に関するいくつかの前提のもとで、われわれには本当に自由意志があることになる。

ではなぜ、すべてはこの点に帰着するのだろうか。それは、t_2における脳状態が、行為の筋肉運動の開始を引き起こすに十分であり、t_2からt_3にかけての脳状態が、筋肉運動を継続させて行為の完了をもたらすに十分だからである。ひとたびアセチルコリンが運動ニューロンの軸索の終板に達すると、生理学的な器官の他の部分が正常に機能していれば、筋肉は全くの因果的必然性によって運動することになる。最初の二つの飛躍は、筋肉運動の開始に先立って生じ、第三の飛躍は、行為の開始とそれを完了に至るまで継続することとのあいだに生じるのであった。飛躍は実在の心理的現象であるが、それが世界に違いをもたらす実在の現象であるためには、それに神経生物学的な対応物があらねばならない。そして、神経生物学上の問いとして、飛躍の実在性はつぎの点に帰着する。すなわち、t_1からt_3に至る脳の諸状態は、それぞれの状態がつぎの状態を因果的十分条件によって決定するという意味で、十分なものであろうか。意志の自由の問題は、ある特定の種類の意識と、神経生物学的な過程とのあいだの関係に関する、純粋に神経生物学上の問題なのである。これがいささかなりとも興味深い問題であるならば、それはある特定の種類の意識的な行為をもたらす因果についての科学的な問いである。私はこれから、この問題を注意深く検討し、その根底に達するべく努めよう。

4　仮説1——心理的自由意志論と神経生物学的決定論の組み合わせ

まず、すでにわかっていることをよく思い起こす必要がある。われわれの意識状態のすべては、脳の下位の神経生物学的な過程によって引き起こされる。そして意識状態は、神経生物学的な基盤を持つがゆえに、こんどはそれに続いて生じる意識状態や身体運動を引き起こすことができる。それゆえ、飛躍がない場合、最上位レベルにおける左から右への通時的な因果にぴたりと対応して、基底レベルにおける左から右への通時的な因果が存在する。たとえば、脳の下位レベルの過程によって、私の行為内意図が引き起こされる。それがこんどは、私の手が上がることを引き起こす。他方、行為内意図を引き起こす神経生物学的な過程は、一連の生理学的な変化を引き起こすが、それは私の手の運動を引き起こすとともに実現するものである。このような関係は、因果的に実在的な記述のレベルを複数持ついかなるシステムにも典型的にみられる。たとえば車のエンジンにも、これと同じ形式的な関係がみられる。これらの関係から随伴現象説が帰結することはない。行為内意図は、ピストンの堅さと同じだけ、因果的な実在性を持つ。しかもここには、因果的過剰決定もない。われわれが目にしているのは、独立した別個の因果連鎖ではなく、同じ因果連鎖の異なるレベルにおける記述である。車のエンジンとの類比は、この点でもやはり完璧である。われわれは、因果を分子レベルで記述することもできれば、ピストンやシリンダーのレベルで記述することもできるからである。それらは独立した別個の因果連鎖ではなく、同じ因果連鎖を異なるレベルで記述したものである。

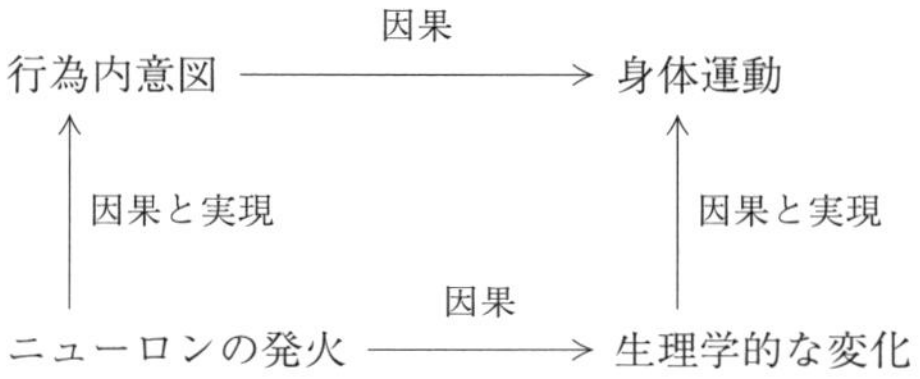

図1

以前書いた本で[2]、私は自発的行為を構成するこれらの関係を、図1のような平行四辺形で表現した。最上位レベルでは、行為内意図が身体運動を引き起こす。基底レベルでは、ニューロンの発火が生理学的な変化を引き起こす。そしていずれの箇所でも、基底レベルが最上位レベルを引き起こすとともに実現する。上のように表現されたかぎり、この構造全体はすべての段階において決定論的である。

だが、たとえば熟慮の後に意思決定がなされるときのように、飛躍がある場合はどうであろうか。私には、これには少なくとも二つの可能性があるように思われる。第一の可能性（仮説１）は、つぎのとおりである。すなわち、心理的なレベルでの非決定論に対応して、神経生物学のレベルには完全に決定論的なシステムが存在する。つまり、行為への理由と意思決定のあいだには心理的な飛躍があるが、神経生物学のレベルでは、信念や欲求の形をとる行為への理由を神経生理学的に実現するものと、それに続く意思決定を神経生理学的に実現するもののあいだに、飛躍は何ら存在しない。これは図２のようになるだろう。

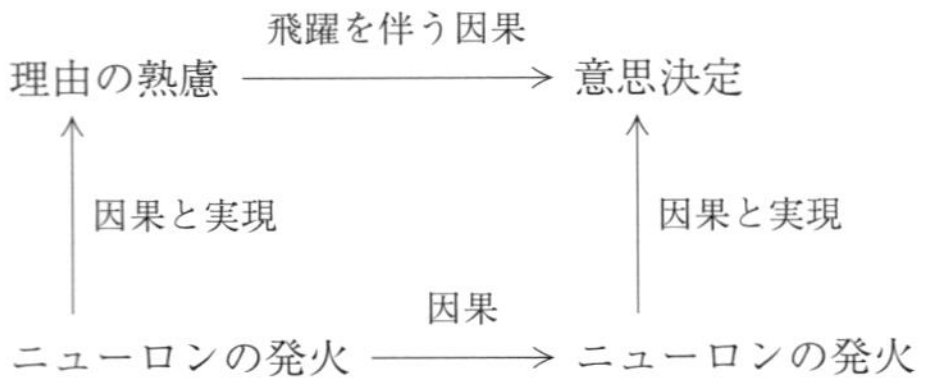

図２

この場合、飛躍によって、自発的行為の平行四辺形と認知の平行四辺形の対称性は崩れる。意思決定や行為を、記憶と対比させれば、この点はよくわかるだろう。私がある劇的な場面、たとえば自動車事故を目撃し、その後、自らが目撃した自動車事故の記憶を持つとしよう。このとき私には、知覚経験という心理的出来事があり、その心理的出来事は、私が見た事件の回想という後の心理的出来事にとって、十分な因果的基盤である。だがわれわれが知っているとおり、これらすべてのことが可能なのは、神経生物学に因果的十分条件の連鎖があるからである。神経生物学的に言うと、知覚の生起は短期記憶および長期記憶に記憶痕跡を残すに十分であり、私はそれによって、当の心理的出来事を思い出す。つまり、知覚と記憶の関係のような認知の場合には、最上位すなわち心理的なレベルにおける十分条件に対応して、基底すなわち神経生理学のレベルにおける十分条件がある。平行四辺形は完全である。意欲に関しては、認知と違って、平行四辺形はそのようにならない。意欲の場合には、心理的非決定論が神経生物学的決定論と共存するのである。

もしこれが、自然のはたらく仕方なのだとしたら、われわれはある種の両立主義を手にすることになる。心理的自由意志論は神経生物学的決定論と両立するのである。心理的な過程はそれ自体、下位レベルのニューロンの過程によって引き起こされたものであるが、にもかかわらず、それに続く心理的出来事である意図的行為にとって、因果的十分条件ではない。t_1において、私がどちらのグラスのワインを飲むか決めようとするという心理的な過程は、下位レベルのニューロン過程によって、下から上への因果で完全に因果的に決定されている。t_2において、私はブルゴーニュに決めるが、この決心もまた、下から上への因果で完全に決まっている。しかしそうであっても、心理的なレベルでは、理由の考慮と意思決定のあいだに飛躍が存在する。t_2からt_3にかけて、行為Aの構成要素である筋肉運動、すなわち私がワインを手にとり口へ持ってゆくことは、神経生物学的な過程によって、下から上への因果で引き起こされる。だがそうであってもやはり、心理的なレベルでは、行為の開始とそれを完了まで継続することのあいだに飛躍が存在する。このように、心理的なレベルには飛躍があるのに、神経生物学のレベルと心理的なレベルとを結ぶ下から上への因果の形式に飛躍はなく、また、神経生物学のレベルにおいて、システムのある状態とそのシステムのつぎの状態のあいだにも飛躍はない。こうして、生理学的決定論と心理的自由意志論の組み合わせがもたらされるのである。(3)

しかしこの結果は、知的に見てきわめて不満足なものである。というのも、一言で言うと、これは随伴現象説の修正版にほかならないからである。それによると、合理的な意思決定の心理的な過程には、実は意味がないことになる。システムの全体は基底レベルにおいて決定論的であり、最上位レベルに自由の要素があるという考えは、系統的な幻想にすぎない。t_1において私には、自分はブルゴーニュとボルドーのどちらかを選ぶことができ、私にはたらきかける諸原因はその選択を決定するに十分でないように思われる。だが、私は誤っている。t_1での私の脳状態の全体は、t_1からt_2を経てt_3に至る、すべての身体運動ならびにすべての思考過程を決定するにあたり、完全に十分である。もし仮説1が真ならば、あらゆる筋肉運動とあらゆる意識的思考が、飛躍の意識経験や「自由な」意思決定の経験も含めて、みな完全にあらかじめ決まっていることになる。そして、上位レベルにおける心理的非決定論についてわれわれに言えることは、それによって自由意志の系統的な幻想が生じるということだけである。このテーゼは、つぎの点で随伴現象説的である。すなわち、われわれの意識生活にはある特徴があり、それは合理的な意思決定と、その意思決定を実行しようとすることである。そこにおいてわれわれは、飛躍を経験するとともに、それらの過程を行動に因果的な相違をもたらすものとして経験する。だがそれらは、実際には何の相違ももたらさない。それらの過程がどのように生じたかに関わりなく、身体運動は完全に同じものとなっただろう。

ことによると、本当にこのとおりなのかもしれない。だが、もしそうだとしたら、その仮説はわれわれが進化について知っているあらゆる事柄に反するように思われる。そこからは、人間および動物の意識的で合理的な意思決定という、途方もなく精巧にして複雑かつ繊細、加えてしかも生物学的に高価なシステムが、当の有機体の生活と生存に実は何ひとつ違いをもたらさないという帰結が生じるのである。随伴現象説は、可能なテーゼではある。だがそれは、あまりにも信じがたい。そして、もしそれを本気で受け入れるならば、それはわれわれの世界観に、つまりわれわれと世界との関係についての見方に、変化をもたらさずにはいないであろう。その変化は、コペルニクス革命やアインシュタインの相対性理論、量子力学を含む歴史上のあらゆる変化と比べても、さらに過激なものであるだろう。

仮説1によると、意識はなぜ、物理的システムの他のさまざまな上位レベルの特徴と比べて、さらに随伴現象的であることになるのだろうか。車のエンジンにおけるピストンの堅さもやはり、分子のふるまいによって完全に説明されるが、だからといって堅さが随伴現象だということにはならない。相違はつぎの点にある。堅さの本質的な特徴は、エンジンの動作に違いをもたらす。それに対して、意識的な意思決定の本質的な特徴、すなわち飛躍の経験は、行為者の動作に何の違いももたらさない。飛躍の経験があろうとなかろうと、同じ身体運動が生じたであろう。

5　仮説2——システム因果、意識および非決定論の組み合わせ

上のものに代わる見解（仮説2）として、心理的なレベルにおける因果的十分条件の欠如に対応して、神経生物学のレベルにも因果的十分条件の欠如が並行して存在するというものがある。だが、それはいったい何を意味しうるだろうか。そのような仮説では、図表はどのようなものになればよいの

だろうか。この点に至ってわれわれは、「下から上」「上から下」「記述のレベル」などといった比喩も含めて、われわれの図表的な表現に組み込まれていた想定を、批判的に検討しなければならないであろう。私の考えでは、この段階で、それらの不適切さが明らかになる。問題はこうである。意識は脳の上位レベルの特徴である、あるいは表面的な特徴であるという考えは、意識をテーブル表面の塗装のようなものとする見取り図を与える。すると、上から下へや下から上への因果という問題は、上や下に到達するという問題になる。だが、こうした考えはすべて誤りである。意識が脳の表面にあるのでないことは、液体性が水の表面にあるのでないことと同じである。むしろ、われわれが表現しようと思っている考えは、意識がシステム的特徴だというものである。意識はシステム全体の特徴であり、コップの水がすみからすみまで液体であるのと同様、文字どおり、システムの関連する箇所すべてに遍在する。意識は個々のシナプスに存在するのではなく、それは液体性が個々の分子に存在するのでないのと同じである。だがそうであるならば、われわれの図表に表現されているような、異なるレベルが並行して動くという見取り図は誤っている。そうではなく、システム全体が一挙に動くのである。自由の意識経験が全くの幻想ではないと信じるならば、システム全体が意思決定へと前進し、そしてその意思決定を現実の行為に結実させることへと前進すると考えねばならない。つまり、最上位レベルにおける意識的な合理性は、最も下に至るまで遍在しており、それはすなわち、因果的ではあるが因果的十分条件に基づくのではない仕方で、システム全体が動くという意味である。

飛躍が神経生物学でいかにはたらきうるかを問うには、われわれは、それが意識的な心理でいかにはたらくか、よく理解しておく必要がある。意識的な合理性の場合、飛躍を埋めるものは何もない。

人は端的に決断し、そして端的に行為するのである。このような事実が理解可能となるのは、自らの理由について思案し、それらの理由に基づいて行為することのできる、意識ある合理的な行為者を措定する場合にかぎられる。伝統的な専門用語を使いたいわけではないが、私は先に、この措定は自我を措定することに等しいと論じたのであった。意識ある自我を措定することによってのみ、合理的で自由な意識的行為は理解できる。だが、この措定が意味をなすのは、統合された主観性の意識野という事実と相関的にのみである。切れ切れの知覚からなるヒューム的な束だけでは、合理的な自我を扱うことはできない。したがって第二の仮説は、心理的なレベルでの非決定論と神経生物学のレベルでの決定論という分裂を招くものではなく、むしろ、三人称的な存在論から見れば神経生物学的な要素だけからなるシステム全体が、意識ある合理的なシステムとして、一挙に前進するというものである。そして、心理的なレベルにおける因果的十分条件の欠如は、最も下にまで達する。このことは、ニューロンのレベルで止まりたいというわれわれの衝動が、ただの偏見にすぎないことを考えれば、それほど不可解ではなくなるだろう。というのも、さらに下へと降り続けて量子力学のレベルに達してしまえば、因果的十分条件が存在しないことはたいして驚くことでもあるまい。

スペリーはある場所で、「上から下」の因果の例を用いており、私はかつてそれを説得力に欠けると思ったが、今では示唆に富むものだと考えている。回転する車輪の分子ひとつを考えてみるとよい。そこでは、車輪の構造全体と、その車輪としての運動が、分子の運動を決定しており、車輪自体がそのような分子からなっているからといって、そのことに変わりはない。そして、ひとつの分子に関して正しいことは、すべての分子に関して正しいであろう。システムは分子だけからなるにもかかわらず、それぞれの分子の運動は、システムの影響を受けるのである。これについての正しい考え方は、「上から下」の因果というよりは、むしろシステム因果というものである。システムはシステムとして、その各要素に因果的な影響を及ぼし、システムが要素からなるものであることはこのことに反しない。これと類比的に、仮説2では、システムは意識あるシステムとして、ニューロンやシナプスといった個々の要素に影響を及ぼすことが可能であり、システムがそれらからなるものであることはこのことに反しない。液体中の各分子は、システムが液体であることとの影響を受け、そこにはそもそも分子以外の物質などありはしないにしても、そのことに変わりはない。固体中の各分子は、システムが固体であることとの影響を受け、そこにはそもそも分子以外の物質などありはしないにしても、そのことに変わりはない。これと同様、意識ある脳においても、システムの意識ある部分に存在する各ニューロンは、脳が意識あるものであることとの影響を受けることがありえ、そこにはそもそもニューロン（およびグリア細胞など）以外の物質などありはしないにしても、そのことに変わりはない。

したがって、仮説2が正しいとすると、システムは諸要素から構成されたものであるにもかかわらず、システムが意識あるものであることが、システムの諸要素に影響を及ぼすと考えねばならない。これはちょうど、車輪は分子から構成されたものであるにもかかわらず、車輪が固体であることがそれら分子に影響を及ぼすのと同じである。ここまではよいのだが、車輪のシステム因果と意識ある脳のシステム因果との類比は、つぎの点で崩れる。すなわち、車輪のふるまいは完全に決定されているのに対して、意識ある脳のふるまいは、仮説2によればそうではない。このようなことは、いかにして可能であろうか。こうした仮説において、神経生物学は正確に言うとどのようにはたらくのであろうか。この問いへの答えは、私にはわからない。だが私は、神経生物学で与えられる説明の多くが、先行する因果的十分条件を措定するものではないという事実にたいへん驚いた。よく知られた事例を挙げると、たとえば、ディーケ、シャイト、コーンヒューバーおよびリベットが論じた準備電位は、それに続いて生じる行為を決定するに因果的に十分ではない。(4) この点は、準備電位のはたらきに意識がどのように干渉しうるかに関するリベットの議論で強調されたとおりである。逆説的にも、これらの実験はときどき、そうした事例における意志の自由を何らかの意味で否定するものとして受け止められている。私の見るところ、そのような結論はデータから帰結しない。私はここで少し脇道にそれて、その問題について述べておきたい。

ここではつぎのことが生じている。自らの指を動かす（あるいは手首をたたく）といったことの意識的な事前の意図を、主体はしばしば形成する。それは、自由で意識的な意思決定である。そしてそれに基づいて、彼は実際しばしば意識的に指を動かす。このとき、指の動く前に、準備電位という形式の脳の活性化があり、これは頭皮で記録できる。ここで準備電位は、三五〇ミリ秒ほど、行為内意図に意識的に気づくことに先立つ。さて、このことが自由意志を脅かすとは、どうしたわけであろうか。リベットがつぎのように言うとき、彼がこれを記述する仕方はいささか論点先取的である。「自由で自発的な行為の開始は、脳の中で無意識のうちに生じるようである。それは、自分が行為したいことを、その人が意識的に知るよりもかなり前である」(p. 51)。「開始」および「行為したいことを知る」という表現が、ここでは誤解を招きかねない。同じことを、つぎのようにも記述できるのである。主体は、指の運動という方針を意識的に採用した。それゆえ主体は、その意思決定を行ったとき、自分がどのような種類の行為を遂行したいか知っている。脳は、その運動の意識的な開始よりも前に、無意識的にその運動への準備を整える。私の知るかぎり、活性化が事前の意識的な意思決定と無関係だと論じた者はいない。また、活性化が、それに続く自発的な指の運動を決定するにあたり因果的に十分だと論じた者もいない。リベットの記述は、準備電位が行為の始まりを示すというふうに解釈されかねないが、それは正しくない。準備電位と行為内意図の始まりとのあいだには、通常、約三五〇ミリ秒の開きがあり、身体運動の始まりまでには、さらに二〇〇ミリ秒の開きがある。いずれにせよ、手に入るデータからわかるかぎり、準備電位の発生は行為の遂行にとって因果的に十分ではない。私の見るところ、行為を引き起こすにあたって準備電位が果たす役割の完全な理論を手にするには、われわれが意図的行為の神経生物学の全体像について持っている知識では足りない。準備電位の存在が、われわれに自由意志がないことを何らかの意味で示すと考えることは、明らかに早計であろう。

さらに興味深いのは、身体を動かそうという行為内意図を主体が意識する前に、身体が実際に運動を開始するような場合である。よく知られた例を挙げると、競走選手は、ピストルの音を聞いたという意識を持ちうる前に、もう走り始めている。テニス選手は、視覚システムにボールの飛行が意識的に記録されうる前に、飛んでくるボールに向けて身体が動き始めている。いずれの場合にも、主体が運動のきっかけとなる刺激に意識的に気づく以前に、身体は実際に運動を開始するのである。しかし、いずれの事例も、それらにおいてわれわれが自由で自発的な行為を行っているという考えを脅かすものではない。どちらの場合にも、主体は、度重なる訓練と練習の結果、知覚刺激があれば意識の始まりに先立って活性化されるような、安定した神経経路を持つに至った。大雑把に言うと、主体はテニスや競走を自らの自由意志で行っているのであり、それらの活動に秀でるためには、特定の重要な状況において、運動のきっかけとなる刺激に意識的に気づく前に、身体が運動を行いえねばならないのである。ここで、準備電位や訓練された選手など、これらの事例すべてを、行為者が本当に自由意志を持っていない「反射」運動のたぐいと同様のものとみなそうという誘惑が生じる。それはたとえば、熱いストーブに不慮に触れたとき、痛みを感じるに先立って手を引くような場合である。私の見るところ、このときは、先行条件は行為の始まりを引き起こすに十分である。しかしその他の事例は、これとは全く似ていない。準備電位の場合も訓練された選手の場合も、運動は、意識的な事前の意図の存在に依存する。それは、指を動かしたりテニスをしたり、競走を走ったりといった意図であり、それらの意図はいつでも取り消しが可能である。他方、熱いストーブの場合には、事前の意図はなく、手を動かさないことはできないという状況だったのである。

この探究をもう一歩先へ進めよう。ミクロ要素と、意識というシステム的特徴とは、どのような関係にあるものと考えればよいのだろうか。知覚のような、受動的な形式の意識の場合、あらゆる時点において、ミクロ要素の諸特徴の総体は、その時点における意識状態を決定するに十分だと言える。では、意欲の意識、つまり飛躍が存在する種類の意識についてはどうであろうか。この場合も、同じ原理が当てはまるように思われる。関連のあるミクロレベルの諸特徴の総体、すなわちニューロンやシナプス、微小管などの総体は、意欲の意識も含めて、その時点における意識状態を一意的に定めるに十分であろう。もしこの原理を捨て去るとすると、われわれは、何らかの形式の二元論を受け入れざるをえまい。つまり、神経生物学的な基盤から遊離したものとして、意識を考えざるをえないだろう。すると、最も素朴な形式の付随性、すなわち意識上の変化に対応して必ず神経生物学上の変化があるという考えすら、諦めねばならないだろう。(5) われわれが強く主張し続けなければならない点は、意識は脳における何らかの追加のものではないということである。それはニューロンのシステムが置かれた状態にほかならず、このことは、車輪が固体であることが、分子以外の追加の要素として車輪に備わっているのではないことと同じである。それは分子が置かれた状態にほかならない。

しかし、システム的特徴はシステムの諸要素によって一意的に定まるのでなければならないと主張したからといって、われわれは自由意志を放棄したわけではない。なぜならば、飛躍は時間にまたがるものだからである。飛躍が存在するのは、私の現在のニューロンの状態と、私の現在の意識状態とのあいだではない。飛躍は、脳システム全体の中の、意識的な意欲の部位で現在生じていることと、つぎに生じることとのあいだに存在するのである。

しかも、すべての段階が因果的十分条件を示すわけではないような因果的過程というものを仮定するとしても、だからといって無作為性を措定することにはならない点に注意すべきである。なぜそうならないかを考えるには、私が、意識とは統合された意識野として考えられるべきものであり、意識的な意欲の経験は、意識野の本質的な側面であると述べたことを思い出してもらいたい。これまでの議論から示唆される仮説は、合理的な行為者性とは、そのような意識野の総体の特徴として考えられるべきだというものである。われわれは心理的なレベルで、現象の因果的な説明でありながら決定論的ではない形式のものを、合理的な行為者性が与えうることを見た。合理的な行為者性を実現し、まさにその基礎構造をなす神経生物学的な構造が、やはりこれと同じ性質を持つとしたら、神経生物学的な過程もまた、因果的十分条件を欠くことになる。だが、もしそうだとしても、それは無作為にはならないだろう。神経生物学的な過程もまた、システムの特徴としてはたらく合理的な行為者性によって、動かされることになるだろう。

すると、飛躍を神経生物学上の仮説として捉える仮説は、つぎのようなものとなる。統合された意識野は、他のさまざまな現象と同様、生物学的な現象である。それは、神経生物学的な過程によって完全に説明される。それらの過程の中には、意欲の意識、すなわち熟慮や選択、意思決定や行為の意識を引き起こし、実現するものがある。それらの過程の本性に関する一定の想定のもとで、それらの存在は自我を必要とする。自我は意識野中のひとつの存在ではなく、(第三章で見たように) 意識野のはたらきに対する形式的な制約のひとそろいを決定するものである。先の例に則して述べると、意志の自由という神経生物学的な現象は、つぎの三つの原理に帰着する。

1. t_1をはじめ、いかなる時点においても、意欲の意識を含む脳の意識状態の総体は、関連のあるミクロ要素のふるまいによって完全に決定される。
2. t_1における脳の状態は、t_2やt_3における脳の状態を決定するにあたり、因果的に十分ではない。
3. t_1における状態から、t_2やt_3における状態への移行は、システム全体の特徴、とりわけ意識ある自我のはたらきによってのみ、説明されうる。

これまでに出された二つの仮説がどのように違うかを理解したければ、われわれが第五章で組み立てた想像上のロボット、ケモノのSF物語に、それぞれの仮説を当てはめてみるのもよい方法である。その章でわれわれは、意識あるロボットを組み立て、それがわれわれの経験と同じような飛躍の経験を持つと想像した。だがここでは、自由意志を工学上の問題として、意識と技術を関連づける設計上の問題として、どう扱えばよいのかと問うてみよう。仮説1に則ってロボットを造るならば、われわれは完全に決定論的な機械を造ることになる。つまり、伝統的なシステムでもコネクショニスト的なものでもよいから、計算機システムの標準的な認知科学モデルに従って造ればよい。その機械は、感覚刺激の形で入力情報を受け取るように設計され、それをプログラムとデータベースによって処理し、筋肉運動の形で出力を形成するであろう。そのような機械にも、意識は存在するかもしれないが、システムのふるまいに関して、意識は何ら因果的な役割も説明上の役割も果たさない。つまり、完全に決定論的なシステムを造り、その上で、下位レベルのはたらきの諸段階に応じたさまざまな意識経験が下から上への因果によってもたらされるように、うまく手はずを整えるのである。するとそれは、最上位レベルで不安や優柔不断に悩まされることはあろうものの、そうしたことはすべて随伴現象である。下位レベルのメカニズムは、システムのその後のふるまいを完全に決定する。実は、これらの特徴すべてを備えつつ、予測可能ですらないようなシステムもあってよい。というのも、ハードウェアに無作為化の要素を入れて、ふるまいを予測不可能なものとしても、意識はやはり随伴現象であり続けるからである。意識は存在するが、ただ連れ添うだけである。

仮説2によると、われわれはこれとは全く異なる種類の工学的課題を手にしている。仮説2では、統合された意識野という組織構造の全体が、システムのはたらきにおいて本質的に機能する。ミクロ要素のどの時点における構造やふるまいも、その時点での意識の性格を決定するには十分であるが、システムのつぎの状態を決定するには十分でない。システムのつぎの状態は、システム全体の特徴である意識的な意思決定によってのみ、決定されるのである。工学上の問題として、これをどのように組み立てたらよいものか、私には見当もつかない。だが、それを言うならば、われわれにはどのみち、意識あるロボットをどのように組み立てたらよいものか、現在のところ全くわからないのである。

飛躍の心理的実在性を認めるならば、人間行動の説明がとりうる形式として、これら二つが最もありそうに思われる。第一のものによると、心理的非決定論が神経生物学的決定論と共存する。このテーゼが正しければ、自由で合理的な人生というものは全くの幻想である。もうひとつの可能性によると、心理的非決定論に対応して神経生物学的非決定論がある。私は、これが少なくとも経験的に可能であることを示そうと試みた。これらのいずれかが正しいとして、どちらの仮説が正しいと判明するか、私にはわからない。ことによると、われわれには想像すらできない第三の可能性が正しいものと判明するかもしれない。だが、自らの経験からわかることと脳に関して知られていることから示唆される探究の道を仮借なく歩んでゆくと、私に思いつく仮説はこの二つだけである。

正直なところ、私にはどちらの仮説も知的に魅力あるものには見えない。仮説1は、脳を扱うに際して、他のいかなる器官を扱う場合とも同じようにできるという点で都合がよい。われわれは脳を、肝臓や心臓と同様、完全に決定論的なシステムとして扱うのである。だが仮説1は、われわれが進化について知っていることとうまく辻褄が合わない。この仮説では、合理的な意思決定システムという、途方もなく精巧で高価な意識あるシステムがありながら、それは生物の行動において何の因果的な役割も果たさない。なぜならば、行動は基底レベルで完全に決まるからである。意識ある合理的な意思決定システムは、長期にわたる進化の結果であり、生物学的に見てきわめて高価であり、われわれの意識経験においてたいへん大きな場所を占めるものである。にもかかわらず、この見解によると、それを持つことは淘汰の上で何ら有利な点をもたらさない。しかもこの仮説では、合理的な意思決定の幻想は、実際に淘汰の上で有利な点をもたらす他のさまざまな幻想とも異なることになる。たとえば、色というものが体系的な幻想であると仮定しても、物体を色に基づいて識別する能力を持つ生物には、淘汰上やはりきわめて有利な点がある。しかし仮説1によれば、意識的で合理的な意思決定には、淘汰の上で有利な点をもたらすものは何もないのである。

しかし、仮説2の方もやはり、生物学の現今の見方とうまく辻褄が合わない。問題は、仮説2によると、意識がミクロ要素のふるまいに関して「上から下」の因果的役割を演じると考えざるをえなくなる点にあるのではない。というのも、意識はシステム的特徴として、他のあらゆるシステム的特徴と同じようにはたらいているのだからである。意識が他の諸要素に影響を及ぼすことについて語るとき、われわれは本当のところ結局、諸要素が互いにどのように影響を及ぼすかについて語っているにすぎない。なぜならば、意識は完全に、諸要素のふるまいの関数だからである。同様に、車輪のふるまいが分子に影響を及ぼすことについて語るとき、われわれは、分子が互いにどのように影響を及ぼすかについて語っているにすぎない。したがって、仮説2の問題点は、意識が上から下の因果を示すことがそこから帰結する点にあるのではない。それはたいした問題ではないのである。問題は、システムが意識あるものであることが、いかにしてそれに決定論的でない因果効力を与えうるのか、これを解明する点にある。ここで、決定論的でない量子力学の説において、無作為性を受け入れることができたではないかと言われても、たいした助けにはならない。意識的な合理性は、量子力学の無作為性を反映するものと考えられているのではなく、むしろ、因果的に前進する因果的メカニズムでありながら、先行する因果的十分条件に基づくのではないものと考えられているのである。実際、いくつかの説によると、細胞の果たす機能のひとつは、細胞レベル未満で量子力学的非決定論のもたらす不安定さを克服することにある。

私は、意志の自由の問題を解こうと試みたのではない。その問題が何であり、可能な解決の路線としてどのようなものが最も有望か、正確に述べようと試みただけである。

原注

第一章

（1）Wolfgang Köhler, *The Mentality of Apes*, second edition, London : Routledge and Kegan Paul, 1927.（W・ケーラー著、『類人猿の知恵試験』、宮孝一訳、岩波書店、一九六二年）実験の動物はチンパンジーであった。

（2）アラン・コードは、アリストテレスにこのような考えを帰する通説は、彼の実際の見解を誤解している可能性があるとの意見を私に寄せた。

（3）Robert Nozick, *The Nature of Rationality*, Princeton : Princeton University Press, 1993.

（4）初期の文献のアンソロジーとして、*Weakness of Will*, edited by G. W. Mortimore, London : Macmillan St. Martin's Press, 1971 がある。

（5）*Reason in Human Affairs*, Stanford, CA : Stanford University Press, 1983, pp. 7-8.（H・A・サイモン著、『意思決定と合理性』、佐々木恒男・吉原正彦訳、文真堂、一九八七年）

（6）*Human Society in Ethics and Politics*, London : Allen and Unwin, 1954, p. viii.（B・ラッセル著、『ヒューマン・ソサエティ——倫理学から政治学へ』、勝部真長・長谷川鉱平訳、玉川大学出版部、一九八一年）

（7）*Sour Grapes : Studies in the Subversion of Rationality*, Cambridge : Cambridge University Press, 1983, p. 4.

（8）Lewis Carroll, "What Achilles Said to the Tortoise," *Mind* 4 : 278-280, April 1895.

（9）こうした主張の一例が、Peter Railton, "On the Hypothetical and the Non-Hypothetical in Reasoning about Belief and Action," pp. 53-79 in G. Cullity and B. Gaut, *Ethics and Practical Reason*, Oxford : Oxford University Press, 1997の、とりわけpp. 76-79にみられる。

(10) Donald Davidson, "How Is Weakness of the Will Possible?" *Essays on Actions and Events*, Oxford : Clarendon Press, Oxford University Press, New York, 1980.（D・デイヴィドソン著、『行為と出来事』服部裕幸・柴田正良訳、勁草書房、一九九〇年）

(11) R. M. Hare, *The Language of Morals*, Oxford : Oxford University Press, 1952.（R・M・ヘア著、『道徳の言語』小泉仰・大久保正健訳、勁草書房、一九八二年）

(12) "Internal and External Reasons," reprinted in *Moral Luck : Philosophical Papers 1973-1980*, Cambridge : Cambridge University Press, 1981, pp. 101-113. ウィリアムズは、彼のモデルが目的と手段の推論に限定されているとは認めない。しかし、彼の考察する他の種類の事例を見ても、それはたとえば代替の行為を考案するといったものであり、それによって目的と手段という彼のモデルの基本構造が変わるようには思えない。"Internal Reasons and the Obscurity of Blame," reprinted in *Making Sense of Humanity and Other Philosophical Papers*, Cambridge University Press, 1998, pp. 38-45を参照。

第Ⅱ章

(1) John R. Searle, *Intentionality : An Essay in the Philosophy of Mind*, Cambridge : Cambridge University Press, 1983.（J・R・サール著、『志向性——心の哲学』、坂本百大監訳、誠信書房、一九九七年）

(2) John R. Searle, *The Construction of Social Reality*, New York : The Free Press, 1995.

(3) 因果的自己言及という現象が認識されたのは、かなり前のことである。たとえばカントは、意志の因果性を論じるとき、このことに気づいていた。この用語が初めて用いられたのは、私の知るかぎり、

Gilbert Harman, "Practical Reasoning," *Review of Metaphysics* 29 : 1976, pp. 431-463 においてである。

(4) William James, *The Principles of Psychology, Volume II*, chapter 26, New York : Henry Holt, 1918.

(5)『志向性』を書いた時点で、私はこの点に気づいていなかった。その本には、ひとたび行為内意図が始動するや、事前の意図は存在しなくなるかのように書かれている。だがそれは誤りである。事前の意図は、行為の遂行のあいだじゅう、効力を持ち続けることができる。この誤りを私に指摘したのはブライアン・オショーネシーである。

第三章

(1) *Minds, Brains and Science*, Cambridge, MA : Harvard University Press, 1984.（J・R・サール著、『心・脳・科学』、土屋俊訳、岩波書店、一九九三年）その第六章を参照。

(2) *The Mystery of the Mind*, Princeton : Princeton University Press, 1975, pp. 76-77.（W・ペンフィールド著、『脳と心の正体』、塚田裕三・山河宏訳、法政大学出版局、一九八七年）

(3) ギルバート・ライルは、伝統的な行為の理論を批判する際に、この種の無限後退の論証を用いたことで知られている。*The Concept of Mind*, New York : Harper and Row, 1949（G・ライル著、『心の概念』、坂本百大・服部裕幸・宮下治子訳、みすず書房、一九八七年）を参照。

(4) John R. Searle, *Intentionality : An Essay in the Philosophy of Mind*, Cambridge : Cambridge University Press, 1983.（J・R・サール著、『志向性――心の哲学』、坂本百大監訳、誠信書房、一九九七年）その第三章、とりわけ原著 p. 79 を参照。

(5) Donald Davidson, "Actions, reasons, and causes," reprinted in *Essays on Actions and Events*, New York : Oxford University Press, 1980, pp. 3-19.（D・デイヴィドソン著、『行為と出来事』、服部裕幸・柴田正良訳、勁草書房、一九

九〇年）

（6）Thomas Nagel, *The View from Nowhere*, New York : Oxford University Press, 1986, pp. 116-117. 同様の懸念は、Galen Strawson, "Libertarianism, Action, and Self-Determination," reprinted in T. O'Connor (ed.), *Agents, Causes, and Events : Essays on Indeterminism and Free Will*, New York : Oxford University Press, 1995, pp. 13-32 にもみられる。

（7）たとえば、Christine Korsgaard, *The Sources of Normativity*, Cambridge : Cambridge University Press, 1996（C・コースガード著、『義務とアイデンティティの倫理学――規範性の源泉』、寺田俊郎・三谷尚澄・後藤正英・竹山重光訳、岩波書店、二〇〇五年）、および Roderick Chisholm, "Human Freedom and the Self," in Gary Watson (ed.), *Free Will : Oxford Readings in Philosophy*, Oxford : Oxford University Press, 1982, pp. 24-35 がそうである。私の知るかぎり、チザムは後にこの見解を撤回した。

（8）Peter Strawson, *Individuals : An Essay in Descriptive Metaphysics*, London : Methuen, 1959, pp. 87-116.（P・F・ストローソン著、『個体と主語』、中村秀吉訳、みすず書房、一九七八年）

（9）Harry G. Frankfurt, "Freedom of the Will and the Concept of a Person," *Journal of Philosophy*, January 1971, pp. 5-20.

第四章

（1）この言葉は、G. Cullity and B. Gaut (eds.), *Ethics and Practical Reason*, Oxford : Oxford University Press, 1997, p. 53 に引用されている。

（2）（祝福されるべき）言語行為論愛好家たちは、私がなぜ、説明するという言語行為の分析を直ちに与えないのか、訝っているに違いない。何かを説明することは、結局、ひとつの言語行為だからである。私がそうしないのは、そのような分析からは、この議論で答えようとしている問いへの答えは出てこないからである。「説明する」は、独立した発語内目的の名ではない。説明は通常、主張型言語行為のひとそろいであるが、それが本当の説明となるには、それは真でなければならず、さらに、それを真たらしめる事実が、それが説明すべきものに対して説明の関係に立つのでなければならない。このゆえに、言語行為の分析だけで、われわれがここで答えたい疑問に答えることはできないのである。

(3) 理由はすべて事実であるというテーゼの擁護として興味深いものが、Joseph Raz, *Practical Reason and Norms*, London : Hutchinson, 1975, ch. 1 にみられる。

(4) これにはひとつの逸話があり、それは意思決定理論のある有名な理論家にまつわる。彼は別の大学から条件のよい職の申し出を受け、心を動かされたのだが、そのとき勤務していた大学での仕事にも強い熱意を持っていた。そこで彼は、この申し出を受けたものかどうか、友人に相談を持ちかけた。すると友人は彼に、君は意思決定理論の有名な理論家なのだから、自分の意思決定理論を適用すれば決められるはずではないかと応じた。意思決定理論が適用できるのは、もっぱら、決心の困難な部分が解決済みの場合にかぎられるのに、この友人にはそのことがわかっていなかったのである。

第五章

(1) Patrick Nowell-Smith, *Ethics*, London : Penguin Books, 1954, p. 112.

(2) "Internal and External Reasons," reprinted in *Moral Luck*, Cambridge : Cambridge University Press, 1981, pp. 101-113.

(3) *The Possibility of Altruism*, Princeton : Princeton University Press, 1970.

(4) *The Sources of Normativity*, Cambridge : Cambridge University Press, 1996.（C・コースガード著、『義務とアイデンティティの倫理学——規範性の源泉』、寺田俊郎・三谷尚澄・後藤正英・竹山重光訳、岩波書店、二〇〇五年）

(5) Korsgaard, *The Sources of Normativity*, pp. 221-222.

（6）もちろん、私にとってもカントにとっても、普遍法則を意志する能力は、行為者が、誰もが自分と同じように行動したらよいと考えることを要求しない。そんなことが問題なのではない。私の状況にある人がみな、「あれは男だ」と言ったとしたら、それは控えめに言っても退屈でうんざりするようなことだろう。定言命法の論点は、論理的なものである。行為の格率を、すべての話者を拘束する普遍法則として意志することには、何ら論理的に不条理な点はない。

（7）Searle, John R., "How to Derive 'Ought' from 'Is,'" *Philosophical Review* 73 : January 1964, pp. 43-58.

第六章

（1）Bernard Williams, "Internal and External Reasons," in *Moral Luck*, Cambridge : Cambridge University Press, 1981, p. 105.

（2）Donald Davidson, "Actions, Reasons, and Causes," reprinted in A. White (ed.), *The Philosophy of Action*, Oxford : Oxford University Press, 1968, p. 79.

（3）John R. Searle, *Speech Acts : An Essay in the Philosophy of Language*, Cambridge : Cambridge University Press, 1969（J・R・サール著、『言語行為』坂本百大・土屋俊訳、勁草書房、一九八六年）; *Expression and Meaning*, Cambridge : Cambridge University Press, 1979（J・R・サール著、『表現と意味』山田友幸監訳、誠信書房、二〇〇六年）; *Intentionality*, Cambridge : Cambridge University Press, 1983（J・R・サール著、『志向性——心の哲学』坂本百大監訳、誠信書房、一九九七年）; *The Construction of Social Reality*, New York : Basic Books, 1995.

（4）Immanuel Kant, *Groundwork of the Metaphysic of Morals*, New York : Harper Torchbooks, 1964.（I・カント著、『道徳形而上学原論』篠田英雄訳、岩波書店、一九七六年）

（5）法律では、違法なことを行う契約は無効とみなされ、それを裁判によって執行することはできない。これは、そもそも契約が存在しないからではなく、法律がそれを無効とするからである。

（6）W. D. Ross, *The Right and the Good*, Oxford : Oxford University Press, 1930, p. 28.

（7）John R. Searle, "Prima Facie Obligations," in Zak van Straaten (ed.), *Philosophical Subjects : Essays Presented to P.F.Strawson*, Oxford : Oxford University Press, 1980, pp. 238-260.

（8）*The Construction of Social Reality*, New York : The Free Press, 1995.

（9）*Speech Acts : An Essay in the Philosophy of Language*, Cambridge : Cambridge University Press, 1969, chap. 3.

第七章

（1）J. S. Mill, *The Examination of Sir William Hamilton's Philosophy*. これはTimothy O'Connor (ed.), *Agents, Causes, and Events : Essays on Indeterminism and Free Will*, Oxford : Oxford University Press, 1995, p. 76に引用されている。

（2）R. M. Hare, *The Language of Morals*, Oxford : Oxford University Press, 1952.（R・M・ヘア著、『道徳の言語』、小泉仰・大久保正健訳、勁草書房、一九八二年）

（3）"How Is Weakness of the Will Possible?" in *Essays on Actions and Events*, Oxford : Oxford University Press, 1980.（D・デイヴィドソン著、『行為と出来事』、服部裕幸・柴田正良訳、勁草書房、一九九〇年）

（4）R. M. Hare, *The Language of Morals*, pp. 168-169.

（5）Ibid., p. 20.

（6）"How Is Weakness of the Will Possible?" p. 41.

（7）たとえばPeter van Inwagen, "When Is the Will Free?" in Timothy O'Connor (ed.), *Agents,*

Causes, and Events: Essays on Indeterminism and Free Will, New York : Oxford University Press, 1995などである。

第八章

（1）一九七〇年代半ばまでの文献の概要を得るには、Bruce Aune, *Reason and Action*, Dordrecht-Holland : D. Reidel Publishing Company, 1977, ch. 4, pp. 144-194を見るとよい。

（2）Anthony Kenny, *Will, Freedom and Power*, New York : Barnes and Noble, 1976, p. 70.

（3）Aune, *Reason and Action*. 彼は、私が示唆したのと似たような理由から、第一のモデルが不適切だと気づいているにもかかわらず、同様の反論が第二のモデルにも当てはまるであろうことを理解し損じている。

（4）John R. Searle, *Intentionality: An Essay in the Philosophy of Mind*, Cambridge : Cambridge University Press, 1983.（J・R・サール著『志向性——心の哲学』、坂本百大監訳、誠信書房、一九九七年）

（5）内包性や、de reとde dictoの区別に関するこれらの点は、Searle, *Intentionality*の第七章および第八章で論じられている。

（6）もちろん、実際にqという信念を形成したのでなければならないという意味で、信念への確約を負うわけではない。pと信じ、かつ、pならばqと信じながら、そのことについてそれ以上考えなかったということもあってよい。（二九は奇数だと信じ、それは三や五や七や九で割り切れないと信じ、これらの条件を満たす数はすべて素数だと信じる人が、その結論を実際に引き出さないこと、つまり二九は素数だという信念を形成しないこともあるだろう。）

第九章

（1）“Consciousness,” *Annual Review of Neuroscience*, 2000, vol. 23, pp. 557-578.

（2）John R. Searle, *Intentionality: An Essay in*

the Philosophy of Mind, New York : Cambridge University Press, 1983, p. 270.（J・R・サール著、『志向性――心の哲学』、坂本百大監訳、誠信書房、一九九七年）

（3）私はこれが両立主義の一形式だと述べたが、それは伝統的な両立主義とは異なる。なぜならば、その伝統的な形態のものは、あらゆるレベルに決定論を措定するからである。だが私の形態は、心理的非決定論と神経生物学的決定論を措定する。

（4）L. Deecke, P. Scheid, H. H. Kornhuber, "Distribution of readiness potential, pre-motion positivity and motor potential of the human cerebral cortex preceding voluntary finger movements," *Experimental Brain Research,* vol. 7, 1969, pp. 158-168 ; B. Libet, "Do We Have Free Will?" *Journal of Consciousness Studies* 6 : no. 8-9, 1999, pp. 47-57.

（5）私は付随性の概念に思い入れがあるわけではない。その無批判的な利用は、哲学的混乱の兆候である。なぜならば、その概念は、因果的付随性と構成的付随性のあいだを行ったり来たりしているからである。だがわれわれは、その背後にある素朴な考え、すなわち意識上の変化に応じて必ず神経生物学上の変化があるという考えは、温存したいと思うに違いない。私はこれを、*Rediscovery of the Mind,* Cambridge, MA : MIT Press, 1992, pp. 124-126 においてさらに論じた。

訳注

第二章

[1]「志向性」は intentionality、「意図すること」は intending であり、この二つは英語の言葉として派生語であるため、このような説明がある。

[2]「志向性」は intentionality、「内包性」は intensionality で、この両者がよく混同されるため、ここで説明がなされている。相違を明確に表す目的で、志向性を intentionality-with-a-t、内包性を intensionality-with-an-s と表記することもある。

第三章

[1] 英語では“I have just cut myself”であり、自我すなわち“self”の概念が含まれる。

[2] 上と同様、英語では“Self-pity is a vice”である。

第四章

[1] 前置詞句をとるとは、英語で“because of. . .”という表現が用いられるとき、“of. . .”の部分が前置詞句であることを述べている。

[2]「事象的」の原語は“factitive”である。これは文法用語で、ふつう「作為」と訳される。しかしここで原著者が“factitive”を選んだのは、その語が“factive”すなわち「事実的」との親近性を示すゆえであろうから、それを「作為的」と訳してはかえって理解の妨げになる。したがって「事象的」とした。

訳者解説

塩野直之

1　はじめに

本書は、John R. Searle 著、*Rationality in Action* の全訳である。著者のサールは当初、J・L・オースティンやP・F・ストローソンの影響のもと、言語行為論の論客として活躍し、その後、心の哲学、社会的実在に関する哲学などへと守備範囲を広げていった。数多くの著作には、すでに邦訳の存在するものも少なくない。また、いささか旧聞に属することとなったが、ポスト・モダニズムの思想が大いに流行った時代には、フランスの哲学者J・デリダとの間に生じたデリダ＝サール論争を通じて、英米哲学になじみの薄い読者にもその名を広く知られるに至った。それゆえ、著者の来歴や研究活動に関する紹介をここであらためて詳しく行う必要はないだろう。

本書は、行為における合理性、すなわち実践理性を主題とする著作である。人のふるまいが行為とみなされるためには、そこに理由があらねばならない。つまり人は、自分がなぜその行為を行うのかについて、理由を与えることができるのでなければならない。では、行為の理由とはどのようなものであろうか。また、理由はどのようにして行為をもたらすのであろうか。そしてそこにおいて、行為者はいかなる意味で合理的であらねばならないのだろうか。これらの問いを吟味し、行為というものの本質を見極めることが本書の目論見である。

本書はきわめて多様な論点を含んでいるため、それらのうちどれが根本的で、どれが副次的であるかを正しく見抜くことが大切である。私の見るところ、本書には格別に重要な柱となる概念が二つある。第一のものは、行為における「飛躍」の概念である。これはとりわけ第三章で扱われるほか、第七章および第九章の議論においても不可欠の前提となっている。第二のものは、「行為への理由で欲求に依存しないもの」の概念である。これは第六章で主題的に扱われ、それに先立つ諸章にもすでにたびたび登場する。この解説では、これらの根本概念について、少し批判的に検討することにしたい。

2 「行為への理由で欲求に依存しないもの」

先に第二の根本概念、「行為への理由で欲求に依存しないもの」を考えよう。これは「外在的な理由」と呼ばれるものと同じである。本書はケーラーによるサルの観察の話から始まる。サールによると、サルの合理性と人間の合理性を分かつ最大の相違は、サルは欲求に依存しない理由を持つことができないのに対して、人間はそのような理由を持ちうるという点にある。つまり、人間にとっては、必要性や義務、確約や責務、責任、要求などが、行為への理由となりうる。他方サルは、そのような種類の理由をふまえて行為することができず、行為への理由となるものは欲求だけである。賢いサルは、一定の実践的推論に従事しうるとさえ言えるが、それはどのみち、ある欲求を満たすための手段を考えるという推論にとどまるのである。

この概念は、「である」から「べき」を導出することが可能であるという、サールの哲学で最も初期にまで遡る論点と深く関わっている。欲求に依存しない理由の典型は、約束である。『言語行為』(*Speech Acts : An Essay in the Philosophy of Language*, Cambridge University Press, 1969. 坂本百大・土屋俊訳、勁草書房、一九八六年)ならびにそれに先立つ論文においてサールは、約束をするという言語行為をある人が行ったという事実から、いかにして、その人がその約束を守るべきであることが導き出されるかを論証したのであった。本書でも強調されるように、約束をした人がその約束を守るべきであることは、その人が約束された当の行為を行うことへの欲求を持つかどうかとは関係がない。あることを行う約束をした以上、それを行いたかろうと行いたくなかろうと、それを行わねばならないのである。この意味で、約束は欲求に依存しない理由を構成する。

もちろん、本書においてサールの仮想論敵の役割を担う「古典モデル」の論者は、約束をはじめ、義務や責任といったものが行為への理由となりうるためには、行為者は約束を守りたい、義務や責任を果たしたいという一般的な欲求ないし高階の欲求を持つのでなければならないと論じるであろう。その一般的ないし高階の欲求は、約束を守るべきだという道徳原理の受容とか、約束という制度の是認という形をとるかもしれない。ともあれ、こうした方策によって古典モデルは、行為への動機づけを与えるものはすべて究極的には欲求だとの論点を守ろうとするであろう。これに対してサールは、約束をすることが行為への理由となることは、約束という言語行為にとって内在的であって、約束とは論理的に独立の欲求によってもたらされるのではないことを力説する。この点をめぐって第六章で詳細になされる古典モデルへの批判は、本書にみられる議論の中で最も説得力のあるものである。

この対立を、サール自身の記述とは少し違った仕方で、つぎのように述べ直すこともできるだろう。すなわち、古典モデルは行為への理由に関して一元的な見方をとるのに対して、サールはそれについて多元的な見方をとっている。つまり古典モデルは、行為への理由はすべて最終的には欲求というひとつの種類に還元されるという立場であり、他方サールは、理由にはさまざまな種類のものがあると考えるのである。一元的な見方には、実践理性のはたらきを、たとえば意思決定理論のような仕方で形式化しやすいという利点があるように思われる。意思決定理論は、行為への動機づけを欲求としてひとしなみに捉えた上で、欲求をその強さの点で数量化しうるという前提に立つものだからである。逆に、人間の実際の諸行為を記述するにあたって、意思決定理論のような方法は理想化が過ぎると考える者は、サール的な多元主義に魅力を感じるかもしれない。

ところで本書では、「行為への理由で欲求に依存しないもの」として、約束のような明示的に義務や責任を負わせるもの以外にも、はるかに多くのものが射程に入っている。その意味で、この概念は本書において、『言語行為』の時代の論点を大幅に拡張したものとなっている。ひとつには、たんに主張を行うという言語行為からも、欲求に依存しない理由は生じる。それはすなわち、その主張が真であること、その主張の論理的帰結を受け入れること、その主張に証拠や正当化を与えうることなどり出す。

への確約である。このように、およそ命題を内容とする言語行為はみな、欲求に依存しない理由を創

第六章で主題的に詳しく論じられるのは、行為への理由で欲求に依存しないもののうち、言語行為の遂行によって生じる理由だけであるが、第四章ではこれに加えて、そもそも言語行為から帰結するのではない、ビタミンCを摂取することが健康上の必要性であるといった事例さえも、行為への外在的な理由の中に数え上げられている。しかしこの拡張に関しては、その妥当性に若干の疑問がある。サールは、健康上の必要性も、志向的状態を持ちうる行為者に相対的にのみ、行為への理由となると言う。行為への理由はその意味で、つねに存在論的主観性を示すのである。そこまではよいのだが、サールは健康上の必要性を欲求に依存しないものと捉えるため、自らの健康に全く無関心な人にとっても、それは行為への理由となると考えるようである。しかしこれはいったい、いかにしてであろうか。健康上の必要性が行為への理由であることは、いずれそのうち健康でいたいという欲求が生じるであろうとか、何らかの反事実的な条件のもとでそのような欲求が生じるであろうということから、帰結するのであろうか。だが、もしそうだとしたら、それは真の意味で欲求に依存しない理由とは言えないだろう。あるいは、約束をした人が約束を守るべきであるのとちょうど同じように、生きている人は自らの生存能力を高める「べき」であり、そのゆえに、健康上の必要性は行為への理由となると考えられているのだろうか。この点に関するサールの考えは、よくわからない。いずれにしても、第六章で論じられる、さまざまな言語行為の遂行によって行為者が行為への理由で欲求に依存しないものを自ら創り出す、という論点と比べると、こちらの論点は若干説得力に乏しい。

行為への理由に関して、サールは多元主義的であるという話に戻ろう。サールは、義務や責任のような理由と、利己的な欲求とが相容れないものとなったとき、必ずしも義務や責任を優先させる必要はないと言う。これはたいへんもっともな主張であると思う。重大な利己的欲求と、些末な義務や責任とのあいだで二者択一を迫られたとき、つねに後者を選択すべきだと考えるのは、たしかに愚かなことである。ではどのような場合に、義務や責任を優先させることが合理的であり、どのような場合に、利己的な欲求を優先させることが合理的なのであろうか。これに関して、何らかの一般的な合理性の基準を提示することは、可能であろうか。この問いに答えを出すことは、おそらく途方もなく難しいであろう。

しかし多元主義には、一元主義にない利点もありそうである。「意志の弱さ」の問題も、そのひとつでありえよう。意志の弱さとは、われわれがあることをなすべきだと思いながら、それと相容れない別のことをしてしまうことである。そのようなときわれわれは、行為への理由で互いに両立しないものを持っている。そしてたいていの場合、それらの理由は、かなり異なる種類の理由である。たとえば、義務を果たすべきだと思いつつ、利己的な欲求に負けてしまうとか、将来のために分別のある行為をすべきだと思いつつ、目先の欲求に負けてしまうとかである。すると、多元主義的な発想に立つならば、意志の弱さの諸事例を、どのような種類の理由とどのような種類の理由の葛藤によって生じるかという観点から類型化することができそうである。そして、その類型化をふまえて、それらの事例においてはなぜ、こうすべきだという判断と実際の行為とが乖離してしまうのか、説明する道が開かれてくるかもしれない。これは、一元主義には取りえない方策である。意志の弱さの問題は、行為への理由に関する一元主義的な見方のもとで、とりわけパラドクシカルな問題となった。それは、行為への理由がすべて欲求であるならば、欲求を最もよく満たす行為が合理的であることは自明の理であり、人がそれ以外の行為を行うことがなぜ可能なのか、わからないからである。多元主義は、このようなパラドクスを回避する有効な枠組みたりうるかもしれない。

残念ながらサールは、「意志の弱さ」の問題を、「行為への理由で欲求に依存しないもの」の論点と絡めて論じることをしていない。第七章における意志の弱さの問題の扱い方は、これよりもはるかに一刀両断的なものである。私はここで第七章の論述の検討を行うことはしないが、それは一見したところ乱暴な議論のように見えつつも、直観に適うとともに実は反論に窮する議論である。そしてそこにおいて登場するのが、本書のいまひとつの根本概念、「飛躍」である。

3　行為における「飛躍」

では第一の根本概念、そして本書で最も中心的に論じられる概念である、行為における「飛躍」に話を移そう。飛躍とは、いわゆる意志の自由のことである。あることを行うに際して、行為者には、他の選択肢を取ることもできるという感覚がある。つまり行為者は、自らの持つ心的状態を、行為の因果的十分条件をなすものとはみなさない。どの行為を行うかは、自由なのである。サールにとって、この領域に対する問題意識は、「行為への理由で欲求に依存しないもの」ほど古く遡るものではない。だが、この問題は『心・脳・科学』(*Minds, Brains and Science*, Harvard University Press, 1984. 土屋俊訳、岩波書店、一九九三年）などですでに再三取り上げられているから、決して新しい論点というわけでもない。

より厳密に言うと、飛躍には原理的に三つの局面がある。すなわち第一のものは、熟慮の過程と意思決定のあいだにある。第二のものは、意思決定すなわち事前の意図の形成と、行為内意図が始動して行為が実際に開始されることのあいだにある。第三のものは、時間的な延長を持った活動の場合に、事前の意図や行為内意図の形をとる原因と、複雑な活動を完了に至るまで実際に実行することのあいだにある。サールによれば、これらいずれの局面においても、行為者は先行する心的状態を、後続の心的状態や行為に対して因果的な十分条件をなすものとはみなさない。

そもそも、行為に先行する心的諸状態が、行為の「因果的十分条件」でないとは、どのような意味であろうか。それはもちろん、先行する心的諸状態が存在したからといって、その行為が必ずしも生じるわけではないという意味であろう。だが、このことはさらなる説明を必要とする。というのもこれは、タイプのレベルにおける主張とも理解できるし、トークンのレベルにおける主張とも理解できるからである。タイプのレベルで理解するならば、この主張は、あるタイプに属する心的状態の存在が、必ず、あるタイプに属する行為を生ぜしめるという意味となる。これは言い換えれば、心的状態タイプと行為タイプのあいだに法則的な相関関係が存在するという主張である。他方、トークンのレベルで理解すると、この主張は、ある特定の時点における特定の心的状態の存在が、それにつぐ時点における特定の行為を生ぜしめるに十分であるという意味となる。この場合、心的状態タイプと行為タイプのあいだに法則的な相関関係が存在するとはかぎらない。

では、行為には飛躍があるという主張をサールが行うとき、彼が否定しようとしているのは、タイプのレベルにおける因果的十分条件の存在であろうか、それともトークンのレベルにおけるそれであろうか。サール自身の論述では、このタイプとトークンの区別が明示的に述べられていないので、彼がどちらの立場を取っているのか、よくわからないという印象を受けるかもしれない。だが実際には、彼の行っているのは、トークンのレベルでの因果的十分条件の存在を否定するという強い方の主張である。その考えは、彼の議論をていねいに読めば至るところから見て取れるし、とりわけ第九章における論述を読むとはっきりする。伝統的な意味における自由意志の存在を肯定しようとしている以上、彼がそのような強い主張をしなければならないのは当然のことである。

サールが第九章で力説していることは、行為トークンにはその因果的十分条件となるような先行する心的諸状態がないということよりも、実はさらに強い主張である。彼はむしろ、心的なものであれ物理的なものであれ、行為トークンにはいかなる先行する因果的十分条件も存在しないと言っている。われわれの行為が自由なものである以上、その行為がなされるかなされないかが、因果的十分条件によって事前に決まっていることはありえない。これは、意志の自由の問題における、典型的な自由意志論者の立場である。

しかしサールはその主張から、最終的にたいへん困難な立場へと追い込まれてゆく。彼は、ある時点における心的状態の総体が、その時点における脳の諸状態によって決定されることを認める。その結果彼は、その時点における脳の諸状態が、つぎの時点における脳の諸状態を決定するにあたって、因果的に十分ではないと言わざるをえなくなる。そう言わないと、結局、行為に因果的十分条件が存在することを認めねばならなくなるからである。しかしこれは、物理的なものにほかならない脳のはたらきが、因果的決定論に背くということである。これはわれわれの常識から大きく離れた見解であり、それを理解可能なものとすることは難しい。物理的なものが因果的十分条件を持つこと、すなわち決定論的にふるまうことは、われわれの科学の営みに深く根を下ろした根本前提である。むろん、量子力学のレベルまで降りれば、決定論は成り立たない。しかし、量子力学的な非決定論が意志の自由の問題に何ら救いの手を差し延べるものでないことは、サール自身も認めるとおりである。彼はこの苦境にあたって、システム因果という考えに希望を求めているが、その考えを十分に展開するには至っていない。本書はむしろ、自由意志のもたらす困難を謙虚に認める地点で締めくくられている。

サールは第九章で、心身問題ないし心脳問題との関連でこの論点を追究しているが、自由意志のもたらす困難を理解するにあたって、心身問題についての話に深入りする必要はなかったかもしれない。サールは、心的状態が行為に対して因果的な効力を持ちうるという点を、決して譲らない。さもなければ、行為への理由という心的状態は、行為をもたらすにあたって何の役割も果たすことがなく、たんなる随件現象であることになってしまうからである。彼は他方、すでに繰り返し見たように、行為の因果的十分条件というものを一切認めない。しかしこれでは、困難に陥るのは当然である。なぜならば、因果的な効力を持つものということでわれわれに理解できるものは、因果的十分条件そのものか、因果的十分条件の一部分か、このどちらかだからである。心的状態が因果効力を持つことは認めたいが、それが因果的十分条件であることも、その一部分であることも認めたくないというのは、たいへんな注文であろう。

それにしても、行為における飛躍の経験という現象は、本当にこのような困難を不可避的にもたらすものなのであろうか。飛躍を自由意志と同一視するかぎり、困難は避けられないであろう。だが、われわれが行為をするとき、われわれにはほかのこともできたはずだという感覚は、もっと弱い仕方で理解することもできるのではないだろうか。私は先に、タイプとトークンの区別に言及した。その区別を活かして、飛躍の経験を、タイプ的な因果的十分条件の否定として理解するのはどうだろうか。すなわち、行為における飛躍を、心的状態タイプと行為タイプのあいだには法則的な相関関係がない、という考えとして理解するのである。

サールの論述には、このような理解でもよいのではないかと思わせる部分もある。たとえば彼は、行為の説明という営みが、本質的に一人称的な視点からなされる営みであることを強調する。一人称的な視点から見て、行為に先行する諸状態が行為の因果的十分条件ではないという直観は、たしかに譲歩したくない直観である。だがそれは、正確に言うといかなる直観であろうか。一人称的な視点から見たとき、行為に先行する諸状態とは、行為への理由という心的状態である。だとすると、上の直観は、あるタイプの理由を持った行為者が、必ずあるタイプの行為をなさざるをえないという事態、すなわち、心的状態と行為のあいだに法則的な相関関係が成立するという事態とは、あからさまに衝突するであろう。というのも、もしそうであったなら、理由は行為を不可避的にもたらすことになり、行為における自由はどこにもみられないことになるからである。だがその直観は、一人称的視点のあずかり知らぬ物理的な脳状態が、行為の因果的十分条件となることとは必ずしも衝突しないのではないだろうか。そのような関係が成立したところで、必ずしも、飛躍の経験がただの幻想に貶められることにはならないように思われる。

サールはまた、行為の説明という営みが、物理的な説明という営みとは異なるものであることを強調し、両者はウィトゲンシュタイン的な言い方で、別の「言語ゲーム」とみなされるべきだと述べている。前者は飛躍を許容するのみならずそれを必要とするゲームであり、後者はそれを許容しないゲームである。この点で、それらは異なる規則を持つ言語ゲームなのである。私は、この指摘はたいへんもっともなものであると思う。だがこの区別は、行為という同一の出来事が、両方の言語ゲームで異なった仕方で記述されることを排除するものであろうか。必ずしも、そうではないであろう。だとすれば、理由との関連のもとで行為を記述する言語ゲームには必然的に飛躍が入り込むのに対して、行為を物理的な仕方で記述する言語ゲームには飛躍の入る余地がないということも、あってよいはずである。つまり、二つの言語ゲームがひとつの現象に対して併存するのである。しかしこの場合にも、心的状態と行為のあいだに法則的な相関関係を認めてしまうと、前者の言語ゲームは破綻せざるをえない。なぜならば、そのゲームの本質である飛躍が、あからさまに否定されることになるからである。

行為における「飛躍」を認めることの帰結が、心的状態タイプと行為タイプのあいだの法則的な相関関係を否定することだけであるならば、物理的なものに関する決定論を拒否するといった暴挙に出る必要はなくなる。デイヴィドソンの非法則的一元論になじみの者には、この可能性は理解しやすいだろう。もちろん、非法則的一元論にも多くの困難がある。それがサールにとって、許容しがたい随伴現象説と映ることは想像に難くない。

4　おわりに

これら二つの主要論点のほかにも、本書には興味深い論考が多数見られる。そのひとつは、第三章における非ヒューム的な自我の存在に関する考察である。非ヒューム的な自我の存在は、知覚や感覚のような受動的な心のはたらきに着目するかぎり論証できないが、行為という能動的なはたらきに着目すれば疑いえないという議論には、かなりの説得力があるように思われる。いまひとつの注目すべき論考は、第五章における利他性の論証である。利他性というたいへん困難なテーゼが、言語の普遍性からこのように直接的に帰結するとは、驚きを禁じえないであろう。私には、サールはこの論証において、いささかいかがわしい前提をひとつ導入しているように思える。だが、それをここで指摘することはやめておこう。最後にもうひとつ、第八章における、実践理性の演繹的論理学はなぜ存在しないのかという議論も、学ぶところの多い考察である。この論点は、飛躍とも、行為への理由で欲求に依存しないものともほとんど関係がないので、第二章で「適合の向き」の概念さえ勉強しておけば、第八章はそれだけ読んでも理解できるかもしれない。

翻訳に際してひとつ、意図的に固執したことがある。それは、英語の表現をそのままカタカナにすることを避け、できるかぎり日本語の言葉に置き換えることである。読者の中には、専門用語はカタカナのままがむしろ有難いと思う向きもあろうとは思うが、そのような方には巻末の索引を活用していただきたい。だが、中でもとりわけ、先程来言及している「飛躍」という語を“gap”の訳語にあてたこと、“commitment”を「確約」としたことには、抵抗を感じる人が多いかもしれない。ここでは後者について、少し弁解をしておこう。

サールの他の著作の邦訳に、“commitment”に「関与」という語をあてたものがある。その訳語は、その著作においては十分に適切なのであるが、本書における“commitment”は、あることを引き受けること、しかも引き受けた以上、それを実行することに何らかの義務や責任といったものが伴うような仕方で引き受けることを意味する。これを表現するには、単に関わり合うことという程度の意味に解釈されうる「関与」では弱すぎる。苦慮の末、「確約」「約定」のあいだで迷った挙句、“convention”の訳語とみなされるおそれのある「約定」を避け、「確約」を採用した。

国立国語研究所の「『外来語』言い換え提案」を見ると、“commitment”にはやはり、「関与」と「確約」の二語が提案されている。そしてその用例として、「貿易障壁除去に対するホワイトハウスの強いコミットメント〔関与〕は好景気の遠因になっている」「暴力の停止を確保するための全てのコミットメント〔確約〕は忠実に遵守されなければならない」という文が挙がっている。私の見るところ、この提案と用例はなかなか的を射たものである。

最後に、この仕事をご紹介いただいた東京大学の信原幸弘先生と、本書の編集にあたってくださった勁草書房の土井美智子さんに感謝申し上げる。

人名索引

ア 行

アリストテレス　Aristotle　5-6, 8, 9, 43, 148, 263, 270, 273, 329

ウィトゲンシュタイン　Wittgenstein, L.,　ii, 89, 103, 112

ウィリアムズ　Williams, B.,　ii, 28-29, 32, 141, 151, 185-186, 233-237, 330

エルスター　Elster, J.,　12

カ 行

カント　Kant, I.,　5-6, 15, 80-81, 132, 164, 166, 170, 172-174, 177, 208-210, 214, 290-294, 330, 334

キャロル　Carroll, L.,　20, 23

ケニー　Kenny, A.,　267

ケーラー　Köhler, W.,　1-2, 34, 101, 151, 158, 225

コースガード　Korsgaard, C.,　ii, 91, 164, 166-170, 172

コーンヒューバー　Kornhuber, H. H.,　319

サ 行

サイモン　Simon, H.,　12

ジェイムズ　James, W.,　50, 67

シャイト　Scheid, P.,　319

スペリー　Sperry, R.,　317

タ 行

デイヴィドソン　Davidson, D.,　185-186, 243-252

ディーケ　Deecke, L.,　319

ナ 行

ネーゲル　Nagel, T.,　ii, 85, 88, 90, 164-166, 172

ノウェル＝スミス　Nowell-Smith, P.,　151

ハ 行

ヒューム　Hume, D.,　5-6, 12, 29, 31-32, 64, 78-86, 96-100, 214, 304, 317

フット　Foot, P.,　103
フレーゲ　Frege, G.,　264
ヘア　Hare, R. M.,　243-246
ペンフィールド　Penfield, W.,　66

マ 行

ミル　Mill, J. S.,　242

ラ 行

ラッセル　Russell, B.,　12
リヒテンベルク　Lichtenberg, G. C.,　100
リベット　Libet, B.,　319-320
ロス　Ross, D.,　213

事項索引

ア　行

アクラシア　*akrasia*　10, ch. 7　→「意志の弱さ」も参照
アルゴリズム　algorithm　v, 145
意識　consciousness　64-67, 81-82, 156-158, ch. 9, etc.
意識野　conscious field　81-82, ch. 9
意思決定理論　decision theory　5-6, 135, 151, 333
意志の自由　freedom of the will　14, 305-310, 319, 323, 327　→「自由意志」も参照
意志の弱さ　weakness of will　10, 27-28, 32, ch. 7　→「アクラシア」も参照
一応の義務　prima facie obligation　33, 213
一応の判断　prima facie judgment　243, 247-248
一人称　first - person　89, 92, 149, 154, 169, 195, 206 - 207, 220, 222, 228, 230, 254-255
意欲　volition　41, 48 - 51, 59, 66, 72, 87, 94, 156, 157, 167, 243, 297, 304, 305, 313, 321-323
因果的自己言及　causal self-referentiality　36, 43-51, 274, 289-290, 330
上から下への因果　top-down causation　316-318, 326
演繹的論理学　deductive logic　263-264, 281-282,291, 294-295

カ　行

外在主義　externalism　233-239
外在的な理由　external reason　28, 31-32, 122-127, 141, 161, 163, 185, 202, 230, 233-239　→「行為への理由で欲求に依存しないもの」「動機づけ要因」も参照
確約　commitment　183-208, etc.
格率　maxim　138, 173, 334
記憶　memory　45-46, 49, 81-82, 157, 312, etc.
規則　rule　9, 19-24, etc.
基礎行為　basic action　143
規範性　normativity　116, 119-121, 199-200
義務　obligation　42, 131-132, 204-208, 211-219, etc.

共同的志向性　collective intentionality　58, 227
決定論　determinism　15, 84, 161, ch. 9
言語行為　speech act　160-161, 189-192, 200-204, 332-333, etc.
健全な熟慮の道筋　sound deliberative route　141, 236
行為者因果　agent causation　85
行為者性　agency　86-87, 94, 96-101, 156, 322-323
行為内意図　intention-in-action　47-54, 62, 65, 67, 76, 77, 86-87, 104, 122, 127, 147, 150, 152, 157, 190, 203, 251, 292, 293, 308, 311, 319-320, 331
行為への理由で欲求に依存しないもの　desire-independent reason for action　2-3, 12, 28-31, 34, 59, 133-136, 160-161, 163, 172, ch. 6　→「外在的な理由」「動機づけ要因」も参照
恒常性　regularity　167-169
構成要因　constitutor　132-133, 143-145
肯定式　modus ponens　19-24, 282-283
効力要因　effector　132-133, 143-145
古典モデル　Classical Model　ch. 1, 84-85, 134-135, 139-142, 151-152, 180, 183-185, 202-204, 212-217, 246, 266, 280, etc.
根本的な欲求　primary desire　11-12, 31, 32, 148, 210, 277-278

サ　行

サル　ape　1-3, 5-7, 34, 53, 101, 183, 197, 225　→「チンパンジー」も参照
賛成的態度　pro-attitude　151, 152, 185-186, 291
三人称　third-person　169, 195, 222, 228, 317
自我　self　76-101, 162-171, etc.
仕方の関係　by-way-of relation　53-54
志向的因果　intentional causation　36, 43-45, 72, 73, 241, 254
自己欺瞞　self-deception　258-260
自己利益　self-interest　162-164, 171, 175, 177-178, 179
事象的　factitive　110-111, etc.
システム因果　system causation　315, 318
システム的特徴　system feature　300, 316, 321-322, 326
事前の意図　prior intention　46-52, 54, 62, 64-65, 72, 104, 122, 127, 147-148, 150, 152, 157, 251, 257-258, 292, 319, 321, 331
下から上への因果　bottom-up causation　313, 316, 324
実践的三段論法　practical syllogism　148, 264
実践的推論　practical reasoning　ch. 8, etc.
実践理性　practical reason　ch. 5, ch. 8, etc.
自発的行為　voluntary action　69-72, 303-304, etc.
自由意志　free will　4, 14-15, 19, 70, 161, 166-167, 253, 298, 305-309, 314,

319-32 →「意志の自由」も参照
自由意志論 libertarianism 305-306, 310, 313
充足条件に充足条件を condition of satisfaction on condition of satisfaction 4, 54, 59, 189-192, 197-198, 200, 221-222, 231-232
手段の関係 by-means-of relation 53-54
準備電位 readiness potential 319-321
証明論 proof theory 22-23
自律 autonomy 150, 164, 166
人格的因果 personal causation 85
神経生物学 neurobiology 19, 66, 253, 261, ch. 9
心理法則 psychological law 308
心理様態 psychological mode 36-39
随伴現象 epiphenomenon 66, 311, 314-315, 324
正当化 justification 115-121, etc.
正当化による説明 justificatory explanation 118-120
制度的機構 institutional structure 195, 197, 200, 220, 222, 226-230
制度的事実 institutional fact 36, 58-59, 216, 226, 232
制度的実在 institutional reality 226-228
責任 responsibility 94-95, etc.
責務 duty 132, 137, etc.
説明関係 explaining relation 108, 111-112, 120
選好 preference 33, 135, 138, 162-163, 184, 279
先行者 antecedent 10, 27-28, 242-246, 252-254, 305-307, etc.
選好表 preference schedule 33, 135, 138
相 aspect 113, 284-285, 287-288
相形態 aspectual shape 113
存在論的な客観性 ontological objectivity 56-57, 73
存在論的な主観性 ontological subjectivity 56-57, 129, 131, 206

タ 行

置換可能性 substitutability 60-61, 112-113
超越因果 transeunt causation 85
チンパンジー chimpanzee 3, 34, 134, 151, 158, 160, 180, 187, 329 →「サル」も参照
「である」から「べき」を導出する “ought” derived from “is” 5, 31-32, 174, 179, 200
定言命法 categorical imperative 166, 172-174, 177, 208, 334
提示様式 mode of presentation 113
適合の向き direction of fit 35-51, etc.

出来事因果　event causation　85
哲学的心理学　philosophical psychology　264-265, 271-273, 283
動機集合　motivational set　28-32, 141-142, 151, 180, 185, 204, 233-239
動機づけ要因　motivator　127-139, 143-145, 151, 175, 180, 196, 198, 201, 206, 208, 225, 255, 277, 280, 281, 290　→「外在的な理由」「行為への理由で欲求に依存しないもの」「内在的な理由」も参照
道徳的義務　moral obligation　212

ナ　行

内在主義　internalism　233-239
内在的因果　immanent causation　85
内在的な理由　internal reason　29, 122-123, 124, 127, 128, 141, 164, 201, 233-239　→「動機づけ要因」も参照
内包　intension　60-61, 106, 112, 274-275, 336
二次的な欲求　secondary desire　148, 152, 184, 188, 193, 194, 210, 270, 277-278
認識的合理性　recognitional rationality　125-128, 138-139, 145, 180, 198, 201, 231, 233
認識論的な客観性　epistemic objectivity　56-57, 127, 129, 131, 206
認識論的な主観性　epistemic subjectivity　56-57, 129, 206
認知　cognition　9, 41, 48-51, 59, 72, 87, 94, 97, 156, 304, 312-313, 324
能動　conation　41, 87, 157

ハ　行

背景　Background　27, 59-60, 88, 93, 157, 160, 168-169
非決定論　indeterminacy　162, 312-314, 315, 317, 325, 327, 337
必要性　need　129-131, 138, 175-178, etc.
飛躍　gap　ch. 1, 51-52, ch. 3, ch. 7, ch. 9, etc.
不合理性　irrationality　9, 13, 18, 26, 27, 68-69, 139-142, 258-261, 285, 290, etc.
付随性　supervenience　322, 337
不透明性　opacity　61, 286-287
普遍法則　universal law　138, 164, 169, 173, 334
分別　prudence　163-166, 180, 183, 214, 215, 217, 225, 230, 234, 236
分離不可能性　nondetachability　281, 284-285, 295

マ　行

身分的機能　status function　36, 58, 190
命題構造　propositional structure　109-111, 121

命題態度　propositional attitude　38

ヤ　行

約束　promising　211-219, etc.
要求　requirement　42, etc.

ラ　行

利己性　egoism　28, 162-164, 171-172, 178
利他性　altruism　ch. 5
理由　reason　ch. 4, ch. 6, etc.
理由による説明　reason explanation　92-93, 118-119
理由の総体　total reason　121, 123-128, 135, 139, 142-143, 144, 151
量子力学　quantum mechanics　298, 315, 317, 327
両立主義　compatibilism　84, 306-307, 313, 337
理論的三段論法　theoretical syllogism　263-264
理論的推論　theoretical reasoning　266, 289
理論理性　theoretical reason　95-96, 128-129, 147-149, ch. 8, etc.
倫理　ethics　vi, 5, 199
論理的関係　logical relation　24, 264-265, 271-272, 289, 294

ジョン・R・サール（John R. Searle）

1932年、コロラド州デンバー生まれ。1959年、オックスフォード大学にて博士号を取得。カリフォルニア大学バークレー校元教授。他の主著に *Speech Acts*（Cambridge University Press, 1969, 邦訳『言語行為』勁草書房, 1986), *Intentionality*（Cambridge University Press, 1983, 邦訳『志向性』誠信書房, 1997), *Minds, Brains and Science*（BBC, 1984, 邦訳『心・脳・科学』岩波書店, 1993）など。2004年、米国人文科学勲章を受章。

塩野直之（しおの　なおゆき）

1971年、東京都生まれ。2001年、東京大学大学院総合文化研究科博士課程満期退学。東邦大学理学部准教授。主論文に "Weakness of Will and Time Preference"（*The Annals of the Japan Association for Philosophy of Science*, 2008),「価値の多元性と意思決定論的合理性」（『科学基礎論研究』2019）。

行為と合理性　ジャン・ニコ講義セレクション3

2008年2月20日　第1版第1刷発行
2020年5月20日　第1版第2刷発行

著　者　ジョン・R・サール
訳　者　塩　野　直　之
発行者　井　村　寿　人

発行所　株式会社　勁《けい》　草《そう》　書　房

112-0005 東京都文京区水道2-1-1　振替 00150-2-175253
（編集）電話 03-3815-5277／FAX 03-3814-6968
（営業）電話 03-3814-6861／FAX 03-3814-6854
大日本法令印刷・松岳社

ISBN978-4-326-19959-4　Printed in Japan

http://www.keisoshobo.co.jp